진짜 이재명
가짜 이재명

대통령의 야누스 리더십을 말하다

진짜 이재명 가짜 이재명

대통령의 야누스 리더십을 말하다

초판 1쇄 인쇄 | 2026년 02월 20일
초판 1쇄 발행 | 2026년 02월 28일

지은이 | 엄경영
펴낸이 | 최화숙
편집인 | 유창언
펴낸곳 | **아마존북스**

등록번호 | 제1994-000059호
출판등록 | 1994. 06. 09

주소 | 서울시 성미산로2길 33(서교동), 202호
전화 | 02)335-7353~4
팩스 | 02)325-4305
이메일 | pub95@hanmail.net|pub95@naver.com

ⓒ 엄경영 2026
ISBN 978-89-5775-353-8 03340
값 20,000원

진짜 이재명
가짜 이재명

대통령의 야누스 리더십을 말하다

엄경영 지음

아마존북스

일러두기

* 대통령, 여사란 호칭은 글의 길이가 늘어지고 부드럽게 연결되지 않아 생략했다. 독자 여러분의 양해를 구한다.

* 새천년민주당, 더불어민주당은 줄여서 민주당으로 표기했다.

대한민국을 걱정하는 모든 이에게
이 책을 바친다.

왜 '진짜 이재명, 가짜 이재명'인가?

이 글은 이재명 내면세계 들여다보기다. 그의 내면세계는 곧 이재명 리더십이다. 그의 내면세계는 정부의 국정 기조다. 이 글에선 내면세계가 어떻게 만들어지고 어떤 삶으로 변화했는지를 탐구한다. 내면세계가 구체적인 국정 방향으로 나타나는 과정도 알아본다. 이재명 정부가 어떻게 변화해 갈지도 점쳐본다.

대통령 내면세계는 국민 생활과 긴밀하게 연결되어 있다. 대통령의 내면세계는 대한민국의 미래에 큰 영향을 미칠 수 있다. 윤석열의 12·3 비상계엄 선포를 짐작했다면, 그는 대통령이 되지 못했을 것이다. 보수는, 국민은 2022년 대선에서 윤석열의 내면세계를 놓치고 말았다. 대통령의 내면세계는 온전히 공적 성격을 갖고 있다. 대통령의 내면세계는 수많은 검증이 필요하다.

이재명은 환하게 웃고 있다. 여유도 넉넉하다. 친근한 표정으로 기자들의 질문을 받고 길게 대답한다. 기자회견은 예정보다 시간을 훌쩍 넘긴다. 대한민국에 이런 대통령은 없었다.

박정희는 늘 딱딱했다. 당시엔 TV도 흔하지 않아 직접 볼 수 있는 기회는 거의 없었다. 사진으로 기억되는 박정희는 대개 냉기가 느껴지는 근엄했던 얼굴이었다.

그 이전 이승만이나 박정희 이후 전두환, 노태우는 빼고 가자. 김영삼과 김대중은 언제나 간절하고 진지했다. 그들은 오랜 민주화운동 경험과 대한민국에 대한 사랑을 그런 식으로 드러냈다.

이명박은 실무적이었다. 현대건설과 서울시장으로 쌓아 올린 실적을 바탕으로 국정을 대하려 했다.

박근혜는 무표정했던 것으로 기억한다. 말을 아낌으로써 권위적이었던 박근혜는 그것을 아마도 박정희에게 배웠을 것으로 보인다. 육영수가 떠난 후 오랫동안 퍼스트레이디 역할을 했으니까.

문재인은 서민적인 인상이 장점이었다. 무엇이든 내줄 것 같은 마음씨 좋은 이웃집 아저씨처럼 보였다. 윤석열은 화난 얼굴이 떠오른다. 제풀에 못 이겨 결국 계엄으로 국민에게, 또 보수에게 씻을 수 없는 상흔을 남겨주고 말았다.

어떤 사람의 진짜 얼굴은 그의 재능이 시들어갈 때, 즉 그의 능력을 더 이상 보여주지 못할 때 드러나기 시작한다. 재능은 일종의 장식이며 은폐하는 것이기도 하다.[1]

재능은 장식이자 은폐 기술이란 니체의 말은 통렬하다. 내가 이재명 글을 읽으면서 깨달은 건 그가 다중적이라는 점이다. 지금과 과거의 그는 다른 점이 많았다. 이재명의 웃음은 진실인가? 한발 더 나아가 이재명은 진짜일까, 가짜일까. 이런 의문이 종종 따라붙는다.

사람들은 어떤 모습이 진짜 이재명인지, 또 가짜 이재명인지 궁금해한다. 이런 현상은 보수 쪽에서 주로 나타난다. 보수는 이재명의 본래 모습이 무엇인지 모른다. 그들에게 이재명의 정체성은 하나가 아니고 다중적이다. 이재명 정체성의 혼란은 그 스스로 만든 측면도 있다. 과거 이재명은 말을 자주 바꾸기도 했다. 골프를 치지 않았는데 나중에 사진이 공개되기도 했다. 식당 흡연 논란이 나왔을 때 이재명은 즉각 아니라고 했지만, 얼마 지나지 않아 사진이 공개된 적도 있다.

이재명은 프레임 전환에도 능숙하다. 영부인 김혜경의 경기도 법인카드 논란이 일었을 때다. 이재명은 법인카드 유용에 대한

---

[1] 『선악의 저편』, 프리드리히 니체 지음, 박찬국 옮김(아카넷, 2021.2), 172쪽.

해명은 하나도 없이 대뜸 '억울하게 탄압받는 김혜경에게 미안'하다고 돌연 태도를 바꾼다. 이재명을 지지하는 사람에겐 법인카드는 사라지고 '이재명 탄압', '김혜경 억울'만 남는다.

이재명을 지지하지 않는 사람에겐 거짓말처럼 받아들여질 수 있다. 이런 사례는 많다. 사람은 단일한 정체성일 수도, 복수의 정체성일 수도 있다. 다만 사람마다 정도의 차이가 있을 수 있다고 본다. 이재명은 좀 더 극단적인 형태로 나타난다는 점이다. 이 글을 쓰는 목적은 환하게 웃고 있는 이재명은 진짜인지, 아니면 그 뒤에 또 다른 이재명이 있는지 그의 내면세계를 알아보는 데 있다.

이재명의 책을 거의 다 읽었다. 이 글을 쓰기 위해서다. 그가 쓴 책이거나 그를 다룬 책, 그를 비판한 책들도 찾아서 함께 읽었다. 이재명을 다룬 책을 닥치는 대로 읽다 보니 꿈속에서도 그가 나올 정도이다. 아마도 지금은 내가 그보다 이재명을 더 많이 알고 있을지 모른다는 생각마저 든다.

그가 전국적 인물로 뜬 시기는 2016년 대통령 박근혜 촛불집회다. 당시 민주당은 물론 정의당마저 하야, 탄핵이란 말을 주저했다. 민심의 역풍을 걱정한 나머지 눈치만 보며 말도 제대로 하지 못했다. 그때 이재명이 나섰다. 당시 성남시장이던 그는 주말마다 광화문 집회에 나왔다. 박근혜 하야, 탄핵, 구속을 맨 먼저 외쳤다. 국민의 분노는 점점 커졌고 촛불집회 참가 시민은 불어났다. 여의도 국회의사당에 눌러앉아 눈치를 보던 정치인들이 이재명을 따라 하기 시작했다.

이재명은 탄핵의 꿈을 이룬 후 2017년 대선 경선에 나선다. 당시 충남도지사 안희정과 거의 차이가 없는 3위를 차지했다. 길게 보면 2016년부터 대통령에 당선된 2025년 6월까지 대략 10년간을 대중에게 알려진 정치인으로 보낸 셈이다. 더 압축하면 민주당 대선 주자 1위로 올라선 2021년 1월부터 2025년까지 5년간이다.

시간이 짧다 보니 그를 다룬 책이 많은 것은 아니다. 그를 둘러싼 서사도 복잡하지 않다. 유년기, 소년공 시기, 대학 생활, 사법시험 합격과 연수원, 변호사와 시민사회 운동, 떨어졌던 성남시장과 총선 출마, 두 번의 성남시장, 경기도지사, 2022년 대선 패배와 민주당 대표 시기로 쉽게 구분된다.

이재명을 다룬 글 중에서 초등학교, 소년공 생활 얘기는 몇 번씩 자세히 읽고 또 읽었다. 사람들의 정체성이나 세계관은 대부분 이 시기에 만들어지기 때문이다. 이것은 동양이나 서양이나 마찬가지다. 나이로 치면 대개 10대나 20대 초반이다. 10대 초반에는 그 사람의 인성, 자질의 기초가 생긴다고 한다. 10대 후반에는 삶의 방향, 이념적 기초가 형성된다. 사람마다 조금씩 차이는 있다. 어느 나이 때의 경험이 강렬한가에 따라서 사람마다 편차가 있다는 얘기다. 지금 20대 남자의 보수화는 10대 초중반의 온라인 활동 경험에서 비롯된 면이 있다. 이재명 정부의 주류인 운동권 출신 정치인들은 대학교에 입학해 사회주의 운동을 공부하면서 진보 성향이 생겨난다. 10대보다 조금 늦은 20대 초반에 정체성이나 세계관이 들어선 셈이다.

이재명의 소년공 생활은 그의 삶 중에서 가장 강렬한 경험이다. 그는 동년배들이 중학교, 고등학교 다니던 시간에 혹독한 소년 노동자의 생활을 했다. 평생 잊지 못할 만큼의 충격을 받았을 것으로 예상할 수 있다. 성남시장, 변호사와 시민사회 운동, 경기도지사, 국회의원, 민주당 대표, 대통령 이재명에게는 6년의 소년공 생활이 고스란히 담겨 있다. 나는 이재명을 이해하려면 소년공 때 이재명의 생각을 꼭 알아야 한다고 생각했다.

이 글을 시작할 때 맨 처음 들었던 생각은 내가 자격이 있는지에 대한 의문이었다. 갓 이재명 정부가 출범한 때라 다소 조심스러운 면도 있었다. 거대 여당의 기세는 하늘을 찌를 만큼 드세다. 보수 원로의 일부는 이재명 쪽에 섰다. 보수 야당은 내란 프레임에서 완전히 빠져나오지 못한 상태가 이어지고 있다. 상당수 언론도 이재명과 여당 비판에 신중하다.

그러던 중 나는 방현석의 『이재명 평전』과 미셸 옹프레(1959~)의 『우상의 추락』을 읽었다. 『이재명 평전』은 2025년 6월 3일 21대 대선 직후에 출간됐다. 작가는 소설가 방현석이다. 방현석은 1990년대 전후 진보성향 작가로 활동했다. 그는 이재명과 같은 중앙대학교 출신이다. 중앙대 부총장을 지냈고 현재 교수로 재직 중이다. 평전은 인물이 죽은 뒤 나오는 경우가 많다. 대통령이라고 해도 빨라야 임기 이후에 출판되곤 했다. 『이재명 평전』은 당선되자마자 출간됐다. 매우 드문 일이다. 이 책은 구성과 글이 탄탄하다. 분량도 460페이지에 달한다. 이 책만 읽어도 이재명에 관한 거의 모든 것을 알 수 있다. 다만 평전이므로 미화된 측면이 상당하게 포함되어 있음을 생각해서 읽으면 좋겠다.

비슷한 시기에 옹프레가 쓴 『우상의 추락』을 읽었다. 옹프레는 프랑스 철학자이다. 메디치상 수상자로 국내에도 잘 알려져 있다. 우상의 추락은 비판적 지그문트 프로이트(1856~1939) 평전이다. 프로이트는 정신분석학 창시자이다. 옹프레는 이 글에서 추종자들에 의해서 과대 평가된 프로이트의 가면을 낱낱이 해체한다. 700페이지나 되는 많은 분량이지만 지루하지 않다.

나는 두 권의 책에서 용기를 얻고 『진짜 이재명 가짜 이재명』을 쓰기로 마음을 먹었다. 그리고 써야 하는 다른 이유도 있다. 시대정신연구소장으로서 대통령의 리더십을 연구하는 것은 나의 의무이자 권리다. 나는 두 가지 관점에서 접근하기로 했다. 하나는 비판적 평전 입장이다. 기왕에 이재명 평전이 나와 있기에 그에 대한 평가는 당연한 일이다.

나는 인물을 미화하는 전기 작가와 병리적 문제를 다루는 전기 작가의 차이를 생각해 보았다. 전자는 고귀한 식물에 물을 주는 쪽이라면 후자는 독초가 퍼지지 않도록 뽑아주는 쪽이라는 생각이 들었다.[2)]

옹프레는 독초의 확산을 막으려면 병리적 문제를 다뤄야 한다고 주장했다. 옹프레는 이 글에서 불리한 자료의 폐기, 경험의 일반화, 정신분석의 비과학성을 조목조목 비판했다. 방현석의 글은 '이재명 서사 완결성'에 초점을 맞추고 있다. 그러다 보니 왜곡, 과장, 허구가 뒤섞여 있다. 옹프레는 평전의 특성상 미화가 어느 정도 불가피하더라도 사실에 기초해야 한다고 주장한다. 이재명 신화 쓰기는 대통령 당선과 함께 널리 퍼질 것이다. 대통령 이재명을 비판적으로 바라본 책들은 거의 없다. 대부분 2022년 3월 20대 대선 이전에 출간된 것들이다. 내용도 대장동 논란을 비롯한 이재명 의혹들에 한정되어 있다. 보수 관점에선 리더십 전반을 정면으로 다룬 책은 아예 없는 셈이다.

다른 하나는 프리드리히 니체(1844~1900) 관점이다. 하필이면 왜 니체냐, 이런 의문은 있다. 최근 사회와 문화 쪽에선 니체

---

2) 『우상의 추락』, 미셸 옹프레 지음, 전혜영 옮김(글항아리, 2013.9), 52쪽.

가 새롭게 소환되고 있다. 2025년엔 가수 지드래곤의 '위버멘쉬'가 음악계를 강타했다. 위버멘쉬는 '초인'이란 뜻으로 니체 철학의 핵심을 이룬다. 초인 사상을 재해석한『위버멘쉬』도 출간돼 큰 인기를 끌고 있다. 일본에서 발간되어 베스트셀러로 200만 부 이상 판매된『초역 니체의 말』이 있다. 이 책은 니체의 여러 저작 중에서 교훈이 될 만한 문장 232개를 골라 짧게 설명했다. 간단간단하고 이해하기 쉽게 풀어 썼다. 2022년 중반 대한민국에서도 번역 출간되어 스테디셀러로 자리 잡았다. 니체의 유행은 그의 사상으로 대한민국의 여러 가지 현상을 해석할 수 있다는 의미이다.

이재명은 독특한 인물이다. 비판적 평전만으로 이재명이나, 그의 리더십은 이해하기가 어렵다. 이재명은 박근혜, 윤석열 탄핵을 끌어내는 데 핵심적인 역할을 했다. 대한민국 현대 정치사에서 이런 사람은 없었다. 김대중, 노무현, 문재인은 진보 진영을 대표하며 대통령에 당선됐다. 이재명은 비주류를 대표하며 대통령에 올랐다. 이재명의 권력의지는 독특하다. 그의 권력의지는 박정희와 양강을 이룰 정도로 강렬하다. 나는 니체의 핵심 사상 중 하나인 '권력의지'와 이재명의 권력의지가 서로 닮았다는 것을 발견했다.

권력의지를 구현하려면 우리는 선과 악이라는 이분법을 뛰어

넘어야 한다. 선한 것은 긍정하고 악한 것은 부정한다는 사고, 우리는 선하고 너희는 악하다는 사고야말로 노예의 사고다. 귀족의 권력의지는 선악을 따지지 않는다. 그들은 선악의 저편에 있다.[3]

　　니체가 말한 권력의지를 학문적으로 규정하지는 않겠다. 이것은 니체를 전공한 학자들의 몫이다. 권력의지는 권력을 향한 관계, 의지, 행동의 총합으로 보면 될 것 같다. 이재명의 권력의지는 현존하는 정치인 중에선 당해낼 자가 없는 1등이다. 그는 박근혜에게도 이겼고, 윤석열도 꺾었다. 보수와 진보를 가리지 않고 아직 이재명을 꺾을 인물은 없다. 2022년 대선에서 윤석열이 이재명을 이기긴 했다. 그해 대선은 문재인 심판으로 치러진 선거였다. 정확하게 말하면 윤석열이 꺾은 건 이재명이 아니라 문재인인 셈이다. 이재명은 전과 4범이다. 2025년 6월 대선 당시 또 다섯 개의 재판을 받고 있었다. 대통령 당선 이후에는 모든 재판은 중단됐다. 이재명의 권력의지는 이 모든 것을 뛰어넘었다. 그의 권력의지는 '전과 4범과 5개 재판의 저편'에 있다. 요약하자면 나는 이 글에서 비판적 평전, 니체 관점으로 이재명 리더십을 다룰 작정이다.

---

3) 『니체 극장』, 고명섭 지음(김영사, 2012.6), 539쪽.

이 글은 근본적인 한계가 있다. 사람은 변한다. 유년과 청년 시기의 경험이 아무리 강렬하다고 하더라도 변하기 마련이다.

대통령은 시야가 넓어진다. 보고 듣는 게 훨씬 많아서다. 극비로 취급하는 국정원 정보부터 다양한 정부 기관의 셀 수 없는 보고서를 접한다. 외국 순방을 통해 새로운 접근법을 알게 되기도 한다. 진영을 대표하여 대통령이 됐지만 대한민국을 대표해야 하는 때도 많다. 이재명은 학습 능력이 뛰어나다. 고입과 대입 검정고시를 단박에 통과했다. 사법고시도 두 번 만에 패스했다. 그의 정치적 상승 과정을 보면 대통령 당선 이후 변화 가능성도 있다. 나의 능력은 이 글에서 변화의 모든 시나리오를 담기엔 턱없이 부족하다. 이 점을 솔직히 밝히고 써나가겠다.

이 글은 두 가지 면에서 첫 시도라는 의미가 있다. 우선 이재명의 탄생부터 대통령까지를 비판적으로 접근했다. 비판적 평전의 성격으로 봐도 무방하다. 비판적 평전이라니 생뚱맞다는 반응이 나올 수도 있다. 방현석의 『이재명 평전』이 이미 발간되어 있기에 용기를 냈다. 또 니체 관점에서 이재명의 리더십을 이해하려고 노력했다. 이재명은 그만큼 독특한 캐릭터를 갖고 있기 때문이다.

새로운 관점으로 글을 쓴다는 것은 종종 부족한 뒷맛을 남긴다. 대통령 이재명의 임기는 진행형이다. 이재명 리더십 탐구는 그의 임기가 채워질수록 깊어질 수 있다. 이 글이 더 짜임새 있는 이재명 리더십 연구로 이어지길 기대한다.

『진짜 이재명 가까 이재명』이란 제목은 친구 윤주현의 아이디어이다. 그에게 감사를 표한다. 그리고 이 책 출간을 선뜻 받아준 유창언 대표와 애써주신 관계자 여러분에게도 고마운 마음을 전한다.

목 차

Chapter 1

무수저 신화와
권력의지

01

권력의지 양강,
박정희와 이재명

　권력의지는 정치의 근원이다. 선거 승리엔 두 가지 조건이 필요하다. 하나는 권력의지다. 초등학교 반장에서 대통령까지 모든 선거는 쉽지 않다. 권력을 향한 집념이 없으면 불가능하다. 다른 하나는 행운이다. 권력의지가 아무리 강해도 행운이 따르지 않으면 꺾이기 쉽다. 내 생각에 권력의지 7이면 행운은 3이다. 권력의지 양강을 들라면 주저없이 박정희와 이재명을 들겠다. 대한민국 역대 대통령 중에서다. 이렇게 쓰면 보수, 진보 모두 싫어할지도 모른다. 진보에선 '얻다 대고 감히' 이런 반응일 터이다.

　박정희의 5.16 군사 쿠데타와 유신체제를 인정할 수 없어서다. 보수에선 '수준 이하, 비교 불가' 이런 반응일 것이다, 보수에선 박정희는 여전히 신화다. 영남에 가 보면 곳곳에 신화가 살아 꿈틀댄다.

박정희 신화는 2012년 대선에서 박근혜가 당선된 이유 중의 하나다. 박정희와 이재명 둘은 닮은 점이 여럿이다. 둘은 현재 권력을 끌어내리고 대통령이 됐다. 이재명은 탄핵과 선거, 박정희는 쿠데타와 유신이란 점에서 방식은 달랐다. 둘 다 가난한 유년, 위계질서 선호, 추진력에서 남달랐다. 그중에서도 권력의지의 강도가 타의 추종을 불허한다는 면에서 판박이다.

다른 점도 있다. 박정희는 18년 장기 독재 논란과 별개로 세계 5대 제조 강국 대한민국의 기초를 놓았다. 이재명은 아직 임기 초반이라 성과가 있을지는 두고 봐야 한다.

나는 니체를 읽다가 무릎을 쳤다. 눈앞이 갑자기 환해지는 느낌이었다. 니체의 철학은 이재명 리더십을 이해하는 데 딱 들어맞았다. 놀랍게도 박정희와 맥락이 닿는 것도 있다는 사실을 깨달았다. 니체는 권력량에 따라 위계가 결정된다고 했다. 니체의 통찰은 현대사회에도 그대로 들어맞는다. 미국의 대통령 도널드 트럼프(1946~), 중국의 국가주석 시진핑(1953~), 러시아의 대통령 블라디미르 푸틴(1952~)을 설명하는데 이보다 더 명확한 것이 있을까 싶다.

트럼프는 어느새 미국 민주주의 후퇴의 상징이 됐다. 세계 무역 질서도 그의 손에 의해 순식간에 뒤죽박죽 신세가 되고 말았다. 시진핑은 중국 공산당 전통의 10년 집권의 관행을 깨버렸다. 세 번째 임기를 보내고 있는 시진핑은 당연한 듯 네 번째 임기까지 노리고 있다. 푸틴은 대통령과 총리를 오가며 권력을 계속 쥐고 있는 권력 괴물이다. 우크라이나와의 전쟁은 푸틴 권력의지의 깊이를 헤아릴 수 없게 만들고 있다.

위계를 결정하고 폐기하는 것은 오직 권력량뿐이다. 그리고 그 외에는 아무것도 없다. [4]

권력량만이 오직 위계를 결정한다. 권력을 양으로 측정한다는 발상은 기발하다. 권력량이 위계를 결정한다는 니체의 통찰은 소름을 돋게 한다. 권력량은 권력의지의 강도로 해석해도 될 듯하다. 권력의지가 셀수록 높은 지위를 차지한다는 말이다. 민주주의는 어쩌면 위장된 위계 사회인지도 모른다. 대한민국에서 대통령은 권력의지가 가장 센 사람이다. 이재명의 권력의지도 박정희와 견줘 모자라지 않는다. 그는 대한민국 헌정사상 처음으로 두 명의 보수 정당 대통령을 탄핵으로 쫓아냈다. 이재명은 권력의지 그 자체라고 해도 틀린 말이 아니다. 일테면 권력의지의 화신이다.

---

4) 『권력에의 의지』, 프리드리히 니체 지음, 이진우 옮김(휴머니스트, 2023.9), 713쪽.

니체는 1900년에 생을 마감했다. 그가 죽고 나서 120년이 훌쩍 지났다. 그의 철학은 여전히 현대성을 잃지 않고 있다. 권력에 대한 니체의 통찰은 오늘날에도 빛을 발한다.

위계질서 중시의 보수 리더십

이재명은 대한민국에서 가장 힘이 센 사람이다. 그가 대통령 취임 3개월 무렵 강원도 접경지역을 방문해서 한 말이다. 대통령은 행정부의 수반이고 대한민국을 대표하는 사람이다. 민주주의에서 대통령이란 자리를 힘으로 파악하는 것은 낯설다. 전 근대적인 발상처럼 보인다. 박정희나 전두환은 그렇게 생각했을 수도 있다. 두 사람을 빼고 대한민국 대통령 중에서 그 자리를 힘으로 본 사람은 없었다. 임기 절반을 간신히 채운 윤석열은 논외로 친다. 힘은 위계적이고 폭력적인 의미를 담고 있다. 위계는 위아래를 가리키는 개념이다. 위로 갈수록 힘은 세고 아래로 갈수록 힘은 약해진다. 힘은 물리적이며 강제적이다. 힘은 누군가에겐 폭력적 성격으로 여겨질 수도 있다.

니체의 영웅주의는 한편으로는 자기 정복과 자기 창조로 나타나고 다른 한편으로는 세계 정복과 세계 창조로 나타난다.[5]

영웅과 신화는 동전의 앞뒷면이다. 영웅은 신화를 만든다. 신화는 영웅을 만든다. 박정희는 대한민국 경제의 영웅이다. 이제는 박정희 신화가 됐다. 이재명은 무수저 출신으론 크게 출세했다. 대박이 난 셈이다. 이제는 무수저 신화가 만들어지는 중이다. 이재명과 박정희는 영웅이란 점에서도 닮았다.

초인 사상은 니체 철학의 핵심이다. 초인의 또 다른 이름은 영웅이다. 영웅이 되려면 자기를 극복해야 한다. 새로운 자기를 창조해야 한다. 박정희는 권력을 정복하고 박정희의 대한민국을 창조했다. 이재명도 권력을 정복하고 이재명의 대한민국을 만들고 있다. 이재명과 박정희는 보통 사람과 확연히 다르다.

니체는 신의 죽음을 선언한 후 '초인'에 몰두했다. 초인은 신을 대체한 또 다른 신은 아니다. 초인은 탁월한 인간을 말한다. 초인은 미래형 지도자이다. 초인은 인성이 좋은 지도자는 아니다. 초인은 냉혹하고 잔인하기까지 하다. 초인은 민주주의자가 아니다. 니체식으로 말하면 대한민국 대통령들은 모두 초인에 가깝다. 대통령이 되면 대부분 스스로 이렇게 생각한다. 국민은 그렇게 생각하지 않지만. 니체의 초인에 가까운 인물을 들라면 과거와 지금 대통령 중에선 두 명이다. 박정희와 이재명이다. 박정희를 이해하는 건 쉬운 일은 아니다. 그가 세상을 떠난 지 45년이 넘었

---

5) 『니체 극장』, 고명섭 지음(김영사, 2012.6), 22쪽.

다. 그에 비해 이재명을 이해하는 것은 어렵지 않다. 과거의 그와 지금의 그가 어떻게 하는지를 살펴보면 알 수 있다.

이재명은 2017년 박근혜를, 2025년 윤석열을 탄핵하는 데 한 가운데 섰다. 이재명은 박근혜 하야, 탄핵, 구속을 맨 먼저 주장했다. 숨죽이고 여론을 살피던 야당 정치인들이 나선 건 한참 이후다.

만약 이재명이 박근혜 탄핵을 외치지 않았다면 결말은 달랐을 수도 있다. 여당과 야당이 거국중립내각 출범이나 박근혜 자진사퇴로 어중간한 합의를 시도했을 개연성도 있다. 2017년 박근혜 탄핵의 열매는 이재명 대신 문재인이 따갔다. 문재인은 정말 운이 좋았다. 문재인 정부는 문재인과 586의 연합으로 출범했다. 대통령은 문재인이지만 실제로 권력 운용은 586의 몫이었다.

이재명에게 2017년 박근혜 탄핵은 갑작스럽게 닥쳤다. 2025년 윤석열 탄핵은 박근혜 때와 달랐다. 이재명에게 충분히 준비된 탄핵이었다. 이재명은 혼자의 힘으로 정치 전면에 등장했다. 김대중은 호남과 충청의 선택을 받아 대통령이 됐다. 노무현은 호남의 전략적 선택 때문이다. 문재인은 박근혜 탄핵의 반사효과 덕을 봤다. 이재명은 오로지 자신의 권력의지만으로 대통령에 당선됐다. 해방 이후 진보 대통령 중에서 이재명처럼 새로운 길을 만들어 대통령이 된 사람은 없었다.

그 권력의 정점에는 최고 인사권자가 있다. 최고 인사권자가 동쪽을 바라보면 공직자들은 모두 동쪽을 바라본다. 그래서 공직자들을 해바라기라고 비판하는데, 이러한 일사불란함이 행정적 성과의 핵심 동력이기도 하다. 흔히 '늘공'이라고 불리는 직업 공무원은 선출된 권력을 따라서 움직이게 된다. 다소 시간의 차이가 있을 뿐, 인사권자가 무엇을 원하는지 정확하게 그것에 집중하게 된다.[6]

권력의 정점은 대통령이다. 위계의 맨 꼭대기에 있는 사람이다. 니체가 말한 권력량이 가장 센 사람이다. 이재명의 권력 해석은 독특하다. 그는 공무원과 국민을 구분한다. 공무원은 선출된 정점을 중심으로 움직인다. 공무원은 철저하게 위계와 서열이 있는 사회다. 권력의 정점은 로봇의 두뇌이고 공무원은 로봇을 이루는 부품들이다. 공무원은 하라는 대로 명령을 따르는 사람들이다. 공무원은 군대를 떠올리게 한다. 이재명은 권력의 정점을 머슴이라고 말하기도 했다. 그에 따르면 공무원은 머슴을 보좌하는 수많은 작은 머슴들이다. 국민은 머슴을 부리는 사람들이다. 국민은 머슴이 일을 잘할 수 있도록 권한과 책임을 주는 사람이다. 일을 잘하면 계속 머슴을 시킨다. 반대로 일을 하지 못하면 갈아

---

6) 『결국 국민이 합니다』, 이재명 지음(오마이북, 2025.4), 265~266쪽.

치우면 된다.

공무원과 국민이 칼로 무 자르듯 명확히 구분되는지는 의문이다. 대한민국 중앙 정부의 공무원은 75만 명을 넘는다. 군인, 지자체 공무원, 준공무원, 공공기관과 공기업으로 범위를 넓히면 그 숫자는 몇 배로 늘어난다. 공무원과 국민의 구분은 모호할 수 있다. 대통령은 고위 공무원의 임면권을 갖고 있다. 그렇지 않은 대다수 공무원은 헌법상 신분이 보장된다. 대다수 공무원은 국민이기도 하다. 로봇의 팔다리로 보는 견해는 민주주의와 배치된다. 다분히 퇴행적이다.

소년공과 비주류 대통령

강렬한 기억은 평생 간다. 유년이나 성장기의 기억은 특별하다. 세계관이 형성되는 때라서 더 그렇다. 이렇게 생긴 기억은 훗날 그 사람의 정체성과 세계관을 이룬다.

이재명은 6년간 소년공 생활을 했다. 그의 나이가 13세 되던 해에서 18세까지 이르던 때다. 이재명에게 소년공 생활은 어떤 상상으로도 이해될 수 없을 만큼 혹독했다. 그의 소년공 생활은 지금의 이재명을 만들었다. 소년공 생활은 이재명 리더십 형성에 결정적 영향을 줬다. 소년공 생활은 이재명 정부 국정의 밑그림이 됐다. 이재명은 소년공 생활의 경험을 토대로 복지정책과 노동정책을 가다듬었다. 미래보다 오늘을 중시하는 경제정책의 골격도 거기서 생겨났다. 증시 부양은 오늘을 중시하는 경제정책을 대표한다.

박정희도 이재명처럼 강렬한 기억을 가졌다. 나이로 보면 박정희 기억은 조금 늦게 생겨났다. 그는 대구사범학교를 졸업하고 교사를 하다가 만주국군관학교에 입학한다. 20대 중반 무렵이다. 만주국은 일본이 세운 대륙침략의 전초기지다. 공장을 세우고 무기를 만들어 전쟁을 준비하던 나라다. 박정희에게 만주국의 기억은 한적한 조선의 고향마을과 달리 놀라운 경험을 각인한 것이다. 박정희의 체험은 훗날 5개년 경제개발계획과 중공업 노선으로 재탄생한다. 역사의 가정은 부질없는 짓이다. 박정희가 없었다면 대한민국 경제는 어디쯤 있을지 궁금하다.

열두 살 이후 나는 공장 노동자였다. 퇴직금도 없었고 노조는 당연히 없었다. 하루하루 살아남기 위한 싸움일 뿐이었다. 몸에 평생 지워지지 않을 많은 상흔이 남았지만 나는 가까스로 살아남았다. 고백하건대 아무도 지켜주지 않은 수많은 밤을 혼자 울었다. 어느 날 왼팔이 기계에 빨려 들어가 두 조각이 났다. 엄청난 고통에 비명을 질렀다. 동료 어른들이 해줄 수 있는 건 나를 업고 동네 병원으로 내달리는 일뿐이었다. 산업재해 판정은커녕 보상

금도 없었다.[7]

　그가 열네 살쯤의 얘기다. 햇수로는 1977년경이다. 유신체제가 종말을 향해 치달을 때였다. 1970년대 한국경제는 눈부시게 성장했다. 그해 경제성장률은 11.4%였다. 국민총생산도 이때 1,000달러를 돌파했다. 유신 이후인 1972년부터 연평균 경제성장률은 9.7%나 됐다. 베트남 파병과 중공업 노선의 효과로 경제가 비약적으로 성장했다. 경제성장의 뒤안길엔 수많은 이재명이 있었다. 열네 살은 스물네 살이나 서른네 살과는 다르다. 성인들은 가난과 참혹한 근로환경에 익숙하다. 또래가 대부분 그랬으니 상대적 박탈감은 덜하다. 열네 살 이재명은 지울 수 없는 장면으로 가슴에 남았다.

　소년공의 경험은 대통령 당선의 밑천이 됐다. 소년공의 경험은 이재명 정부의 국정 기조로 되살아났다. 역사는 참으로 묘하다. 박정희 경제가 꽃을 피우기 시작할 무렵 이재명은 소년공이었다. 박정희가 세상을 등질 때 이재명은 학교 대신 공장에서 권력의지를 차곡차곡 쌓았다. 40여 년이 흐른 2016년 이재명은 박정희의 유산으로 대통령이 된 박근혜를 끌어내렸다. 윤석열마저 끌어내린 그는 2025년 대통령에 당선했다.

---

7) 『이재명의 굽은 팔』, 이재명·서해성 지음(김영사, 2017.2), 185쪽.

매 맞지 않으면서 살겠다는 사적 욕망을 그 누구도 매 맞지 않을 사회를 건설하려는 공적 욕망으로 발전시킨 것이다.[8]

선거가 다가오면 정치인들의 책이 봇물이다. 자서전과 인물론으로 나뉜다. 자서전은 홍보와 정치 자금 마련 용도로 또 나뉜다. 인물론은 특정 캠프나 인물의 우회적 발간 또는 상업적 발간으로 다시 나뉜다. 상업적 발간은 단지 판매를 목적으로 특정 인물과 관계없는 사람이 책을 출판하는 경우다. 2010년 안철수, 2016년 문재인, 2022년 윤석열, 2025년 이재명이 뜰 때다. 이럴 땐 이름만 걸고 나오면 꽤 팔려나간다.

2022년 3월 대선을 앞두고 나온 『2021·2022 이재명론』은 작가가 16명이나 된다. 전문가들을 두루 망라한 책이다. 이재명을 여러 각도에서 조명한 인물론인데 성격은 모호하다. 이재명은 이 책에 나오는 '공적 욕망'이란 말이 마음에 들었는지 간혹 인용하기도 했다. 공적 욕망은 이재명 정치의 명분이자 지향인 셈이다. 소년공 생활의 경험에서 이재명은 출세하겠다는 사적 욕망을 꿈꾼다. 그는 매를 반복적으로 맞으면서 누구도 매 맞지 않을 사회를 만들겠다는 공적 욕망으로 옮아간 것으로 생각된다.

---

8) 『2021·2022 이재명론』, 김윤태·장동훈 외 14명 지음(간디서원, 2021.7), 67쪽.

니체의 거의 모든 저작에서 일관되게 발견되는 것이 이 상승의지다. 니체는 상승하지 못하는 데 대한 두려움을 지니고 있었음이 분명하다. 상승은 초월이고 자유다. [9)]

니체는 글을 많이 썼다. 1844년 태어난 니체는 1900년에 죽었다. 그의 나이 55세 때다. 니체의 마지막 10년은 정신병에 걸려 그저 숨만 쉬었다. 니체는 45세 무렵까지 글을 썼다. 니체는 영감이 떠오르면 하룻밤에 책 한 권 분량을 마치기도 했다. 니체는 신분 상승 의지를 숨기지 않았다. 니체는 자신이 쓴 책의 판매량과 자신의 유명세를 놓고 늘 조바심을 냈다. 그가 정신줄을 놓을 무렵엔 황제나 추기경과 같은 반열이라고 생각했다.

니체가 유명해진 건 미쳐 버린 뒤였다. 1890년께다. 그의 책은 날개 돋친 듯 팔려나갔다. 니체의 집엔 수많은 사람이 찾아왔다. 그들이 본 것은 관리인 니체의 여동생과 미친 니체였다. 니체는 미쳐서 비로소 꿈을 이룬 셈이다. 니체는 미쳐서 초월과 자유를 얻었다.

소년공 생활은 이재명에게 상승 의지를 불태우게 했다. 공돌이를 벗어나기 위해 그는 시간을 쪼개 공부에 매달렸다. 그의 상승 의지는 점점 커졌다. 소년공의 상승 의지는 사법시험 합격에

---

9) 『니체 극장』, 고명섭 지음(김영사, 2012.6), 58쪽.

서 성남시장, 그리고 대통령 당선까지 멈추지 않았다.

박정희를 이해하는 것은 쉬운 일이 아니다. 박정희는 태어난 지 110년쯤 흘렀다. 1900년대는 격동의 시기다. 세계도 그랬지만 대한민국은 몇 배나 큰 파도가 몰아쳤다. 수많은 자료와 다양한 평가를 다 살펴보는 일은 머리 아프다. 『쾌도난마 한국경제』는 이런 고민을 한꺼번에 날려버린다. 이 글은 장하준과 정성일이 썼다. 진보 경제학자들이다. 글의 내용도 쉽다. 대담을 책으로 엮었는데 한달음에 읽을 수 있다. 2005년에 나왔는데 여전히 읽어도 새롭다. 나는 이 글을 처음 읽었을 때 정말 놀랐다. 박정희를 그렇게 간단하게 정의할 수 있다니. 요약하면 5·16 쿠데타와 유신독재 논란과 별개로 박정희가 대한민국 경제의 토대를 쌓았다는 것이다.

만주국군관학교와 한강의 기적

박정희는 1917년 경북 선산에서 태어났다. 러시아 혁명이 일어난 해다. 블라디미르 레닌(1870~1924) 주도로 소비에트 사회주의 공화국이 출범했다. 줄여서 소련이라 부른다. 지구상에 최초의 공산주의 정권이 들어선 것이다. 박정희는 5남 2녀 중 막내로 태어났다. 그의 어머니가 45세 때이니 늦둥이다. 초등학교를 졸업하고 1932년 대구사범학교에 들어간다. 몰락한 양반이었던 박정희의 집은 가난했다. 그의 아버지는 동학운동에 가담해 옥고를 치르기도 했다. 사범학교에 진학한 걸 보면 끼니를 걱정할 정도는 아니었던 것으로 보인다. 1932년은 만주국이 성립된 해다. 그때의 사범학교는 중고등학교를 통합한 5년제로 운영됐다. 박정희는 1937년 문경보통학교에 훈도로 임용된다. 지금의 초등학교 교사다. 박정희가 스무 살이 되던 해다. 그해 중일전쟁이 시작됐다.

단순히 군인이 되겠다는 박정희의 초등학교 시절의 꿈이 대구사범학교 시절에는 육군 대장으로 커져 있었다.[10]

박정희는 이순신과 나폴레옹을 좋아했다. 그는 『소설 이순신』과 『나폴레옹전』을 읽으면서 군인을 꿈꾼다. 그때가 초등학교 6학년 때라고 한다. 이순신과 나폴레옹의 서사는 감동적이다. 이순신은 온갖 박해 속에서 결국 승리했고 조선을 구했다. 나폴레옹은 프랑스의 식민지 섬에서 태어나 황제가 됐다. 알프스를 넘어 유럽 대부분을 점령하기도 했다. 박정희는 『소설 이순신』과 『나폴레옹전』을 읽고 또 읽었다. 박정희는 대구사범학교에 가서도 군인의 꿈을 간직했다. 그는 군사훈련에 재질이 있어 훈련대

10) 『박정희 평전』, 전인권 지음(이학사, 2006.8), 77쪽.

장으로 임명되기도 했다. 박정희의 졸업 성적은 전체 70명 중 69 등이었다. 공부엔 그다지 흥미를 느끼지 못했던 그는 간신히 졸 업했다. 문경보통학교의 선생님이던 박정희 시선은 늘 만주로 향 해 있었다. 군인이 되겠다는 집념은 점점 강해졌다.

시골 보통학교 교사인 박정희가 인생의 '일확천금'을 획득하는 길은 만주로 가서 군인이 되는 것이었다. 성공해서 군인이 되어 금의환향한 박정희가 서둘러 군수, 서장, 교장 등 '이제까지 얕잡 아보던 놈들'을 불러내 군도(軍刀)를 치켜들며 자기 앞에 무릎을 꿇리고 용서를 구걸하게 했다는 일화가 전해지고 있다.[11]

박정희에게 친일이란 딱지를 붙이는 건 만주국군관학교 때문 이다. 박정희는 1940년에 만주국군관학교의 신입생이 된다. 스 물세 살 때다. 박정희는 나이가 너무 많아 입학 자격이 없었다. 일본 제국주의에 대한 충성 맹세가 화제가 되면서 간신히 들어가 게 된다. 박정희의 혈서가 만주에서 발행되는 신문에 실린 것이 다. 혈서는 '진충보국(盡忠報國) 멸사봉공(滅私奉公)'이란 글귀였 다. 이 혈서는 두고두고 친일 논란을 불러일으킨다. 만주국군관 학교에서 성적이 우수했던 그는 일본 유학길에 오른다. 그가 일

---

11) 『기시 노부스케와 박정희』, 강상중·현무암 지음, 이목 옮김(책과 함께, 2012.9), 104쪽.

본군 장교로 만주에 배치된 건 1944년 7월이다. 일본 본토나 외국에선 패배가 기정사실이 되던 시기다.

박정희가 독립군을 때려잡았다는 소문은 사실로 밝혀진 게 아니다. 일제의 항복까지 1년 남짓, 갓 부임한 초급 간부의 역할이 얼마나 있었을까. 그때의 만주는 독립군의 활동무대도 아니다.

과거 만주국과 똑같은 발전 모델을 모색하는 개발독재 근대화가 떠오를 여지가 있었다. 요컨대 소련 혹은 북한과 대치하는 방공(防共)국가, 집권적인 군부독재, 반공적인 국민 통합 이념, 국방산업과 연계된 중화학공업화, 관료 주도에 의한 계획경제 자본주의 산업의 구축 등 만주국과 박정희의 한국 사이에서는 예사롭지 않은 유사 관계를 발견할 수 있는 것이다.[12]

박정희가 만주국군관학교에서 공부하지 않았다면? 이런 상상은 부질없다. 1940년대 만주국과 한강의 기적은 30년의 역사를 가로질러 연결되어 있다. 우리에겐 불편한 진실일 수도 있다. 일본의 위성국과 대한민국 경제가 연결되어 있다니. 박정희는 5년간 만주국으로, 일본으로, 다시 만주로 오간다.

경상도 두메산골 촌놈의 눈이 확 떠진 셈이다. 박정희는 만주

---

12) 『기시 노부스케와 박정희』, 강상중·현무암 지음, 이목 옮김(책과 함께, 2012.9), 217~218쪽.

국과 일본에서 신세계를 경험한 것이다. 만주국은 일본 제국주의의 전쟁을 뒷받침하는 생산 거점이다. 국방산업과 연계된 중공업이 발전했다. 반공산주의 기치 아래 주민을 동원했다. 전문 관료들이 계획경제를 실행했다. 군부가 독점적 권력을 행사하며 정치, 경제, 사회를 주도했다.

박정희는 30여 년이 흐른 뒤 그때의 경험을 국정 기조로 삼았다. 한강의 기적으로 거듭난 대한민국은 세계 5대 제조업 강국이다. 미국, 중국, 독일, 일본에 이은 성과다. 수출은 인구가 1억 2천만 명인 일본과 거의 비슷하다. 반도체, 자동차, 석유화학, 조선, 철강이 주요 품목이다. 박정희가 키운 중공업 노선에서 파생한 것들이다. 미국과 관세 협상에서 지렛대가 된 조선은 박정희가 정주영을 불러 강하게 요구하면서 시작됐다. 국방산업도 박정희가 토대를 닦았다. 5개년 경제계획을 통해 지금의 대기업 대다수가 박정희 때 성장했다.

박정희 체제의 특징을 첫째, 민주주의가 아니었고, 둘째, 자유주의도 아니었다고 하는 겁니다. 박정희가 민주주의자가 아니라는 것은 더 설명할 필요가 없을 겁니다. 또 박정희가 자본을 통제해서 자본가들의 사적 재산권을 침해한 것을 보면 '사적 소유권과 시장을 절대시'하는 자유주의자도 아니었다는 증거가 되는 셈이고요. 박정희가 경제 발전 성공은 한마디로 말해 '민주주의가

아니었기 때문'이 아니라 '자유주의가 아니었기 때문'이라고 할
수 있습니다. [13)

　역사는 잘 안 바뀐다. 흐름이 생기면 어떤 방향이든 관성이 작
동한다. 과거 한번 대국이었으면 지금도 그렇다. 1900년경까지
거슬러 올라가도 한번 흥한 나라는 잘 저물지 않는다. 큰 전쟁을
일으켰던 나라들도 여전히 경제적 부를 누리고 있다. 전쟁을 일
으키려면 그럴만한 힘이 필요하다. 힘은 눈에 보이지 않는 정신
역량까지를 포괄한다. 전쟁에 지더라도 그런 힘은 남기 마련이
다.

　2차 세계대전 후 새롭게 선진국에 편입한 국가는 대한민국,
대만, 홍콩, 싱가포르 정도다. 인구 5천만 명 규모론 우리가 유일
하다. 박정희가 선진국 대한민국의 기초를 놓은 셈이다. 『쾌도난
마 한국경제』에선 박정희의 성공이 민주주의와 자유주의자가 아
니었기에 가능했다고 보고 있다. 박정희의 철저한 사적 자본 통
제가 경제 발전으로 이어졌다는 진단이다. 니체도 민주주의를 매
우 싫어했다. 이 점에서 박정희 리더십은 니체의 초인에 가깝다.

　박정희는 심지어 자본가들의 소비도 규제했습니다. 왜, 그 시

---

13) 『쾌도난마 한국경제』, 장하준·정승일 지음, 이종태 엮음(부키, 2005.7),
　　81~81쪽.

바스 리갈이라는 술 있잖아요? 박정희가 암살당할 때 마셨다고 해서 유명해진, 전 그 술이 엄청나게 좋은 술인 줄 알았어요. 그런데 영국에 가 보니까 가장 싼 술입니다. 도대체 어느 나라에서 종신 독재자가 시바스 리갈을 마십니까?[14]

장하준의 시바스 리갈 얘기는 엇갈릴 수도 있다. 이 술은 영국에서 1900년경부터 나온 위스키다. 조니 워커나 발렌타인보다는 한 수 아래로 평가받는다. 영국에선 비싼 술이 아니지만 대한민국에선 아예 구경하기 어려운 술이었다. 양주가 대중화된 것은 1980년 캡틴큐가 판매되면서부터이다. 캡틴큐의 가격은 소주의 열 배쯤 됐는데 인기가 대단했다. 딱히 마실 만한 양주가 없었을 뿐더러 가격이 쌌기 때문이다. 그 시절엔 맥주 마시기도 쉽지 않았다. 맥주도 졸업하고 취업한 선배가 사줄 때나 마실 수 있었다.

나는 1987년 12월에 군에 입대했는데 그때 처음으로 캡틴큐를 마셨다. 엄청 독했다는 것 외엔 생각나는 게 별로 없다. 캡틴큐는 2000년대 들어 양주 시장 경쟁이 격화하면서 차츰 시들었다. 2015년 단종됐다. 대통령의 소비는 자본가들의 기준이 되곤 한다. 대통령이 시바스 리갈을 마신다면 자본가들도 이보다 비싼 술을 대놓고 마시는 건 곤란하다. 비싼 술을 공개적으로 마시다

---

14) 『쾌도난마 한국경제』, 장하준·정승일 지음, 이종태 엮음(부키, 2005.7), 62쪽.

간 금세 박정희에게 보고될 수 있다.

중앙정보부의 막강한 힘은 미치지 않는 곳이 거의 없었다. 자본가들이나 부자들의 숫자도 많지 않았을 때다. 박정희는 어느 집에 숟가락이 몇 개 있는지도 다 알았을 정도로 대한민국 구석구석을 훤히 꿰고 있었다. 집에서 몰래 마시는 건 가능했겠지만 자본가들은 그런 모험을 시도하지 않았다.

박정희는 초등학교 시절부터 순사 대신에 군인을 선택했듯이, 강한 힘과 높은 자리를 추구했다. 그런 의미에서 그는 권력적 인간이었다. 또한 그는 무모하게 권력만을 추구하는 권력적 인간이 아니라, 매 상황에서 권력의 최대치를 측정하고 권력의 속성을 이해하고 운영할 줄 알았던 실용주의적·진화론적 권력 추구자였다.[15]

권력은 니체, 박정희, 이재명을 이어주는 말이다. 권력은 위계 구조를 이룬다. 군대는 대장부터 이등병까지 피라미드처럼 되어 있다. 같은 대장도 철저히 서열로 구분한다. 박정희는 군인을 꿈꿨다. 그는 실제로 군인이 됐다. 그는 5·16 쿠데타로 대한민국 권력의 정점에 섰다.

---

15) 『박정희 평전』, 전인권 지음(이학사, 2006.8), 81~82쪽.

이재명은 군림하는 사람이 되고 싶었다. 그는 손가락 혁명군을 창설했다. 그는 온라인 제국을 건설하고 군대처럼 운영했다. 그는 두 명의 대통령을 끌어내리고 대한민국 권력의 정점에 섰다.

실용은 박정희와 이재명을 관통하는 개념이다. 실용의 목표는 성과를 얻는 방편이다. 실용은 눈에 보이는 실적을 요구한다. 실적은 요즘 말로는 데이터이다. 박정희의 실용은 경제성장으로 나타났다. 그가 죽기 전 대한민국은 수출 100억 달러, 1인당 GNP 1,000달러를 돌파했다. 이재명도 잘사니즘을 표방했다. 그는 대강 세 갈래의 목표를 세웠다. 저소득층 복지 확충, 코스피 5,000, AI 기본사회 실현이다. 이 중 코스피 5,000은 대통령 취임 후 7개월 만에 달성했다.

02

두메산골 유년,
낭만적 권력의지

평전은 인물의 전기를 다룬 책이다. 전기를 쓰는 작가는 때때로 인물과 동일시하는 현상이 나타나기도 한다. 전기를 쓰기 위해선 몰입해야 하고, 긍정적으로 접근해야 하기 때문이다. 이재명을 쉽게 이해하려면 소설가 방현석이 쓴 『이재명 평전』을 보면된다. 방현석의 글도 상당히 미화되어 있다. 이 점을 생각하면서 방현석의 글을 읽으면 지금의 이재명이 대강 그려진다.

보수는 이재명을 싫어하면서도 그를 잘 모른다. 또 알려고 하지도 않는다. 보수적 관점에서 이재명 리더십을 다룬 책은 거의 없다. 2022년 3월 20대 대선 이전에 출간된 것들 외엔 없다고 보면 된다. 그때의 책들은 주로 이재명의 사법 리스크를 다뤘다. 지금의 대통령 이재명은 그가 살아온 인생 그 자체다. 그에게 충격적 경험을 안겨준 6년간의 소년공 생활은 특별하다. 동년배들이 중학교와 고등학교를 보내던 꼬박 6년간이다. 이재명은 두들겨 맞으면서, 산업재해를 당하면서 공돌이로 살았다. 이재명의 권력의지도 그때의 소년공 생활과 밀접하게 연관되어 있다. 현재 대한민국 권력의지 1위 이재명은 6년간의 소년공 생활을 통해 만들어졌다.

정치와 싸움은 닮은 데가 있다. 먼저 치는 쪽이 유리하다. 정치와 싸움 모두 상대방보다 먼저 치명적으로 때리면 승부는 거기서 끝난다. 준비 안 된 채 먼저 때리면 되치기를 당할 수 있다. 선거에서 '선방'은 싸움 세계의 '선빵'과 성격이 비슷하다. 싸움 시작과 함께 인중과 같은 급소를 맞으면 승부는 바로 거기서 끝난다. 선거도 비교적 짧은 시간으로 승부가 결정된다. 반격의 시간은 없다.

이재명은 '선방'의 정치인이다. 정치나 선거 분야에서 '선방'은 '선수 치다'의 뜻이다. 다른 사람보다 먼저 이슈를 선점하고 몰아붙이는 전략이다. 프레임 전략하고 맞물린다. 선거의 제1요소는 민심 또는 여론이다. '선방'을 통해 민심을 잡으면 단시간 내에 바꿀 수 없다. 설사 '선방의 내용'이 가짜뉴스라 하더라도 그렇다. 진짜인지 아닌지 가려내고 그것을 다시 알리고, 또 유권자들이 받아들이는 과정은 꽤 긴 시간이 필요하다. 그러는 사이 투표는 끝난다. 정치와 싸움뿐만 아니라 인생 자체가 그런 것인지 모르겠다. 경쟁 관계가 형성되어 있는 세상의 거의 모든 것은 '선방'이 중요하다. 토론, 연설, 글에서도 첫 말이 성패를 좌우한다. 이재명의 '선방'은 유년 시절부터 본능적으로 생겨나기 시작했다.

개복숭아에는 나름 구슬픈(?) 사연이 있다. 보통 개복숭아가 어디에 열리는지 모두가 알았다. 말하자면 오픈된 먹잇감이었던 셈이다. 익을 때까지 기다리면 선수를 놓치게 되니 씨도 여물지 않은 상태에서 따 먹어야 했다. 여물지 않은 복숭아는 쓰고 독해 삶아 먹는 방식을 개발했다. 그러면 좀 먹을 만했다.[16]

오만 것을 먹던 시절의 얘기다. 여름 가을엔 그나마 먹을 게 있었다. 초여름엔 보리와 감자가 났다. 여름은 수박, 참외, 살구가 익어간다. 주로 친구들끼리, 형제끼리 서리를 했다. 가을엔 더 많았다. 무, 고구마는 하나씩 뽑거나 캐 먹어도 누가 뭐라 하지 않았다. 산골 오지엔 사과나 배 같은 과일은 드물었다. 어쩌다 감나무가 있는 집엔 익지 않은 떫은 것들도 배겨나지 못했다. 제일 배가 고팠던 때는 봄이다.

날이 좋은 눈부신 봄날엔 먹을 게 거의 없었다. 봄은 집마다

---

16) 『이재명 자서전 그 꿈이 있어 여기까지 왔다』, 이재명 지음(아시아, 2025.6), 16쪽.

겨우내 탈탈 털어먹고 손가락 빨던 깔딱고개다. 허기를 채울 수 있는 쑥 버무림은 농사일이랑 겹쳐 그런지 자주 먹지는 못했다. 진달래꽃잎은 아무리 따먹어도 배가 부르지 않았다. 그나마 보름이면 속절없이 지고 말았다. 찔레꽃 새순도 두어 번 꺾어 먹다 보면 금세 새버렸다. 개복숭아도 익으면 맛이 있다. 이재명은 그때까지 기다려선 순서가 안 돌아오니 미리 따서 삶아 먹었다. 그는 개복숭아를 선수 친 셈이다. 누가 가르쳐주지 않아도 생존 본능이 발달했던 모양이다. 개복숭아는 50년이 흐른 지금도 귀하다. 몸에 좋다는 소문이 나면서 크기도 전에 따서 효소를 담그느라 남아나질 않아서다.

이재명은 주민등록상으론 1964년 12월 22일생이다. 실제론 1963년 10월 23일 출생이지만 1년 늦게 출생신고를 해서다. 도시가 아닌 산골 오지나 농어촌에선 그런 경우가 종종 있었다. 그 시절엔 출생하고 나서 1년간이 위험한 시기라서 일부러 출생신고를 늦추기도 했다. 1년이 되기 전에 종종 세상을 뜨기두 했다는 얘기다. 이것이 돌잔치의 유래라고도 한다. 요즘엔 출생신고만으로도 여러 가지 혜택이 주어지기에 그럴 일은 없다. 이재명의 출생신고가 늦어진 것도 이 때문이라고 방현석은 『이재명 평전』에서 말하고 있다.

맞아야 하는 이유를 이해하지 못했던 나는 맞으면서도 선생님을 똑바로 바라보았다. 고개를 숙이지 않았다. 그래서 더 많이 맞았을 것이다. 그날 내가 맞은 따귀는 스물일곱 대였다. 친구가 세어줘서 알았다. (…)

덤벼야 지킬 수 있는 것들이 있었다.[17)]

그땐 태반이 가난했다. 초등학교 시기를 생각하면 아직도 멍멍한 것들이 많다. 학교에 내는 육성회비는 매번 마감 날짜를 맞추지 못했다. 선생님은 그런 아이들을 벌 주거나 때리기도 했다. 그것도 다른 아이들 보는 앞에서 모욕을 준 것이다. 새마을운동에서 파생한 여러 가지 잡무도 아이들 몫이었다. 가을마다 거리엔 오지 마을에도 코스모스가 남실거렸다. 아이들을 동원해서 심은 것들이다. 이재명은 집안일 돕느라 코스모스 심는 일을 건너뛰었다. 이 일로 선생님에게 따귀를 맞게 되었는데 똑바로 쳐다보는 바람에 더 맞게 되었다. 반성하지 않는 것처럼 보인 탓에 가중처벌된 셈이다. 이재명의 대응은 저항하기였다. 그는 집안일 돕느라 코스모스를 심지 않은 건 무죄라는 것이다. 그의 생각은 삐딱하다. 새마을운동은 박정희가 시작했다. 아이 이재명은 박정희와 맞선 것이다. 이재명의 근성은 어렸을 때부터 생겼다.

복수는 이재명을 이해하는 키워드다. 복수는 권력의지를 구성

---

17) 『이재명 자서전 그 꿈이 있어 여기까지 왔다』. 이재명 지음(아시아, 2025.6), 22~23쪽.

하는 키워드이기도 하다. 이재명은 책 읽기를 통해 복수를 꿈꿨다. 당시 초등학교에는 작은 규모의 도서실이 있었다. 도서관 대신 교실 하나를 도서실로 꾸민 것이다. 이곳엔 문교부가 권장 도서로 지정한 책을 수백 권에서 수천 권까지 진열해 놓고 아이들이 읽게 했다. 이재명은 이런 책들을 거의 읽었다. 그중에서 성공과 복수를 다룬 『암굴왕』이 기억에 남았던 모양이다. 『암굴왕』의 단테스와 몬테크리스토 백작의 서사는 사실 이재명 자신의 서사이기도 하다.

『암굴왕』은 단연 최고였다. 악당들의 모함에 빠져 한번 들어가면 죽기 전에는 나올 수 없다는 섬의 무시무시한 감옥에 갇힌 주인공 단테스가 목숨을 건 탈옥을 감행할 때 이재명은 작은 주먹을 움켜쥐고 열렬히 단테스를 응원했다. 피눈물 나는 노력 끝에 탈옥에 성공한 단테스가 몬테크리스토 백작이 되어 악당들을 차례로 물리칠 때는 어린 이재명도 통쾌함으로 몸을 떨었다. 자기도 언젠가는 통쾌하게 성공해 너무나 고생하는 어머니를 행복하게 해주고 싶었다.[18]

단테스 얘기는 나도 기억난다. 단테스의 몬테크리스토 백작

---

18) 『이재명 평전』, 방현석 지음(아시아, 2025.6), 24~25쪽.

변신과 복수 서사는 너무 통쾌하다. 통쾌한 기억은 잘 잊히지 않는다.

내가 다니던 초등학교에도 작은 도서실이 있었다. 책을 살 수 없었던 아이들이 가는 꿈의 공간이었다. 나는 주로 탐험기를 좋아했다. 그중에서『아문센 탐험기』는 거의 외우다시피 했다. 이재명이 읽었다는『해저 2만리』도 자주 읽는 책이었다. 나는 6학년 때 55권의 책을 읽어 '다독왕상'을 받은 기억이 있다.

이재명은 초등학교를 졸업하고 6년간의 소년공 생활을 하게 된다. 그는 그때를 지옥으로 기억하기도 했다. 이재명에게 중앙대학교 입학은 감옥의 탈출이기도 했다. 그리고 사법시험 합격으로 몬테크리스토 백작이 된 셈이다. 결국 이재명은 대통령에 당선해서 통쾌한 복수에 나선다. 그가 복수해야 할 대상은 사법부, 보수, 주류, 기득권 세력이다. 국민을 대표하는 대통령 이재명은 지금도 복수를 실행하기 위해 애를 쓴다.

이재명 기억 중에 꼭 다룰 게 하나 있다. 태권동자 마루치와 아라치 얘기다. 이재명은 아이들이 좋아하는 라디오 어린이 드라마를 즐겨봤다. TV가 없던 시절 거의 유일한 방송은 라디오다. 나도 라디오를 통해서 중계되는 축구 국가대표팀 경기 방송을 들었던 기억이 있다. 대한민국 대표팀은 그땐 베트남, 태국, 인도네시아와 같은 아시아팀들과 팽팽한 접전을 펼쳤다. 아버지가 워낙

라디오를 독점한 까닭에 눈치 보느라 힘들게 들었다.

이재명은 학교가 파하면 태권 동자 드라마를 듣기 위해 뛰었다. 방송 시간이 대략 오후 5시 전후였던 모양이다. 이재명의 집과 학교는 두 시간이 넘는 거리였다. 오후 두세 시쯤 학교 수업이 끝나면 뛰어야 방송 시간을 맞출 수 있어서다.

라디오 어린이 드라마 〈태권동자 마루치 아라치〉는 이른 저녁 시각에 방송했다. 화장실을 푸느라 늦은 이재명은 〈태권동자 마루치 아라치〉를 듣기 위해 '달려라 마루치 날아라 아라치'를 부르며 집으로 내달렸다. '마루'는 꼭대기, '아라'는 아름다움, '치'는 사람이란 뜻을 가진 우리말이었다. 마루치는 최고수 태권소년이었고 아라치는 가장 아름다운 태권 소녀였다. '마루치 아라치'에 나오는 노래를 부르면 어린 이재명도 마루치가 되어 거친 파도를 헤치고 힘차게 힘차게 꿈을 찾아 달려 나갈 수 있을 것 같았다. [19]

로봇은 재미있는 말이다. 옛날엔 상상 속에서만 존재했다. 지금은 우리 곁에 바짝 다가와 있다. 지금 세계는 온통 '피지컬 AI' 개발 경쟁을 벌이는 중이다. 사람처럼 움직이는 로봇으로 부르면 될 듯싶다. 대한민국은 세계에서 로봇이 가장 많은 나라다.

---

19) 『이재명 평전』, 방현석 지음(아시아, 2025.6), 28~29쪽.

로봇은 두뇌와 각종 부품으로 이루어져 있다. 두뇌는 생각하고 지휘하고 평가한다. 부품은 두뇌의 지시에 따라 시키는 대로 실행한다. 니체 철학에 비유하면 두뇌는 초인에 해당한다. 박정희와 이재명에겐 두뇌는 권력의 정점으로 바로 자신들이다.

북한은 거대한 로봇에 비유할 만한 사회이다. 김정은을 필두로 한 백두혈통은 두뇌이고 북한의 인민은 로봇의 수많은 부품이다. 부품이 의미가 있으려면 로봇이 잘 돌아가야 한다는 게 주체사상의 요지다. 나치 독일도 거대한 로봇 사회다. 아돌프 히틀러(1889~1945)가 정점이고 독일인들은 부품이다.

마루치와 아라치는 두뇌, 꼭대기, 어떤 단위의 대장을 뜻하기도 한다. 이재명은 태권 동자 드라마를 들으며 낭만적인 수준의 권력의지를 다진 것이다. 이재명은 2010년 성남시장 당선 때부터 줄곧 대장만 했다. 그가 초등학교 때 즐겨 들었던 태권 동자의 꿈이 실현된 셈이다. 이재명은 취임 30일 기자회견에서 '로봇 태권브이' 얘기를 한다. 놀라운 발상이다. 이재명은 자신이 '로봇 태권브이'를 조종하는 머리라고 했다. 그리고 공무원들을 '로봇 태권브이'로 비유하면서 '머리가 하자는 대로 해야 하는 조직'으로 비교했다.

소년공 6년,
기득권 증오

잘 지워지지 않는 어릴 적 기억이 있다. 가슴에 큰 상처가 되는 기억이 대체로 그렇다. 내가 초등학교 3학년 때쯤이다. 모내기가 한창이던 봄이었다. 결석하고 못줄을 잡아달라던 아버지 얘기를 무시하고 학교에 갔다. 결석하고 못줄 잡는 건 너무 싫었다.

우리 논은 집에서 산길을 따라 오리쯤 가면 나타났다. 다른 사람의 소유인 산간을 개간해서 논으로 만들었다. 길이 험해서 지게로 비료 등속을 지고 가면 거의 한 시간쯤 걸렸다. 두 명이 양쪽에서 잡는 못줄은 품삯 인부를 사서 쓰기엔 아까웠다. 못줄에 맞춰서 동네 아저씨와 아줌마들이 모를 심었다. 못줄은 우리 형제들이 주로 도맡았다. 첫 교시 수업이 막 시작됐는데 아버지가 나타났다. 나를 데리러 온 것이다. 나는 너무 당황했다. 책보를 챙기는 둥 마는 둥 학교에서 도망쳤다. 그 후론 모내기하는 날엔 알아서 결석하고는 못줄을 잡았다. 나는 그날 아버지가 교실 문을 덜컥 열고 들어오는 장면을 잊을 수가 없다. 하늘에 계신 아버지가 이 글을 보면 섭섭해할지도 모르겠다. 해준 건 기억하지 않고 어쩌다 한번 못해 준 것만 생각한다고. 몹쓸 아들이다.

밤 9시가 넘어 퇴근하던 길을 벌건 대낮에 터덜터덜 걸어 돌아왔다. 하루 12시간, 90일치의 노동이 가뭇없이 사라져버렸다. 요즘처럼 신고해 도움받을 길도 없었다. 게다가 나는 열세 살, 취업 연령 미달에 이름도 남의 이름을 빌려 다니던 중이었다.[20]

이재명이 월급을 떼인 것은 두 번째 공장에서다. 1976년 가을께 얘기다. 이재명은 그해 안동에서 초등학교를 졸업하고 성남으로 이주했다. 목걸이를 만드는 공장이었다. 월급을 더 준다고 해서 옮긴 것이다. 집에서 20리라고 했으니 8킬로미터쯤 된다. 어른 걸음으로 두 시간 거리이다. 아침 8시 30분부터 밤 9시까지 12시간씩 일했다. 이재명이 더 힘들었던 것은 출근 때다. 교복 입은 동년배 아이들과 마주치면 숨고 싶었다.

---

20) 『이재명 자서전 그 꿈이 있어 여기까지 왔다』, 이재명 지음(아시아, 2025.6),
39쪽.

3개월 밀린 월급을 주겠다는 날 공장에 가 보니 문을 닫고 사장은 야반도주했다. 이런 경험들은 웬만하면 겪었을 일이다. 어릴 적에 아르바이트하다가 돈 떼이면 얼마나 속이 쓰렸던가. 이재명이 받은 충격은 상상 이상이었을 테다. 학교도 못 가고 3개월이나 일한 월급을 떼이면 분노와 절망이 끝 간데없이 차올랐을 것으로 생각된다. 이재명의 강경한 노동정책은 월급을 안 주고 도망간 두 번째 공장에서 싹이 텄다. 그에게 사장은 대개 나쁜 사람이다. 월급을 떼먹으면 죽이고 싶을 만큼 나쁜 놈이다.

홍 대리와 기득권 증오

홍 대리는 이재명의 글에서 가장 빈번하게 등장하는 사람이다. 홍 대리는 단순한 인물을 넘어 상징적인 존재이다. 이재명은 홍 대리를 통해서 대한민국 사회를 이해한다. 이재명에겐 대한민국은 두 부류의 사람이 있다. 한 부류는 홍 대리와 그의 뒤에서 이익을 챙기는 같은 편의 무리다. 다른 한 부류는 홍 대리에게 착취당하는 사람들과 비슷한 처지에 놓여 있는 약자들이다. 이재명이 홍 대리를 만난 건 다섯 번째 공장에서다. 이름이 대양실업인데 꽤 큰 공장이었다. 대양실업은 야구 글러브와 스키 장갑을 만드는 회사다. 홍 대리는 반장과 고참 위에 있는 사람이다. 반장과 고참은 공장에서 함께 일하는 선배였다. 홍 대리는 공장이 아닌

관리 사무실에서 근무하는 사람으로 공장을 관리하는 중간 간부였던 모양이다.

　홍 대리가 되겠다는 다짐과 달리, 나는 서서히 직접 때리는 반장이나 고참과 달리 그걸 용납하고 사주하는 상급자의 위선이 더 나쁘다는 것을 깨달았다. 사장과 공장장, 아니 홍 대리라도 마음만 먹으면 폭력은 없어질 것이다. 하지만 그런 일은 없었다.
　그들은 폭력으로 유지되는 질서의 최대 수혜자였다. [21]

　홍 대리를 만나고 나서 깨달은 것은 질서에 대한 분노다. 이재명이 보기에 질서는 폭력으로 유지된다. 질서는 위아래 관계다. 질서는 곧 기득권이다. 다수의 공돌이는 질서의 지배를 받는다.
　이재명은 대양실업 소년공에서 기득권 대 비기득권의 대결 구도를 배운다. 이재명은 기득권에 대한 분노를 키운다. 사실 우리 사회에서 질서는 일종의 선(善)으로 인식됐다. 조선시대는 물론 박정희 때도 그랬다. 질서는 곧 종(縱)이다. 종은 위아래를 의미하는 세로다. 종의 반대는 횡(橫)이다. 횡은 평등을 의미하는 가로다. 횡은 일종의 악이다. 횡재(橫財)도 꼭 좋은 의미는 아니다. 횡재가 있으면 자칫 마(魔)가 따라올 수 있다. 질서가 해체되기

21)　『이재명 자서전 그 꿈이 있어 여기까지 왔다』, 이재명 지음(아시아, 2025.6), 57~58쪽.

시작한 건 노무현 때다. 그걸 상징하는 게 '계급장 떼고 토론하기'
다. 이재명의 정치는 바로 위와 아래로 되어 있는 질서를 거부한
다. 그의 정치는 기득권의 해체를 목표로 한다. 그의 정치는 보수
정당, 보수 세력의 해체를 의미하기도 한다.

열여섯 살 소년공 이재명의 눈에도 그들이 직접 폭력을 행사
하는 반장의 뒤에 있는 사람들이 보였다. 물론, 그들이 그런 부당
한 폭력으로 유지되는 질서를 비호하는 이유를 깨달은 것은 훨씬
뒤의 일이었다. 그렇게 유지되는 질서의 최대 수혜자가 바로 뒤
에 숨은 우아한 위선자들이었다.[22]

홍 대리는 실존 인물일까? 이런 의문은 있다. 홍 대리가 실제
인물이라면 아마도 살아있을 나이다. 이재명의 나이가 열여섯일
때 만났으니 어림잡아 70대 중후반쯤으로 보인다. 대통령 이재
명을 어떻게 보고 있을지 무척 알고 싶다. 질서가 폭력으로 유지
되는가, 이런 가정은 논란의 소지가 있다. 모든 질서라고 하지는
않았지만. 대한민국에서 질서는 헌법에서 비롯된다. 온갖 발원지
와 지류가 합쳐져서 강물을 이루듯 질서의 발원은 헌법이다.

지금 헌법은 1987년에 만들어졌다. 헌법상으론 더 이상 질서

---

22) 『이재명 평전』, 방현석 지음(아시아, 2025.6), 100쪽.

는 폭력으로 유지되지 않는다. 남아 있던 질서의 폭력적 의미도 노무현 때 사라졌다. 노무현이 수직적 사회를 수평적 네트워크 사회로 만든 건 헌법정신을 살려낸 것이다. 헌법의 형식과 내용이 그때 조화를 이룬 것으로 볼 수도 있다. 이재명이 소년공으로 일하던 때는 1970년대 중후반에서 80년대 초반으로 6년간이다. 그 뒤로 헌법이 만들어지고 사회변동의 폭도 컸다. 그때 질서의 수혜자가 지금도 존재하는지는 잘 모르겠다. 질서 뒤에 숨은 우아한 위선자들이 아직도 남아 있는지는 의문이다.

기본사회의 뿌리

초등학교 때 수학여행은 생애 첫 여행이다. 가난한 시절엔 대체로 그랬다. 나도 6학년 때 갔던 수학여행이 첫 번째였다. 전북 장수에서 자란 나는 같은 전북인 순창에 가끔 갔었다. 순창은 어머니의 고향이다. 순창에 가는 날엔 기분이 너무 좋았다. 지금은 한 시간 거리지만 그땐 거의 하루 종일 걸렸다. 버스를 서너 번 갈아타야 했는데 버스 타고 있을 때보다 기다리는 시간이 훨씬 길었다. 외갓집에 가면 쌀밥을 실컷 먹을 수 있었다. 외할아버지가 용돈도 잘 주셨다. 수학여행 때 나는 전북을 처음으로 벗어났다. 경북 경주 일대를 돌아보는 길이었다. 국보라는 석굴암은 그냥 밋밋해 보였다.

지금 기억나는 것은 갈치가 들어간 미역국이다. 식당도 아닌 비좁은 여관방에 밥상을 들여놓고 숟가락질이 어려울 만큼 촘촘하게 앉아서 밥을 먹었다. 갈치는 귀한 생선으로 제사나 명절이 아니면 구경하지 못했다. 갈치 미역국은 처음 먹었는데 너무 비렸다. 작은 갈치 토막이 한두 개씩 들어간 멀건 갈치 미역국이었다. 국물 위엔 은빛 갈치 비늘이 떠 있었다. 초등학교 수학여행은 5학년이나 6학년 때 간다. 이재명은 5학년 때 갔다.

가난하든 그렇지 않든 모든 아이가 수학여행을 가는 것, 그 간결하고도 아름다운 기준, 아마도 내가 주장하는 보편적 복지는 그 최초의 경험에서 싹을 틔웠을지도 모르겠다. 학생들이 매점을 운영하고 그 수익을 수학 여행비로 나누어 가진 일은 협동조합과 보편기본소득에 대한 최초의 경험이었다.[23]

수학여행은 초등학생들에게는 최고의 이벤트였다. 나도 초등학교 내내 검정 고무신을 신었다. 책은 책보에 싸서 갖고 다녔다. 운동화를 신고 가방을 들고 다니는 친구들은 그리 많지 않았다. 운동화와 가방은 학교에 입학할 땐 거의 없었다. 졸업할 무렵엔 조금씩 늘었다.

---

23) 『이재명 자서전 그 꿈이 있어 여기까지 왔다』, 이재명 지음(아시아, 2025.6), 31쪽.

수학여행 땐 대부분 운동화를 신었다. 운동화를 처음 신었을 때 발에 잘 안 맞아 많이도 아팠다. 수학여행 비용은 시골에선 큰 부담이다. 담임선생님이 아이들을 참여시키느라 애를 많이 썼다. 친구들도 부모를 조르고 졸라 대부분 참여했다. 이재명도 수학여행 갈 형편이 아니었던 모양이다. 돈이 없는 아이들이 매점에서 일하고 그 수익으로 여행 경비를 충당했다. 이재명은 그렇게 참여한 수학여행의 기억이 강렬했던 것 같다. 기본사회에 대한 구상은 이렇게 생겨났다.

성남시장 시절 이재명은 3대 무상복지를 도입했다. 무상 교복, 무상산후조리원, 청년 배당 3종 세트다. 3대 무상복지 정책도 모두 소년공 생활 6년에서 나온 것이다. 무상 교복은 3년간 겨울옷 한 벌, 여름옷 한 벌을 지원하는 복지제도다. 평균 지원 비용은 매년 정해진다. 교복을 두 벌씩 갖추거나, 옷이 해져서 다시 사야 할 땐 지원되지 않는다.

청년 배당은 성남시에 살고 있는 만 24세 청년에게 100만 원을 지원하는 제도다. 소비 쿠폰과 같은 지역화폐로 지원한다. 1년 이상 살고 있을 때 자격이 주어진다. 특정 조건을 갖춘 사람들에게 지급하는 방식이다. 이를 범주형 기본소득이라고 부른다.

무상산후조리원은 산후조리원 비용의 일부를 지원하는 제도다. 산후조리원은 가격도 천차만별이고 기간도 서로 다르다. 3대

무상복지는 도입할 때마다 안팎으로 반대에 직면했다. 성남시의회에선 중장기적인 재정 부담을 우려하는 목소리가 나왔다. 중앙정부에선 국정 기조와 다르고 다른 지역과의 형평성에 문제가 있다고 봤다.

이재명은 소년공 생활을 하면서 교복 입은 학생들을 동경했다. 그는 나중에 그때 생각이 무상 교복의 모티브였다고 회상했다. 지금은 교복을 입지 않고 다니는 학생들도 많다. 일상복이나 체육복 차림으로 학교에 가기도 한다. 그땐 교복을 입지 않으면 학교에 갈 수 없었다. 남학생은 바지, 여학생은 치마가 똑같이 적용됐다. 공장에 다니던 소년공에게 교복 차림의 학생은 선망의 대상이다. 질투의 대상이기도 하다. 여학생과 마주치면 이런 기분은 더했을 것으로 본다. 소년공 생활의 기억은 무상 교복이란 복지제도로 돌아왔다.

나는 공장에 다니느라 교복을 입어보지 못했지만, 교복 때문에 부끄러워하는 학생들을 보고 있을 수만은 없었다. 그게 무상 교복사업을 펼친 까닭이다.[24]

3대 무상복지는 틀린 말이다. 어휘부터 문제가 있다. 무상과

24) 『이재명의 굽은 팔』, 이재명·서해성 지음(김영사, 2017.2), 265쪽.

복지는 중복이다. 복지는 대개가 무료로 지원되는 제도이다. 정확히 말하면 3대 지원이라고 하는 게 맞다. 겨울옷, 여름옷 각각 한 벌로 중학교나 고등학교를 다니기는 쉽지 않다. 중학교는 특히 체격이 커지는 나이다. 심하게 찢어지기라도 하면 다시 사야 한다. 밤새 빨고 말려두지 않으면 다음 날 입지도 못한다. 학생에 따라 두 벌이 필요하다. 교복 일부 지원 또는 보조이다. 마치 교복 100% 지원인 것처럼 포장했다.

무상산후조리원은 더 그런 경우다. 산후조리원 비용은 혀를 내두를 정도로 비싸다. 산후조리원은 짧으면 2주일, 길면 한 달을 이용한다. 2주도 수백만 원은 기본이다. 성남시는 비용의 일부를 지원했다. 이것도 제대로 이름을 붙이려면 산후조리원 일부 지원이나 보조라고 해야 옳다.

아버지가 주워 온 썩은 과일과 매형이 팔다 남은 참외, 도저히 마음 편할 수 없는 아픔이 배어 있는 추억 속의 과일입니다. 아버지가 주워 온 썩은 과일을 못 먹겠다고 거절할 수도 없었습니다. 매형이 팔다 남은 과일을 먹는 일도 항상 부담스러웠습니다. (⋯)

"3년 만에 처음으로 과일을 사 먹었어요!"

성남시의 청년 배당을 받은 한 학생이 말했습니다.[25]

---

25) 『이재명의 나의 소년공 다이어리』, 이재명·조정미 지음(팬덤북스, 2021.7), 149~150쪽.

청년 배당은 만 24세 청년에게 1년간 100만 원을 주는 제도다. 1년 이상 성남시에 거주해야 한다는 조건이 붙었다. 성남사랑상품권으로 지급했다. 이 상품권은 사용할 수 있는 데가 한정되어 있었다. 성남시에 있다고 하더라도 상품권 취급 업소가 아니면 쓸 수가 없었다. 상품권을 받은 청년들은 '깡'하는 사례도 나왔다. 부모가 아이에게 현금을 조금 깎아서 주고 상품권을 사기도 했다.

3대 무상복지는 '누구나, 조건 없이, 현물'이라는 논란을 낳았다. 안 줘도 형편이 되는 중산층 이상까지 복지 대상을 확대하는 방안에 반대가 많았다. 이 제도가 시행되는 과정에서 성남시의회와 보건복지부가 제동을 걸었다. 의회는 새누리당 의원들이 주로 반대했다. 박근혜 정부의 보건복지부도 같은 이유로 반대 의견을 냈다. 이재명은 3대 무상복지를 놓고서도 성남시의회와 보건복지부는 물론 박근혜 정부와 정면으로 맞섰다. 판을 키워 싸운 것이다.

04

행동하지 못한
부채, 분노의 진보

이재명은 원조 보수라고 얘기한다. 2025년 6월 대선 땐 중도·보수를 공식 선언한 적도 있다. 그는 한발 더 나아가 민주당도 보수 정당이라고 말하기도 했다. 그의 보수 선언은 생뚱맞은 얘기가 아니다.

성남시장 때부터 늘 하던 얘기다. 그가 보수라고 얘기하는 건 어떤 점에선 맞는 말이다. 그는 위계를 중시한다. 선출 권력이 맨 위라고 생각한다. 대통령은 힘이 가장 센 사람이라고 생각한다. 그의 리더십은 수직적이다. 그의 리더십은 거의 확실하게 보수에 가깝다. 그는 스스로 우파도, 좌파도 아니라고 한다. 그는 굳이 따지자면 양파 실용주의자라고 주장한다. 실용을 맨 앞에 내세운다는 측면에서 이재명의 말은 사실일 가능성도 있다.

또 민주당도 지금은 기득권 정당이다. 당의 주류는 586으로 재편됐다. 민주당을 강하게 지지하는 사람들은 40대와 50대다. 직업으로 보면 화이트칼라, 대기업 노동자들이다. 이들은 대한민국의 기득권을 차지하고 있다. 정치적 지위나 경제적 수준이나, 모든 면에서 그렇다. 이재명도 변호사가 된 뒤 주류 사회로 편입했다. 이재명의 재산은 2025년 3월 국회의원 재산 신고 때 약 31억 원이었다. 이재명의 리더십이나 경제적 위치는 보수라고 말할 수 있다. 문제는 생각이나 지향이다. 이 점에 있어서 그는 분노의 진보다.

남북, 외교에선 강성 진보

지금 보수와 진보를 가르는 기준은 모호해졌다. 과거엔 대한민국의 이념 구분은 남북 관계와 외교 분야가 큰 영향을 줬다. 북한을 평화 협력의 대상으로 보는 쪽은 대체로 진보라고 보았다. 민주당을 포함한 좌파 정당이 여기에 속한다. 북한을 적대적으로 보는 쪽은 주로 보수라고 불렸다. 국민의힘 계열 정당이다. 이런 시각은 미국, 중국, 일본에도 정도의 차이가 있을 뿐 적용되고 있다.

한미동맹이나 한일 관계를 중시하면 보수 쪽이다. 한중 관계를 중시하고 일본의 과거사 입장에 대해 강경 입장이면 진보 쪽에 가깝다고 봤다. 이재명 정부에서도 '동맹파'와 '자주파' 논란이 계속되고 있다.

동맹파는 한미동맹 중시 쪽이다. 자주파는 독자적인 대북정책 중시 쪽이다. 다수 언론에서는 자주파의 목소리가 크다고 본다. 이재명도 틈날 때마다 남북 평화 협력을 강조한다. 이재명은 명백히 진보다. 남북 관계, 외교 분야에 대한 시각으로 보면 그렇다. 남북 관계에 대한 그의 소신은 '평화가 밥이고, 경제다!'란 생각이다.

사드 때문에 어색해진 중국과의 관계는 어떤가. 중국은 우리와 1위 교역 국가이다. 밥 한 숟가락 입에 들어가는 것이 얼마나 겁나는 일인지 안다면, 강경 일변도의 대북 관계가 얼마나 순진한지, 아니면 위험한지 알게 되리라. [26)]

586은 친중이다. 586은 어렸을 적부터 친중 문화에 익숙하다. 중고등학교 때부터 무협지를 읽는다. 빨간색 표지가 많았던 무협지는 일탈의 경계선에 있는 소일거리다. 중국영화도 쉽게 접할 수 있는 문화다. 홍콩 누아르가 대다수였다. 국내 영화가 발달되

---

26) 『이재명의 굽은 팔』, 이재명·서해성 지음(김영사, 2017.2), 172쪽.

기 이전이었다.

대학교 땐 마오쩌둥(1893~1976) 대장정을 혁명의 모델로 공부한다. 대장정은 1934년부터 약 1년간 중국 국민당군을 피해 도피하면서 되레 농민 지지를 얻은 사건을 말한다. 당시 중국은 종이호랑이로 전락한 뒤였다. 상하이, 홍콩, 엔타이 등 중국 남서부 해안 일대는 일찍이 유럽의 식민지가 됐다. 일본은 대만에 이어 조선을 강제로 합병하고 1932년 만주국을 세웠다. 대륙에 갇힌 중국은 국민당군과 공산당으로 나뉘어 내전에 돌입했다. 나라가 망해 가는데 집안싸움을 벌인 것이다. 대장정으로 마오쩌둥은 중국 권력 장악에 바짝 다가선다.

1937년 중일전쟁이 발발하고 중국의 주도권은 마오쩌둥에게 넘어갔다. 586은 블라디미르 레닌(1870~1922)과 이오시프 스탈린(1879~1953), 피델 카스트로(1926~2016), 체 게바라(1928~1967)를 다룬 책들도 읽었다. 마오쩌둥과 김일성(1912~1994)은 586이 매우 중시했던 인물들이다.

외국, 외국 국민, 특정 인종의 명예를 훼손하거나 모욕하면 최대 5년 이하 징역형에 처하는 형법 개정안을 범여권 의원 10명이 발의했다. (…) 중국과 중국인을 과잉보호한다는 의구심도 크다. 법안 발의 의원들은 '특별히 중국과 중국인을 겨냥하지 않았다'고 강조했다. 하지만 법안 제안 이유서에서 '짱깨·북괴·빨갱이 발언'만을 혐오 사례로 언급했다. 쪽바리 양키 등 비슷한 수위의 표현이 오래전부터 있었는데 갑작스레 혐중·혐북만 문제 삼으니 의아하다는 반응이 많다.[27]

586의 친중은 반미와 대비된다. 586은 미국대사관, 문화원, 미국의 국기인 성조기를 주로 공격 대상으로 했다. 정청래는 1989년 미국 대사 관저를 점거했다가 구속됐다. 성조기 태우기 의식은 시위 때마다 거의 단골 메뉴로 등장했다. 이재명 정부의 중국 혐오 처벌 움직임은 586의 인식과 맥이 닿아 있다. 신호탄은 이재명이 쏘아올렸다. 그는 임기 초반 국무회의와 같은 공개 회의에서 중국 혐오 시위를 거론하며 자제를 거론했다. 관련 부처를 질책하고 강한 처벌 추진도 시사했다. 성조기를 밥 먹듯 불태우며 성장한 586이 중국이나 북한 혐오 시위를 처벌하겠다고 나선 셈이다.

북핵과 김대중 책임론

북한은 사실상 핵무장 국가이다. 북한에선 김정일이 핵개발을 완료했다. 대한민국에선 김영삼, 김대중, 노무현에 공동 책임이

---

27) 「외국 모욕죄·대북 전단죄…입법 균형 의심스럽다」, 〈한국경제〉 2025년 11월 8일.

있다. 미국이 북한의 영변 핵시설을 폭격하려고 한 건 1994년 무렵이다. 이것은 미국의 기밀문서 해제로 드러났다. 김영삼은 김일성과 정상회담을 앞두고 반대했다. 김일성의 사망으로 남북 정상회담은 무산됐다. 만약 미국의 영변 폭격이 이루어졌다면 북한의 핵무장은 이루어지지 않았을 것으로 추정할 수 있다. 지금의 이란처럼 말이다.

북한이 처음으로 핵실험을 한 때는 2006년 1월이다. 그러니까 1994년부터 2006년 사이에 핵 개발이 이루어졌다고 보면 된다. 김영상 정부는 1997년 IMF 위기를 맞았다. 김일성이 죽고 김정일로 권력이 넘어가는 무렵엔 남북 모두 교류 없이 혼란의 시간을 보냈다.

북한에 대한 본격적인 지원은 김대중 때 이뤄졌다. 김대중은 북핵 해결을 위해 주변 나라가 참여하는 다자주의 해결 방식을 시도했다. 동시에 남북 정상회담 과정에서 상당히 많은 현금이 북한으로 흘러갔다. 나중에 대북 송금 특별검사가 밝힌 내용이다. 2003년 2월 취임한 노무현은 6자회담을 정기적으로 열었다. 북한은 2006년 1월 핵실험을 전격 단행했다. 노무현 정부는 뒤통수를 제대로 맞은 셈이다. 김대중 햇볕정책이 북한 핵 개발에 결정적인 영향을 미쳤다고 보는 게 합리적인 추론이다.

나는 우리가 쌀을 보내서 북한이 핵무기를 개발했다는 논리에

동의할 수 없다. 보수단체나 정부 여당은 대북 쌀 지원을 퍼주기 프레임에 가두어서 정치적으로 공격한다.[28]

쌀은 덤이다. 이재명 말대로 쌀이 핵으로 둔갑하기는 어렵다. 북한에 지원한 쌀을 아무리 많이 빼돌려 돈으로 바꾼다고 한들 얼마나 되겠는가. 북한은 2006년 1월 핵실험을 성공적으로 마쳤다고 공식 발표했다. 핵실험 이전에 이미 핵 개발을 완료했다고 짐작할 수 있다. 핵 개발이 집중적으로 이루어진 시기는 김대중 임기 후반과 노무현 임기 초반으로 가늠할 수 있다. 군이 핵 개발의 책임을 묻는다면 김대중의 몫이 가장 크다. 2000년 정상회담을 앞두고 정부와 현대그룹은 이런저런 명목으로 5억 달러를 송금했다.

핵보유국이 전 세계적으로 핵을 포기한 적은 거의 없다. 스스로 핵을 개발한 나라들은 대부분 그랬다. 우크라이나는 결과적으로 핵보유국이 된 나라다. 스스로 핵을 개발한 나라는 아니었다. 우크라이나는 1989년부터 시작된 소련의 해체로 독립을 이루게 된다. 당시에 우크라이나 영토에 배치되어 있던 소련의 핵무기로 인해서 의도하지 않게 핵무장을 하게 되었다. 우크라이나는 훗날 미국, 유럽, 러시아와 '안전보장 협의'로 핵무기를 포기한다. 안전

---

28) 『이재명의 굽은 팔』, 이재명·서해성 지음(김영사, 2017.2), 172쪽.

보장은 결과적으로 이루어지지 않았다. 우크라이나가 만약 핵무장을 유지했다면 러시아의 침략을 받지 않았을지도 모른다.

남아프리카공화국은 핵무기 완성 단계에서, 리비아는 핵 개발 과정에서 프로그램을 자진 폐기했다. 이란은 수십 년째 핵 개발을 시도하고 있지만 미국과 이스라엘의 방해로 아직 꿈을 이루지 못하고 있다.

분노의 진보 탄생

학생운동이 활활 타오른 건 5·18 이후다. 1979년 박정희가 죽고 잠시 봄날이 찾아왔다. 나도 80년대 중반 학번이라 80년 전후 상황은 잘 모른다. 뉴스와 책과 영화에서 본 것이 전부다. 최근 영화 〈서울의 봄〉을 생각하면 어렴풋하게 그때를 떠올릴 수 있다. 그날의 봄은 유난히 짧았다. 세월이 더 흐른 뒤엔 찰나로 여겨질 정도다. 순식간에 5·18이 닥쳤다. 역사에서 사거은 역설을 부르곤 한다. 5·18은 학생운동을 급속히 확산시켰다. 5·18은 80년대, 90년대 학번의 학생운동 동력이다.

내가 대학에 입학했을 때 주변은 대부분 운동권이었다. 학생운동과 공부로 나뉘었다. 대략 반반이었다. 공부하는 학생들도 생각은 다르지 않았다. 재미있는 사실은 운동권보다 공부하는 학생이 훨씬 더 급진적이기도 했다. 동아리 활동과 시위엔 참여하지 않아도 더 분노했다. 그들은 행동하는 친구들에게 미안한 마음을 가졌다. 공부해서 나중에 다른 방식으로 참여하겠다는 다짐이다.

나는 광주를 욕해온 자신을 용서할 수가 없었다. 내가 퍼부은 비하와 저주가 이번에는 나를 향해 덮쳐왔다. 2~3년 동안 학살자들의 개가 되어 살았던 게 광주 사람들에게 너무 미안했고, 전라도 장흥인가가 고향인 친구 이영진이 나에게 광주 이야기를 해주었을 때 믿지 않았던 내가 창피해서 견딜 수가 없었다. (…)

그해 이영진이 함께 시위와 집회를 이끌어가자는 제안을 해왔을 때 우선 공부를 좀 한 뒤 만약 법조인이 되면 판검사가 아니라 변호사가 될 것이라고 약속했다.[29]

광주 사람들은 자부심이 세다. 광주는 5·18 이후 민주주의와 평화를 대표한다. 그들은 광주가 민주주의와 평화의 수도라고 생각한다. 그들에게 광주는 아시아 또는 세계 평화의 수도이다. 수백 명이 희생되고도 광주는 의연했다. 광주는 대한민국 민주주의의 산파를 자처했다. 광주가 있어 대통령 김대중도 나왔다. 학살자의 개란 말은 거슬리는 표현이다. 이재명은 함께 학생운동을 하자는 친구 이영진의 제안을 거절한다. 거절의 이유는 두 가

---

[29] 『이재명의 굽은 팔』, 이재명·서해성 지음(김영사, 2017.2), 94쪽.

지다. 하나는 장학금을 계속 받기 위해서다. 장학금에는 등록금 외에 생활지원금도 포함되어 있다. 학생운동으로 구속되거나 학점이 기준을 채우지 못하면 심각한 문제가 발생한다. 학교가 장학금 지급을 끊어버리기 때문이다. 다른 하나는 사법시험 합격이 최우선 목표라서다. 변호사가 되어 행동하지 못했던 것을 대신 갚겠다는 계획 때문이다. 학생 시위를 주도하던 이영진은 나중에 구속되고 학교에선 제적되고 만다. 이재명은 이영진 부모에게 위로의 편지까지 보낸다.

당시 학생 운동권은 시위 말고도 독서와 토론으로 공부한다. 80년대 학번은 강만길이 쓴 『해방 전후사의 인식』으로 시작한다. 줄여서 '해전사'로 불린다. 90년대 학번은 박세길이 쓴 『다시 쓰는 현대사』를 주로 봤다. 줄여서 '다쓰현'이다. 인식의 전환은 학생운동의 첫 단계다. '분단의 책임은 미국에', '북한 정권의 수립은 정당', '이승만과 박정희 정권이 폐해', '12·12와 5·18은 미국 책임', '사회주의 혁명의 미화' 등이 주요 내용이다.

다음으로 미국이 대한민국을 실질적으로 지배한다고 배운다. 해방 전 일제가 미국으로 바뀌었을 뿐이라고 주장한다. 대한민국이 미국의 식민지라는 얘기다. 그들은 미국인을 제국주의자들이라고 불렀다. 뒤이어 러시아, 중국, 쿠바의 혁명사를 배운다. 최종적으론 김일성과 김정일(1942~2011)의 주체사상까지 읽는다.

이렇게 3년 안팎의 학습과 시위를 주도한 후 구속으로 가는 게 운동권의 길이었다. 구속되면 대개 군대는 면제된다. 석방 이후 엔 노동운동이나 시민사회로 진출한다. 이들은 김대중과 노무현 때 정치 실무를 처리하면서 정치 진출의 기초를 닦았다.

편지는 영진이에 대한 의리기도 했지만 내가 고시 공부하고 있을 때 자신의 전부를 걸고 투쟁에 나섰던, 그 모든 의로운 청년 들에 대한 내 마음이기도 했다. 그 시절, 거리에서, 또 감옥에서 찬란한 청춘의 한 시절을 보냈던 청년들에 대한 존경의 마음을 보낸다. 우리의 민주주의는 그렇게 왔다.[30]

이재명은 이영진의 제안을 거절한 후 '행동하지 못한 부채'를 느꼈던 것 같다. 그는 운동권들에 한없이 미안해하고 고마워했 다. 그가 쓴 글엔 대통령 당선 때까지 운동권들 얘기가 많이 담겨 있다. 그들에 대한 고마움을 늘 글로 표시했다.

이영진 부모에게 편지를 보낸 것도 이런 심리로 보인다. 이 때 문인지 이재명은 '진보적 사안'을 스펀지처럼 받아들인다. 이재명 은 사회과학에 대한 체계적인 공부는 없었지만 분노는 컸다. 함 께 행동하지 못한 미안한 마음이 앞섰기에 더욱 그랬을 수도 있

30) 『이재명 자서전 그 꿈이 있어 여기까지 왔다』, 이재명 지음(아시아, 2025.6), 128쪽.

다. 그가 때때로 급진적 진보로 보이는 건 행동하지 못한 부채 의식 때문이다. 이재명의 부채 의식은 지금도 이어지고 있다.

미국을 바라보는 시선도 보수와 진보를 가르는 기준이다. 이재명은 '5·18에 대한 미국 책임'에 대해선 아직도 거론하고 있다. 이재명은 윤석열의 12·3 비상계엄 선포 후 미국 측과 긴박하게 접촉한다. 이 과정에서 이재명은 '5·18에 대한 미국 오판'을 언급한다. 5·18 미국 책임은 이미 가짜뉴스로 드러난 일이다. 미국은 전두환을 인정하지 않았다. 1981년 1월 전두환의 미국 방문도 사형이 선고된 김대중의 무기 감형이 조건이었다. 그러니까 미국이 전두환을 인정했던 시기는 5·18 발생 후 7개월이 지난 시점이었다. 586의 5·18 미국 책임론은 모호한 군 지휘권 때문이다.

내가 그런 판단을 한 것은 1980년 '오월 광주' 때의 상황이 반면교사처럼 머리를 스치고 지나갔기 때문이다. 미국은 당시 전두환 세력의 쿠데타를 결과적으로 용인해 준 셈이었고, 이것은 이후 한국 내의 반미 감정을 불러일으키는 주요 원인이 되었다. 만약 미국이 이번에도 광주처럼 오판한다면 그것은 한국과 미국 모두에게 불행한 결과를 초래할 수밖에 없었다. [31]

---

31) 『결국 국민이 합니다』, 이재명 지음(오마이북, 2025.4), 48~49쪽.

한미연합군사령부는 1979년 창설된다. 그 이전에는 유엔군 사령관이 주한미군 사령관을 겸임했다. 전작권이라고 불리는 전시작전통제권은 6·25 전쟁 발발 직후 이승만이 국군의 작전 지휘권을 유엔군 사령관에게 위임하면서 시작됐다. 586은 이를 근거로 쿠데타가 일어날 때마다 미국 책임론을 주장했다. 5·16, 12·12, 5·18 때 실제 군부대 이동이나 작전은 대부분 독자적으로 이루어졌다.

5·18 때 출동했던 부대는 특전사, 31사단, 20사단이다. 특전사와 광주 인근에 주둔 중이던 31사단의 이동은 한미연합사의 승인 대상이 아니었다. 수도권의 20사단이 대상이었다. 전두환은 존 위컴(1928~2024) 당시 한미연합사령관을 속여 부대 이동을 승인받는다. 5·18 때 잔혹하게 진압했던 부대는 특전사였다.

반미 감정이 격화한 것은 586이 광주의 책임을 미국에 돌렸기 때문이다. 미국은 난데없이 5·18의 책임을 뒤집어쓴 것이다. 내가 대학에 들어간 해는 1985년이다. 맨 먼저 배운 게 바로 5·18의 미국 책임이었다. 광주의 희생자가 수천 명에서 수만 명이라는 얘기를 듣고 얼마나 피가 끓었는지 지금도 기억이 생생하다. 전두환의 광주 책임과 정확한 희생자 규모는 나중에 알게 됐다. 586은 대다수가 이런 교육을 받았다. 지금도 그렇게 생각하는 586도 많다.

보상은 이재명 정치의 특징이다. 민주당, 정부, 청와대를 줄여서 당·정·청이라고 부른다. 정부와 여당의 권력은 당·정·청에 골고루 퍼져 있다. 586 운동권 출신들은 이재명 정부 출범 이후 당·정·청에 대거 포진해 있다. 민변(민주사회를 위한 변호사 모임) 출신도 장관급만 두 자릿수에 달한다. 이것은 이재명의 '행동하지 못한 부채'에 대한 보상 성격이라고 볼 수 있다. 이재명은 행동하지 못해서 생긴 미안한 마음을 꼭 보상하곤 했다.

이재명이 성남에 변호사 사무실을 열고 나서 이영진은 사무장으로 합류한다. 그리고 성남노동문제연구소를 설립한 후 이영진은 소장으로 일하게 된다. 이재명은 초대 총리로 김민석을 임명했다. 김민석은 서울대 총학생회장과 전대협 의장을 지냈다. 김민석은 586을 대표하는 인물이다. 일종의 보상 인사인 셈이다. 586은 아니지만 초대 통일부 장관 정동영도 비슷한 사례이다. 이재명은 2007년 대통합민주신당의 대선후보였던 정동영 선대위의 부대변인을 지냈다. 이재명이 중앙 정치와 연결된 계기였다.

점바치 예언,
시험과 선거의 행운

　성공한 인물에겐 종종 예언의 서사가 뒤따르곤 한다. 이재명에게도 이런 서사가 있다. 이재명이 큰 인물이 될 것이라는 예언은 비교적 간단하다. 다섯째를 잘 키우면 호강한다는 얘기다.

　점쟁이가 말한 것이다. 점쟁이는 경북 안동에선 점바치라고도 한다. 이재명의 생일은 22일인지, 23일인지 헷갈렸다. 그래서 이재명의 어머니는 겉보리 한 되를 주고 점바치에게 생일을 확인해 달라고 한 것이다. 점바치는 23일이라고 알려주며 다섯째를 잘 키우면 호강한다는 말까지 덤으로 해주게 된다. 이재명 주민등록에는 22일로 기록되어 있다. 다섯째 호강은 비단 이재명에게만 해당하는 말은 아니다. 전국에 다섯째가 다 그럴 것이다. 과거엔 웬만한 가정에선 5남매 이상도 흔했다. 요즘은 다섯째 아이가 드물다. 그만큼 호강을 누리는 부모들도 줄어들었다.

"니는 잘된다 캤다, 아이가……."
엄마가 하는 그 말은 어느새 불가사의한 힘이 되어 내게도 세상이 던져준 유일한 '자기 확신' 같은 것이 되었다. 상황 논리로는 불가능한 도전을 내가 끊임없이 시도하는 의지와 용기의 원천이었다. [32]

귓불이 잘 생겨서 크게 될 것이라는 말은 먼 친척이 해준 말이다. 귀가 크고 귓불이 두툼하면 부처님 귀라고 했다. 귓불 신화도 다섯째 호강처럼 일반론에 가깝다. 일테면 덕담인 셈이다. 우리가 실물로 보는 이재명 귓불은 그렇게 크지는 않은 것처럼 보인다. 단종을 폐위하고 세조가 된 수양대군은 귀가 잘 생겨서 크게 될 거라는 말을 할머니에게 들었다고 했다. 수양대군의 할머니는 태종 이방원의 부인으로 원경왕후 민씨다. 영화 〈관상〉에선 수양대군이 천재 관상가 '김내경'에게 이런 말을 들려주며 자신의 편에 서도록 압박한다. 요즘으로 말하면 대선 캠프 합류를 종용한 것과 같다. 김내경은 수양대군의 요청을 거절하고 김종서 편에

---

32) 『이재명 자서전 그 꿈이 있어 여기까지 왔다』, 이재명 지음(아시아, 2025.6), 25~26쪽.

선다. 김내경은 김종서가 죽은 뒤 수양대군에게 아들을 잃는다. 〈관상〉은 2013년 개봉됐고 극장에서 영화를 본 사람은 900만 명을 넘겼다. 송강호가 '김내경'으로 나와 농익은 연기를 펼쳤다.

과거 대통령 중에선 김대중의 귓불이 눈에 띈다. 김대중 귓불은 둥그스름하고 두툼하다. 현재 활동하는 정치인 중에선 국민의힘 국회의원 안철수의 귓불이 상당히 커 보인다. 그도 이재명처럼 크게 될 수 있을까. 이재명의 말처럼 점바치 예언은 종종 현실이 되기도 한다.

다섯째 호강과 귓불 설화는 산골을 떠난 뒤에도, 사회적 세계관을 정립하기 전까지 나를 존립하게 하는 근거였다면 근거였다.[33]

이재명의 어머니는 그를 유난히 아낀다. 다섯째 호강은 성공한 인물들에게 따라붙는 서사다. 다섯 번째로 태어난 아이는 대체로 막내에 가깝다. 아이가 열 명쯤 되면 중간이다. 자녀가 열 명인 경우는 흔치 않다. 많으면 다섯에서 일곱이나 여덟 명 안팎이다. 이른 나이에 출산을 한 뒤 두세 명까지는 금세 자란다. 다섯째를 낳을 땐 결혼 후 10년이 훌쩍 지난 뒤다. 다섯째가 열

---

33) 『이재명의 굽은 팔』, 이재명·서해성 지음(김영사, 2017.2), 23쪽.

살쯤 되면 큰아이는 스무 살이 넘는다. 귀여워하고 아끼기엔 너무 큰 것이다. 아이가 일곱 명쯤 되는데 일곱째라면 어머니도 지칠 때가 된다. 다섯째는 특별히 정이 가는 순번이 될 가능성이 높다. 이재명도 7남매 중에 다섯째로 태어나 엄마의 사랑을 듬뿍 받았다.

어머니가 애지중지한 아이는 어머니의 사랑을 받으며 자신이 나중에 큰일을 하게 될 것이라는 자신감을 가졌다.[34]

아이 때 어머니의 사랑을 특별히 받는 건 이점이 많다. 가난하거나, 한부모 가정이거나 좋지 않은 환경이라면 더 그렇다. 사람은 아이 때부터 10대 중후반까지 성격이 생긴다. 어머니의 각별한 사랑은 심리적인 안정을 준다. 자신감도 커지게 된다.

프로이트 어머니는 아버지와 세 번째로 결혼한 사람이다. 세 어머니와 사이에서 10명이 아이가 태어났다. 프로이트는 아홉 번째 아이다. 첫 번째 어머니에게 태어난 맏이의 나이와 어머니 나이가 같았다. 어머니는 프로이트가 위대한 사람이 될 것이라는 예언을 수시로 언급한다. 프로이트도 어머니를 따른다. 어수선한 집안 분위기 속에서 어머니와의 안정적인 관계는 프로이트를 성

---

34) 『우상의 추락』, 미셸 옹프레 지음, 전혜영 옮김(글항아리, 2013.9), 148쪽.

공으로 이끈다.

　이재명이 6년간의 소년공 생활을 버티고 대학에 합격한 건 어머니의 사랑 때문이라고 말한다. 공장으로, 새벽 쓰레기 청소로 내몬 아버지에게 분노한 이재명은 어머니의 사랑으로 힘든 시기를 넘긴다. 성남시장이 된 후 그의 형 이재선과 싸움이 붙었을 때도 어머니는 이재명 쪽에 선다.

　원래 영어는 다음 시험 때 과목 합격을 노릴 요량이었다. 그런 내게 영어 선생님이 비책을 가르쳐줬다. '4지선다형 문제에선 긴 답이나 3번 보기가 정답일 가능성이 높다'는 것. 덕분에 영어는 다 찍었음에도 45점이나 받았고 전 과목 평균이 70점을 넘어 중졸 자격을 얻었다. 확률의 과학을 벗어나는 이런 게 바로 기적이다![35)

　찍었는데 40점을 넘긴 것은 큰 행운이다. 검정고시 과락의 기준은 40점이다. 한 과목이라도 40점을 받지 못하면 불합격이다. 이재명은 영어 공부를 하지 않고 45점을 받은 것이다. 찍기 연습은 초등학교 때부터 한다. 지문이 긴 것이 정답일 가능성이 크다. 보기가 주로 4개인데 정답을 모르겠으면 3번을 선택하는 게 좋

---

35) 『이재명 자서전 그 꿈이 있어 여기까지 왔다』, 이재명 지음(아시아, 2025.6), 55쪽.

다. 이런 교육을 받지만 45점이나 나오지는 않는다. 운이 좋으면 30점 안팎인데 이재명의 찍기 신공은 거의 반반이다.

이재명은 고입 검정고시에 쉽게 합격한다. 3개월 공부하고 나서 이룬 성공이다. 그의 행운 계속된다. 대입 검정고시도 7개월 만에 통과한다. 학력고사 성적도 장학금을 받을 정도로 우수했다. 이재명은 스무 살에 사법시험 1차를 통과했다. 시험 자격을 얻은 첫해였고 첫 도전에서였다. 이재명은 1986년 두 번째 만에 사법시험을 통과했다. 대학교 졸업이 2월이니 그해 가을에 합격했다. 나이로는 스물세 살이다. 사법연수원 2년을 거쳐 25세에 변호사 사무실을 열었다. 군대 면제에다 한 살 늦게 호적에 올랐으므로 매우 빠르게 출세한 셈이다. 윤석열이 아홉 번 만에 사법시험을 통과한 것과 비교하면 이재명은 엄청나게 큰 행운을 타고났다.

결국 나는 이 굽은 팔 때문에 군대를 면제받았고, 사법고시에만 전념할 수 있어 많은 시간을 절약했습니다. 돌이켜 보면 손목뼈가 부러진 줄도 모르고 방치했다가 굽어 버린 팔이 결국 내 인생의 전환점이 되었습니다. 내 굽은 팔은 소년공 생활에 종지부를 찍고자 공부에만 매달리도록 했고, 법을 공부해 노동자를 위

한 변호사의 길을 걷게 했습니다.[36]

이재명은 신체검사를 통과하지 못하고 군대를 면제받는다. 산재를 입은 굽은 팔 때문이다. 대학교 2학년이나 3학년쯤으로 보인다. 당시 군대의 복무기간은 30개월이었다. 1학년과 2학년 때 교련 과목을 수강하면 3개월 빼줬다. 대학생이 되면 대체로 27개월을 군대 생활을 하면 됐다. 군대를 마치고 휴학, 복학 시간을 맞추려면 3년은 빠듯했고 자칫하면 4년을 허비하기도 했다. 이런 점에서 이재명은 산재가 되레 큰 이점을 안겨준 셈이다.

그는 사법시험 합격과 사법연수원을 마치고 불과 25세에 변호사를 개업한다. 운이 억세게 좋았던 셈이다. 이재명은 그가 쓴 글 곳곳에서 운이 전부였던 것은 아니라고 밝히고 있다. 그는 시간을 쪼개 악착같이 공부했다. 시간에 대한 집착은 이때 생긴 버릇이다.

선거 운이 뒤따랐던 행운아

2007년 대선에서 정동영 후보 지지그룹 '정동영과 통하는 사람들(이른바, 정통)'의 대표로 활약하며 혁혁한 공을 세워 중앙 정

---

36) 『이재명의 나의 소년공 다이어리』, 이재명·조정미 지음(팬덤북스, 2021.7), 82쪽.

치 기반을 다졌고, 여세를 몰아 2008년 총선에서 자신의 정치적 기반인 성남 중원구에 출마를 선언했다. 하지만 당시 현역의원이었던 조성준과 경선에서 패배하며 위기를 맞았다. 당에서는 이재명을 보수색이 강한 분당갑에 전략공천했다. (…)

어차피 이기기 힘든 총선이라면 2년 후, 차기 성남시장을 노리는 것이 나았고, 분당은 그런 기반을 다지는 데 최적의 장소였다.[37]

이재명은 선거의 행운도 따라다녔다. 이재명은 모두 9번의 선거에 출마했다. 이 중 6번은 당선했고 3번은 낙선한다. 그가 떨어진 선거는 보수가 휩쓸 때였다. 그가 당선한 선거는 대체로 민주당 바람이 거셀 때였다.

대한민국 선거는 대개 바람이 좌우한다. 그는 2006년 지방선거의 성남시장 선거와 2008년 총선에 출마했으나 떨어졌다. 2006년 지방선거는 전국적으로 한나라당이 이겼다. 2008년 총선도 한나라당의 압승으로 끝났다. 2007년 12월 대선에서 이명박이 압도적인 표 차이로 당선했는데 4개월도 안 돼서 치러진 선거였다. 이른바 '명돌이'가 대거 탄생한 선거였다. 특히 수도권에선 한나라당이 싹쓸이하다시피 했다. '명돌이'는 이명박의 이름

---

37) 『성난 시민』, 이기인·정인성 지음(도서출판 답, 2024.1), 89~90쪽.

중에서 '명'을 본떠 만든 말이다.

2008년 총선에선 성남 중원에서 당내 경선을 통과하지 못했다. 후보가 마땅치 않았던 경기 분당갑에서 전략공천을 받아 출마했다. 보수 강세 지역으로 연습 삼아 출마한 것이다. 그는 총선에서 떨어지고도 정치적 기반을 다지게 되고 2010년 성남시장 당선을 예약한다.

이재명은 2010년, 2014년 성남시장 선거, 2018년 경기도지사 선거, 2025년 대선에선 승리했다. 이재명이 출마했던 네 번의 선거는 민주당 계열 정당의 공천이 곧 당선일 정도라는 말이 돌았다. 방현석은 2010년 이재명의 승리가 보수 정권의 탄압 때문이라고 주장했다.

그러나 2010년 제5회 지방선거는 공안정국 역풍 때문에 범야권이 이긴 선거였다. 범야권 바람은 수도권에서 거셌다. 특히 경기도 단체장 선거에서는 외곽 지역 몇 곳을 빼고는 민주당이 대부분 가져갔다. 경기도는 모두 31개의 기초자치단체가 있다. 이중 한나라당은 양주시장, 과천시장, 남양주시장, 여주군수, 이천시장, 안성시장, 광주시장, 포천시장, 연천군수, 양평군수만 승리했다. 과천을 빼고는 대체로 도시와 농촌의 복합지역이다. 경기도 대도시는 민주당 몫이었다. 이재명의 성남시장 당선도 야당 바람 때문이라고 볼 수 있다.

놀라운 일이었다. 지난 2010년 선거에서 얻었던 전체 득표율 51.8%보다 3.3%나 더 높은 득표율이었다. 특히 '신강남'이라 불리는 분당구의 지지율 변화는 경이로웠다. 지난 선거에서 5% 졌던 분당에서 상대 후보를 8.9% 차이로 앞섰다. 이명박·박근혜 정권이 권력 지형 관리 차원에서 온갖 공작을 집중했던 '강남벨트'의 한 축이 분당구였다.[38)]

2014년 6월 지방선거는 세월호 선거였다. 그해 4월 16일은 지금도 기억이 선명하다. 일찍 출근을 준비하는데 긴급 속보가 떴다. 세월호가 침몰했고 승객을 대부분 구조했다는 소식이었다. 안도감과 함께 스마트폰을 주머니에 넣었다. 나중에 알고 보니 물 위에 떠오른 승객만 구조한 거였다. 침몰한 배에 갇혔거나 이미 조류를 타고 다른 곳으로 흘러간 승객은 미처 계산하지 않은 뉴스였다. 황당하기 그지없는 속보였다.

그해 지방선거는 세월호 침몰 한 달 반 뒤인 6월 4일이었다. 야당의 책임론 공세가 거셌기에 선거 결과는 여당이 불리했다. 지방선거 결과에 영향을 주는 것은 대략 네 가지다.

첫째, 대통령 임기와 거리다. 출범 초기일수록 집권 여당이 유

---

38) 『이재명 평전』, 방현석 지음(아시아, 2025.6), 371쪽.

리하다. 임기 중후반엔 정권 심판 정서가 커지면서 야당의 승리로 돌아가곤 했다. 둘째, 대통령의 국정 지지율이다. 높을수록 집권 여당에 유리하고 낮을수록 야당의 선전 가능성이 있다. 셋째, 민심이다. 국정안정이라면 여당에, 국정 견제라면 야당에 무게가 실릴 수 있다. 넷째, 투표율이다. 높을수록 진보, 낮을수록 보수에 유리하다. 지방선거 투표율은 대선, 총선에 이어 전국 단위 선거론 제일 낮다. 대략 50%~60% 안팎에 움직인다. 60%에 근접할수록 진보에 유리하고 그렇지 않으면 보수의 선전 가능성이 있다.

역대 지방선거의 결과도 앞서 살펴본 네 가지에 의해서 승자와 패자가 갈렸다.

2010년 5회 지방선거는 여러 가지 큰 이슈가 복잡하게 얽혔다. 2009년 5월 23일 전 대통령 노무현의 서거가 있었다. 검찰 수사 도중 갑작스럽게 전해진 소식으로 이명박 정권에 대한 분노가 들끓었다. 그 이듬해 3월 26일, 천안함 피격 사건이 발생하면서 지방선거의 향배는 앞날을 내다볼 수 없는 상황이 되어버렸다. 지방선거 열흘 전인 5월 23일엔 노무현 서거 1주기 추도식이 열렸다. 다음 날인 24일 이명박은 전쟁기념관에서 대국민 담화를 발표한다. 천안함은 북한의 도발로 침몰했다고 밝히면서 북한이 도발을 하면 강력하게 응징하겠다고 사실상의 선전포고를 한다. 북풍이 어떻게 작용할지 예측할 수 없는 상황이 됐다. 그리고 약 1주일 뒤 선거가 시작됐다.

2014년 6월 4일 치러진 제6회 지방선거는 팽팽한 무승부였다. 광역단체장의 경우 여당인 새누리당이 8곳을, 야당인 새정치민주연합이 9곳을 차지했다. 당시 최대 쟁점은 세월호 침몰을 둘러싼 책임론이었다. 선거 분위기는 새정치민주연합에 유리했으나 민생선거를 앞세운 새누리당이 막판 선전했다. 박근혜 취임 후 1년 4개월 만에 치러진 선거였으니 비교적 임기 초반에 해당한다고 할 수 있다. 기초단체장 선거에선 새누리당이 117곳에서 이겼다. 반면 새정치민주연합은 80곳을 차지했다. 서울과 경기도에선 새정치민주연합 후보들이 선전했다.

이재명은 저급하고 극악한 비방전으로 일관한 자유한국당과 바른미래당 후보를 누르고 압도적인 승리를 거두었다. (…)
경기도민들은 16년 동안 경기도를 장악했던 자유한국당을 참패시켰다. 허위 사실로 이재명을 비방하며 선거판을 진흙탕으로 만든 바른미래당 후보 김영환은 고작 4.8%를 얻었다. 언론 권력의 미디어 프레이밍도 실패했다.[39]

---

[39] 『이재명 평전』, 방현석 지음(아시아, 2025.6), 393쪽.

지금도 2018년 지방선거를 생각하면 기가 막힌다. 그해 지방선거는 미국 대통령 도널드 트럼프가 민주당에 준 선물이나 마찬가지였다. 투표일 전날인 12일 트럼프와 북한의 국무위원장 김정은의 미북 정상회담이 싱가포르에서 열리기도 했다. 남북한, 그리고 미국과 북한의 릴레이 정상회담이 개최되면서 분위기가 완전히 여당 쪽으로 넘어갔다.

　　지방선거는 해 보나 마나였다. 민주당의 승리가 확정되고 투표에 들어간 선거였다. 민주당 후보 경선이 곧 본선이었다. 이재명은 불과 1년 전 민주당 대선후보 경선에서 선전했다. 그는 민주당 경선에서 '친문' 전해철을 가볍게 제치고 경기도지사 후보가 된다. 제7회 지방선거는 민주당의 완승이었다. 광역단체장 선거에서 자유한국당은 대구와 경북 2곳에서만 승리했다. 제주지사는 무소속 원희룡 후보가 이겼다. 지방선거 직전 문재인 지지율은 75%에 달했다. 기초자치단체장에서도 민주당은 전체 226곳 중 151곳을 휩쓸었다. 투표율은 60.2%였다. 1995년 제1회 지방선거를 제외하면 가장 높았다. 투표율이 높을수록 진보에 유리하다는 데이터가 입증된 대표적인 선거다.

이재명 출마와 선거 결과(단위: %)[40]

구분	지방선거 (2010.6)	지방선거 (2014.6)	지방선거 (2018.6)	지방선거 (2022.6)	총선 (2024.4)
선거 결과	범야권 승리	여야 접전	민주당 완승	국민의힘 완승	민주당 완승
임기 구분	임기 중반	임기 초반	임기 초반	대선 직후	임기 중반
대통령 지지율	–	긍정 47 부정 42	긍정 75 부정 15	긍정 51 부정 34	긍정 34 부정 58
투표율	54.5	56.8	60.2	50.9	67.0
민심	공안정국 역풍	세월호 침몰 책임론	남·북·미 정상회담	포스트 대선	조국 돌풍
이재명 선거 결과	성남시장 당선	성남시장 재선	경기도지사 당선	인천계양을 당선(재보선)	인천계양을 당선

2022년 6월 1일 치러진 지방선거는 국민의힘의 완승으로 끝났다. 광역단체장 선거에서 국민의힘은 서울과 인천, 강원, 영남 5곳, 충청 4곳에서 이겼다. 민주당은 경기와 호남 3곳, 제주에서만 승리했다. 대통령 지지율은 51%로 그리 높지는 않지만 대선 이후 3개월, 취임 한 달 만에의 선거로 포스트 대선이나 마찬가지였다. 투표율은 50.9%로 두 번째로 낮았다. 가장 낮았던 지방선거는 2002년 제3회 지방선거로 48.9%였다. 두 선거 모두 보

---

40) 「데일리 오피니언 제117호·제309호·제496호·제580호」, 한국갤럽(2024년 3월 29일).

수 계열 정당이 큰 승리를 거두었다. 투표율이 낮을수록 보수에 유리하다는 데이터가 확인된 선거였다. 이재명은 인천 계양을 재보선에서 편안하게 이겼다. 대선 패배 직후라 당 안팎에선 반대가 많았다. 이재명은 출마를 고집했다. 그해 8월로 예정된 당대표 선거와 맞물려 있기 때문이다. 인천 계양을은 송영길 지역구로 민주당 절대 강세 지역이다. 송영길은 의원직을 사퇴하고 서울시장에 출마했다. 민주당의 지방선거 완패에도 이재명은 편안하게 당선했다.

조국 돌풍, 탄핵 전야제

이재명의 선거 잭팟은 2024년 4월에 터졌다. 22대 총선에서 민주당은 175석을 휩쓸었다. 국민의힘은 108석에 그쳤다. 이준석이 주도하는 개혁신당 3석을 빼면 189석이 친 민주당 쪽이었다. 그해의 잭팟은 조국이 만든 것이다. 국민은 윤석열에게 만신창이가 된 조국을 불쌍하게 생각했다. 투표율은 67.0%나 됐다. 2년 전인 2022년 6월 지방선거 투표율은 50.9%에 그쳤다. 4년 전 2020년 4월 총선 투표율은 66.2%였다. 총선에선 좀처럼 나오기 힘든 투표율이다. 조국혁신당이 나오지 않았다면 2024년 총선 투표율은 60% 초중반에 머물렀을 가능성도 있다. 민주당의 압승이 쉽지 않은 투표율이다. 그들은 비례대표 투표에선 조국혁신당을 지지했다. 투표하러 간 김에 지역구에선 민주당 후보를 선택했다. 조국 발 잭팟은 1년 뒤의 윤석열 탄핵으로 나타났다. 2024년 4월 총선은 사실상 윤석열 탄핵 전야제였다. 탄핵은 총선 꼭 1년 뒤인 2025년 4월 선고됐다. 문재인 정부 검찰총장이던 윤석열은 조국 일가를 만신창이로 내몰았다. 조국은 3년이 지나지 않아 몇 배로 되갚아준 것이다. 문재인 정부 때 자기들끼리 벌인 싸움인데 보수가 오물을 뒤집어쓴 셈이다.

2025년 대선은 승부가 가려진 채 치러진 선거다. 대통령을 탄핵하면 그에 따른 에너지가 쉽게 사라지지 않는다. 탄핵 된 대통령의 소속 정당 대선후보에게 표를 주긴 어렵다. 이재명은 대통령에 당선된 채로 선거를 치른 셈이다. 근본적인 정치 지형의 변화는 일어나지 않았다. 진보 진영의 득표율 합계는 3년 전인 2022년의 20대 대선에 비해서 0.2%포인트 늘어나는 데 그쳤다. 12·3 '계엄 사태'와 '탄핵 정국'에서 비롯된 선거였지만 진보의 확장은 거의 나타나지 않았던 셈이다. 보수도 큰 변화가 없었다. 21대 대선에서 보수 성향인 김문수, 이준석의 득표율 합계는 49.5%이다. 3년 전 대선에선 윤석열, 허경영의 득표율 합계는 49.4%였다. 보수 득표율 합계는 지난 대선보다 되레 0.1%포인트 늘어났다. 막판 보수결집이 극대화되면서 보수 성향 득표율 증가로 이어졌다.

20대, 21대 대선 득표율 비교(단위: %)

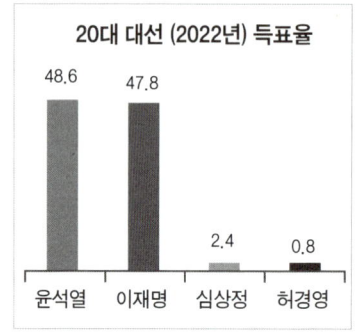

20대 대선 (2022년) 득표율

윤석열	이재명	심상정	허경영
48.6	47.8	2.4	0.8

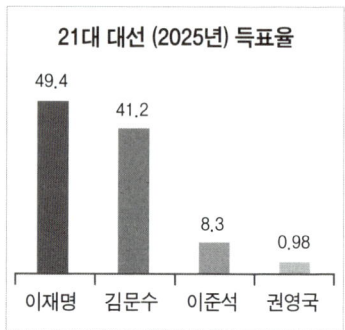

21대 대선 (2025년) 득표율

이재명	김문수	이준석	권영국
49.4	41.2	8.3	0.98

이재명이 6·3 대선에서 과반을 득표하지 못한 것은 상당히 뼈아픈 대목이다. 진보 진영 입장에선 그렇다는 얘기다. 탄핵 국면의 선거라서 일방적 우세가 점쳐졌다. 국민 과반의 지지를 얻는 건 정통성을 인정받는다는 거나 마찬가지이다. 과반의 실패는 훗날 정통성 시빗거리를 남긴 꼴이다.

이재명에게 국민은 정치의 이유다. 여기서 국민이란 과반이 기준이 될 수 있다. 과반에 이르지 못한 것은 그에 대한 거부 정서가 강하다는 뜻이다. 이재명은 선거에서 많은 행운이 따랐다. 6·3 대선의 행운은 2%만큼 부족했다. 선거가 '1 대 1' 구도로 치러졌다면 달라졌을 수도 있다. 이준석이나 권영국이 둘 다 출마하지 않았다면 충분히 과반을 달성했을 수 있다. 이준석, 권영국 둘 중의 한 사람이라도 나오지 않았다면 그랬을 가능성이 있다. 선거의 민심은 묘하게 이재명의 과반을 훼방놓았다. 2017년 3월

9일 대선에서도 같은 일이 생겼다. 문재인의 득표율은 41%에 그쳤다. 그땐 1강 문재인, 2중 홍준표와 안철수, 2약 유승민과 심상정 구도였다. '1 대 1' 구도로 치러졌다면 문재인의 과반은 충분히 달성됐을지도 모른다.

Chapter 2

미시 파시즘과 최후의 승리

01

흐릿한 죄의식, 당당한 야누스

초코파이 1,050원어치를 허락받지 않고 먹었다가 유죄판결을 받았다. 2025년 9월경 전북의 한 물류회사에서 벌어진 일이다. 새벽 4시경 순찰 중이던 경비원은 배가 고팠다. 냉장고를 열어 450원짜리 초코파이 1개와 600원짜리 카스타드 1개를 꺼내 먹었다.

회사 측이 CCTV를 확인하고 112에 신고를 해서 약 2년여간에 길고 긴 송사가 이어졌다. 1심 법원은 유죄판결과 함께 벌금 5만 원을 선고했다. 사건이 알려져 논란이 확산하자 검찰은 2심에서 선고유예를 구형했다. 법원은 2심에서 무죄를 선고했다. 회사 측과 검찰이 상고를 포기해 초코파이 사건은 최종 무죄로 매듭지어졌다. 초코파이를 먹은 것은 유죄인가, 무죄인가? 죄의식은 사람마다 다르게 나타난다. 엄격한 사람도 있고 흐릿한 사람도 있다. 죄의식 자체가 이중적일 수 있다. 먹고살기 위해 규칙이나 법을 중대하지 않은 범위에서 어겼다면 무죄일 수도 있다. 여유가 있는데도 규칙이나 법을 상습적으로 어긴다면 범죄라고 볼 수 있겠다.

사은회가 끝나고 난 다음, 청소 시간이었다. 이재명과 친구들은 선생님의 몫으로 남겨두었던 과일에 손을 대고 말았다. 그들은 결국 그 과일을 게 눈 감추듯 전부 먹어버렸다. 그 장면을 목격한 선생님은 그들을 엎드려뻗쳐 시키고 몽둥이질을 했다. [41]

초등학교 졸업 무렵 얘기다. 『이재명 평전』에 나타난 첫 유죄 사례이다. 유죄란 표현은 좀 과도한데 딱히 대체할 말이 없어서 그냥 쓰기로 한다. 선생님 몫 과일은 같은 친구들이 십시일반으로 돈을 모아 샀다. 이재명과 친구 몇몇은 돈을 내지 못했고 사은회 때 과일을 먹지 않았다. 사은회 땐 참았지만 청소 시간엔 참을 수 없었다. 먹는 장면을 선생님에게 들켜 실컷 혼났다는 얘기다. 그 시절 산골은 어디서나 과일이 귀했다. 과일 재배가 흔하지 않

---

41) 『이재명 평전』, 방현석 지음(아시아, 2025.6), 42쪽.

았다. 과일을 재배하려면 도로가 잘 뚫려 있어야 한다. 비료와 퇴비도 옮기고 생산된 과일도 실어내야 해서다. 냉장고도 없던 때다. 용케 과일을 구했다 하더라도 오래 두고 먹을 수 없었던 때다. 아이들에겐 명절 또는 제사가 아니고선 구경할 수 없는 게 과일이다. 초코파이와 과일 사건은 심리적으론 무죄와 유죄의 경계선에 있다. 국민 정서상 받아들일 수 있는 범위다. 엄격히 적용하면 유죄라는 해석도 가능할 듯하다. 바늘 도둑은 범죄인가, 아닌가. 논란이 생길 수 있다. 분명한 건 혐의가 크지 않더라도 자꾸 되풀이하면 범죄 가능성이 높아진다. 그 사람의 죄의식도 덩달아 약화할 수 있다.

아무리 시계를 만들어도 내 인생의 시간을 맞출 수 없었다.
공장 생활 6년 동안 나는 4년을 남의 이름으로 살았다.
나는 이름조차 없었던 빈민 출신 소년 공돌이었던 것이다. 42)

이재명은 차명으로 공장에서 일한다. 소년공 6년 중 4년간이다. 사실상 불법 취업인 셈이다. 대한민국의 생산가능인구는 15세부터 64세까지다. 이 기준은 그때나 지금이나 같다. 이재명이 초등학교 졸업과 함께 성남으로 이주한 건 1976년이다. 이재명

---

42) 『이재명의 굽은 팔』, 이재명·서해성 지음(김영사, 2017.2), 80쪽.

의 주민등록은 실제보다 1년 늦은 1964년 12월생이다. 만 11세 때 성남으로 와서 14세까지 4년간 다른 사람으로 일했다. 이렇게 얘기하면 소년공 생활도 억울한데 무슨 어깃장이냐고 반격할 수 있다. 난 어깃장을 놓자는 게 아니고 내면세계를 들여다보기 위해 과거를 하나씩 복기하고 있을 뿐이다. 억울하다는 생각엔 일부 동의한다. 그렇다고 합법 여부가 뒤바뀌는 건 아니다. 경계에 있는 것들을 자꾸 방치하면 언젠가 사회 근간이 되는 법체계가 무너질 수도 있다.

행패를 부리던 경비는 곯아떨어져 있었다. 그는 연필 칼로 경비원이 있던 자리에서 제일 잘 보이는 시장의 포장을 길게 찢어 버렸다.

근무시간에 술을 마시고 경비 일은 내팽개친 채 행패를 부린 경비원의 책임을 그렇게라도 묻고 싶었다. 옳은 방법은 아니었지만 '경비원'이란 완장을 엉뚱한 곳에 사용하는 자가 경비를 해서는 안 된다고 그는 믿었다. 그것이 열일곱 살의 무수저가 불의를 심판할 수 있는 유일한 방법이었다. [43]

미국에선 하루 열다섯 명이 총기 사고로 죽는다. 연간으론 5

43) 『이재명 평전』, 방현석 지음(아시아, 2025.6), 166쪽.

만 명에 육박한다. 총기 사망자는 해가 갈수록 늘어나고 있다. 사고 증가에도 총기 규제 논의가 지지부진한 건 미국인의 정체성 때문이다. 서부영화를 보면 쉽게 이해가 간다. 총이 없으면 자신과 가족을 지킬 수 없다. 땅을 빼앗기지 않으려면 총을 들고 싸워야 했다.

총은 미국의 역사이자 정체성이다. 법의 보호가 미치지 못하는 영역에선 정당방위와 사적 복수가 어느 정도 인정된다. 역사와 정체성은 도도하게 흐르는 강물 같은 존재다. 한번 흐름이 생기면 계속 가는 성격이 있다. 강물은 산과 굽이를 돌아 바다에 이르고 비로소 멈춘다. 사적 복수처럼 짜릿하고 통쾌한 건 없다. 사적 복수의 서사는 수많은 영화로 만들어진다. 복수하고 싶어도 복수할 수 없는 사람들은 오늘도 그런 영화를 보고 환호한다. 서부영화를 배경으로 한 미국의 건국 때나 지금이나 법의 보호가 미치지 않은 곳은 있다.

이재명도 사적 복수에 나서기도 한다. 그가 단죄한 사람은 경비원이다. 경비원은 그와 처지가 같지만 강한 을이다. 약한 을이 조금 더 센 을에 보복한 것이다. 이 정도 사적 복수는 애교로 봐줄 만한 수준인가. 생각해 볼 여지가 있다. 그때 상황에선 공감이 가는 대목도 있다. 공감과 별개로 보복이라는 이재명 정치의 싹이 튼 것이다.

원주 치악산으로 가던 중 경찰의 검문에 걸리고 말았다. 나는 차분하게 미리 준비해 둔 대로 동생의 인적 사항을 불러주었다. 만일의 상황에 대비해 둔 것이었다. 다행히 검문이 까다롭지 않아 위기를 넘길 수 있었다. 그 길로 평창에 도착해서 연락해야 할 곳에 모두 연락을 한 뒤 휴대폰 배터리를 제거하고 설악산 쪽으로 들어갔다. [44]

김민석은 여자로 변장하기도 했다. 그가 수배되어 도발이 치던 전대협 의장 때다. 햇수로는 1985년쯤이다. 그땐 도주를 도발이라고 표현했다. 김민석은 키가 큰 편은 아니어서 여장도 먹혔다. 한동안 경찰의 추격을 따돌릴 수 있었다. 김민석의 성공 이후 수배되어 도발이 치던 586들이 여장을 따라 했다. 전두환 정권이 위세를 떨치던 80년대 중반 때다. 많은 사람이 수배되어 도발이 치는 586을 숨겨주고 응원했다. 586과 이재명의 도주는 다르다.

2000년 무렵엔 김대중 집권 시기로 민주주의가 만개하던 때다. 이재명은 동생의 인적 사항까지 준비해 검문을 피하고 휴대폰까지 폐기한다. 신분 위조에 증거인멸은 중대한 2차 범죄다. 가중처벌 대상이 될 수도 있다. 당시 도주 상황을 자랑스럽게 나열하는 것은 너무 뻔뻔하다. 뭐든 처음이 어려운 것이다. 두 번째

---

44) 『이재명은 합니다』, 이재명 지음(위즈덤하우스, 2017.2), 203쪽.

부턴 아주 쉽다. 우리는 최초란 타이틀을 붙이며 의미를 부여한다. 어떤 일이든 반복하면 루틴이 된다. 전과도 그렇다. 이재명은 2002년 처음으로 전과자가 된다. 이른바 이재명 검사 사칭 사건이다.

2002년 '분당 파크뷰 특혜분양 사건'을 추적하고 폭로하는 과정에서 나와 인터뷰를 하던 검사를 사칭하며 당시 시장과 통화하고 녹취하는 것을 말리지 않았다는 이유로 검찰에 구속되었다. 나는 전과자가 되었지만, 공공의 이익을 대변하다가 얻은 자랑스러운 상처. 45)

이 세상에 자랑스러운 전과는 없다. 학생운동이나 노동운동을 하다가 억울하게 전과가 생기는 사례는 있긴 하다. 법원은 방송국 PD보다 이재명을 무겁게 처벌했다. 방송국 PD에겐 선고유예를 처분했다. 이재명에겐 유죄로 보고 벌금 150만 원을 선고했다. 공범이면서 범죄를 주도한 것으로 판단한 듯하다. 여기서 심각한 건 이재명의 생각이다.

변호사의 검사 사칭은 중대한 범죄다. 그가 그토록 대변하는 서민들은 꿈도 꾸지 못하는 지능범죄다. 이재명은 공권력을 농단

---

45) 『이재명의 굽은 팔』, 이재명·서해성 지음(김영사, 2017.2), 248쪽.

하며 도주까지 한다. 이재명은 이런 것들을 종합적으로 단죄받은 것으로 보인다. 아무리 생각해도 자랑스러운 상처가 될 수는 없다. 당시 대법원의 판결은 이재명의 탄압과 아무런 관계도 없다. 그는 많은 글에서 검사 사칭 사건은 범죄가 아니라고 항변하고 있다. 죄의식의 심각한 결여다. 대통령이 됐다고 해서 그의 과거가 유죄에서 무죄로 바뀌는 것은 아니다.

몇 년간에 걸쳐 이재명과 성남시민모임이 토건업자와 정관계, 법조계, 언론계가 망라된 토건 마피아들에 맞서 싸운 대가였다. 이재명은 또 한 번 어금니를 깨물어야 했다. 파크뷰 특혜 분양 사건의 몸통을 끝까지 파고들지 않았다면 이재명은 회유와 협박을 당하지 않았을 것이다. 음해와 공격을 당하지도 않았을 것이다. 전과자가 되지도 않았을 것이다.[46]

파크뷰 특혜 분양 사건을 파헤친 것은 매우 잘한 일이다. 검찰은 그것을 문제 삼은 것도 아니다. 검찰이 인지수사라도 했다면 모를까. 검사 사칭 사건의 수사는 당시 성남시장 김병량과 이재명의 고발 사건에서 비롯된 게 아닌가. 그때 김병량은 민주당 소속이다. 특혜 분양을 받은 사람 중엔 민주당 관련 인물들도 많았

---

46) 『이재명 평전』, 방현석 지음(아시아, 2025.6), 284쪽.

다. 이 글을 액면 그대로 해석하면 마치 검찰이 이재명을 탄압하기 위해서 기소한 것처럼 비칠 수 있다. 나도 검찰을 싫어한다. 그들은 위압적이고 안하무인이다. 검찰 수사를 받아보면 그렇게 기분 나쁠 수가 없다. 그래도 사실은 제대로 확인할 필요가 있다. 검찰의 약식 기소는 특혜 분양을 밝힌 데 있지 않고 검사 사칭이다. 방현석은 이 글에서 이재명 탄압이라고 교묘하게 유도하고 있다. 우리가 아는 소설가는 진실을 추구한다. 방현석은 소설가답지 않은, 당당하지 못한 수법을 쓰고 있다.

2002년 남편이 수배, 구속되었다. 부정부패에 맞서 시민운동을 하던 중 특혜 비리를 파헤치다가 억울하게 누명을 쓴 것이다.[47]

대통령 부인은 영부인으로 불린다. 대통령의 영과 부인의 합성어이다. 여사라는 호칭을 붙이기도 한다. 여사는 비단 대통령 부인뿐만 아니라 많은 사람에게 붙는다. 영부인이나 여사는 최고의 존칭이라고 보기는 어렵다. 우리 사회가 그렇게 인식할 뿐이다.

한겨레는 윤석열 때 김건희에게 영부인이란 호칭을 붙이지 않

---

47) 『밥을 지어요』, 김혜경 지음(김영사, 2018.2), 130쪽.

아 논란이 일어난 적도 있다. 영부인을 최고의 존칭으로 생각하는 건 박정희의 부인 육영수와 관련이 있다. 육영수는 권력 전면에 나서지 않았다. 박정희 뒤에서 조용히 사회의 그늘진 곳을 찾아다니며 박정희의 여백을 채웠다. 육영수는 국모로 불리며 존경을 받았다.

김대중의 부인 이희호도 좋은 인상을 남겼다. 이희호는 김대중에게 부인이라기보다는 동지로 알려진 사람이다. 이희호도 국민에게 많은 사랑을 받았다. 육영수와 이희호 이후론 영부인의 품격이 낮아진 느낌이다. 김혜경도 이재명이 억울하다는데 초점을 두고 글을 썼다.

2004년 3월, '성남의료원 설립 및 운영조례안'이 성남시의회에 상정되었다. (…)

시의회는 한술 더 떠 시민 대표와 나를 특수공무집행 방해로 고발했다.(…)

나는 체포를 피해 시청 앞 주민교회 지하실에 숨었다. 체포가 두려워서가 아니라 고발당한 시민들에 대한 대책을 마련할 시간이 필요했기 때문이다.[48]

---

48) 『이재명 자서전 그 꿈이 있어 여기까지 왔다』, 이재명 지음(아시아, 2025.6),
176~177쪽.

이재명은 2004년에도 또 도주한다. 한 번 전례가 있으니 도주하는 건 쉽다. 이재명은 시의회에 불법으로 난입한 혐의를 받았다. 국회에 비교하면 본회의장에 국민이 불법으로 난입한 것이다. 그런 국민은 처벌하는 건 당연하다. 성남시 의료원 설립 운동이란 명분이 있다고 해도 이런 불법행위가 면책되는 건 아니다. 도주는 명백히 범죄인데도 그런 인식이 하나도 없다. 이재명은 도주의 핑계로 고발당한 시민들의 대책을 만들기 위해서라고 한다. 이재명의 최종 형량은 벌금 500만 원이다. 엄청나게 무거운 형량도 아닌데 시민 대책 마련을 빌미로 일단 도주부터 한 것으로 보인다.

이재명은 깊이 생각할 틈도 없이 대리운전해서 타고 들어왔던 차를 끌고 약속 장소로 달려갔다. 머릿속에는 권 기자의 무죄를 확정 짓게 되었다는 생각밖에 없었다. 가다가 음주단속에 걸렸다. 벌금 150만 원, 전과 3범이 되었다.

(…) 만약 이재명이 다시 대리를 불러서 약속 장소로 나갔다면 시장의 측근은 그사이에 마음을 다시 바꾸었을까? 아무도 알 수 없다. 그리고, 어느 경우라 할지라도 음주 운전을 정당화할 수는 없다. [49]

---

49) 『이재명 평전』, 방현석 지음(아시아, 2025.6), 302쪽.

세 번째 전과 얘기는 더 가관이다. 이 글은 방현석의 『이재명 평전』에 나오는 얘기다. 이재명은 김병량에 이어 이대엽과도 싸운다.

이재명과 이대엽은 2006년 성남시장 선거에서 맞붙었다. 선거 패배 후 이대엽 비리를 파헤치는 데 앞장섰다. 그는 술을 마신 후 대리운전으로 집에 들어왔다가 다시 나간다. 나갈 때 직접 운전대를 잡았다가 음주 운전 단속에 걸렸다. 5분 내지 10분이면 대리기사를 부를 수 있을 텐데 그 짧은 시간을 참지 못한 셈이다.

방현석의 글 전개는 재미있다. 대리기사를 기다리는 짧은 시간에 시장 측근이 마음을 바꾸게 될지 몰라 불가피하게 음주 운전을 할 수밖에 없었다는 얘기다. 방현석은 이런 가설이 민망했던지 음주 운전은 어떤 경우든 정당화할 수 없다는 전제를 붙였다.

선거관리위원회는 후보자인 이재명이 '지하철에 연결된 지하 횡단보도에서 명함을 배포했다'는 이유로 고발했다. (…) 검찰은 선거법 위반 혐의로 기소했고, 결과는 벌금 50만 원이었다. 어이없는 일이었다. 그것이 기득권 세력이 무수저를 다루는 방법이었다.

이재명은 그렇게 또 기득권 카르텔로부터 전과 하나를 더 선물받아 전과 4범이 되었다.[50]

네 번째 전과의 억울함을 설명하는 글이다. 2010년 지방선거에서 이재명이 성남시장에 당선되던 때 얘기다. 세상의 거의 모든 전과는 억울하다. 저마다 사연이 있다. 처음부터 법을 어길 생각으로 그랬던 것은 아니다. 누군 걸리고 누군 빠져나가는 형평성 논란도 늘 등장한다. 정치와 선거에선 전과를 빌미로 역공을 취하기도 한다.

　　선관위의 정당한 업무를 기득권과 무수저로 대비하는 생각은 기발하다. 선관위는 그나마 정치 중립을 지키는 기관이다. 나는 정치와 선거 실무를 담당하면서 때때로 선관위를 맞닥뜨리곤 했다. 그때마다 느낀 건 선관위는 꼼꼼하고 원칙적인 조직이란 생각이었다. 도무지 융통성이 통하지 않는 것이었다. 나중에는 합법인지, 불법인지 모호하면 실무를 처리하기 이전에 아예 선관위부터 찾았다. 유권해석을 받기 위해서다. 가능하면 문서로 받았다. 여론조사 기관을 운영하면서 여러 차례 선관위의 조사를 받은 적도 있다. 그중 한번은 선관위가 검찰에 수사를 의뢰해서 곤욕을 치르기도 했다. 선관위는 헌법상 독립기관이고, 실제로도 공정한 편이다. 만약 특정 정당이나 특정 후보를 대놓고 봐주기라도 하면 금세 탈이 난다. 정권이 바뀌면 당장 사법처리의 대상으로 전락할 수 있다. 이를 잘 알고 있는 선관위는 정치 중립을

50) 『이재명 평전』, 방현석 지음(아시아, 2025.6), 305~306쪽.

위해 애를 쓰는 편이다.

정치 현장에서 제가 경험한 이야기를 해보면, 정치는 미사일 대신 말 폭탄이 오가는 언어전쟁이라는 거예요. 그래서 프레임을 끊임없이 연구해야 한다고 생각합니다. 저쪽 프레임에 맞장구 쳐주면 결국 상대방 프레임의 색채를 강화하는 결과밖에 안 됩니다. 상대방 용어를 부인하거나 변명하는 것도 안 돼요. 완전히 새로운 말을 만들어야죠.[51]

프레임 전환 얘기를 하는 장면이다. 조지 레이코프(1941~)의 『코끼리는 생각하지 마』는 프레임 전환의 교과서로 통한다. 이 책은 2005년쯤 대한민국에 처음으로 소개됐다. 출간되자마자 스테디셀러로 자리 잡았다. 지금도 선거 때가 되면 자주 활용되는 선거 전문도서다.

레이코프는 미국 전 대통령 버락 오바마(1961~)의 선거 참모였다. 그는 오바마의 닥치고 공격이란 선거 전략을 설계했다. 이 책의 요지는 자신의 앞마당에서 싸워야 이긴다는 주장이다. 경쟁 상대의 프레임에 말려들면 불리하다는 논리이다. 경쟁 상대가 설정한 프레임은 그의 앞마당이다. 그 프레임에서 갑론을박을 벌이

---

51) 『이재명의 굽은 팔』, 이재명·서해성 지음(김영사, 2017.2), 134쪽.

면 선거 판세는 불리하게 돌아간다고 봤다. 이럴 땐 상대방의 프레임을 완전히 무시하고 내게 유리한 새로운 프레임을 내놓고 경쟁 상대를 끌어들여야 한다고 했다. 내 안마당으로 경쟁 상대를 데리고 와서 싸우면 유리하다는 논리를 펴고 있다. 프레임 전환은 국민 전환이나 이슈 바꿔치기와 비슷한 말로도 쓰인다.

하지만 김혜경이 경찰에 출석하던 8월 23일, 이재명은 페이스북에 다음과 같이 시작하는 글을 쓴다.

"이 후보 배우자 김혜경 씨는⋯ 이른바 '7만 8천 원 사건' 등 법인카드 관련 조사를 위해 출석합니다."

담담히 팩트를 말하는 것처럼 보이지만, 이 한 줄에는 이재명 특유의 왜곡과 선동이 담겨 있다.[52]

경기도 법인카드 논란이 벌어졌을 때이다. 검찰은 수천만 원에서 수억 원의 법인가드 유용 혐의로 김혜경을 기소했다. 검찰이 기소한 액수 중엔 7만 8천 원에 해당하는 선거법 위반 사건이 포함되어 있었다. 정치인과 식사하고 법인카드로 결제했는데 이것이 선거법을 위반했다는 내용이다. 이재명은 7만 8천 원으로 기소했다고 검찰을 맹비난했다. 법인카드 최소 수천만 원 유용

---

52) 『맞짱』, 김경율·서민 지음(천년의상상, 2022.11), 107쪽.

혐의는 온데간데없이 사라지고 7만 8천 원만 남은 셈이다.

고작 이런 혐의로 기소했다니. 이재명 지지층은 분기탱천할 수밖에 없다. 이재명은 여러 책에서도 이를 언급했다. 주요 내용은 '나 때문에 고생한 아내가 영문도 모르고 고초를 겪어 미안'하다는 내용이다. 법인카드 유용 얘기는 아예 없다. 부당한 탄압을 부각하는 프레임 전환을 시도하는 방식이다. 프레임 전환에선 이재명을 당할 자가 없다. 대통령 취임 이후에도 불리한 이슈는 아예 언급하지 않는다. 대통령은 카드가 많다. 더 큰 파괴력이 있는 이슈를 만들어내면 그만이다. 국내 주요 현안이나 외교 관계 쟁점의 발표 시기를 적당히 조절해 불리한 이슈를 덮어버릴 수 있다.

02

먹잇감 사냥,
초인의 탄생

정치는 내 편을 만드는 과정이다. 내 편을 만드는 방법은 크게 두 가지다. 하나는 나의 장점을 홍보해서 사람들을 모은다. 포지티브 방식이다. 내가 유명하거나 힘이 있을 때 효과적이다. 다른 하나는 상대의 허물을 공격해서 그 사람을 싫어하는 사람들을 내 편으로 모은다. 네거티브 방식이다. 내가 유명하지 않거나 힘이 없을 때 통하는 수단이다. 내 편을 만들려면 상대가 우선 누구인지를 알아야 한다. 상대를 모르면 어떻게 할지를 결정할 수가 없다.

이재명은 자타가 공인하는 싸움꾼이다. 그는 싸우며 몸집을 키웠다. 그는 누군가와 늘 싸웠다. 어떤 세력과 각을 세웠다. 그는 싸움을 통해서 자신의 편을 만들었다. 싸우고 각을 세울 때마다 이재명의 편은 점점 커졌다. 그의 싸움은 냉혹했다. 그의 싸움엔 선과 악이 어우러져 있다. 보통 사람의 상식으론 잘 이해할 수 없는 초인적인 모습이다. 그의 첫 번째 공격 파크뷰 특혜 분양 의혹이었다. 민주당 소속 성남시장인 김병량 때다.

니체의 말대로 선과 악은 거의 한 몸처럼 뒤엉켜 있다. 악과 뒤섞인 초인, 그 초인은 결코 선한 인간은 아니다. 보통 사람들이 보기에 차라리 그것은 악마의 모습에 가깝다.53)

이재명은 초인이다. 니체의 핵심 사상인 초인에 가장 근접한 인물이다. 초인은 뛰어난 인간, 우월한 인간, 고귀한 인간을 뜻한다. 니체의 초인은 도덕적인 의미에서 훌륭한 인간과는 거리가 멀다. 니체의 초인은 선과 악이 한 몸처럼 뒤섞여 있다. 보통 사람이 보기엔 차라리 악마에 더 가깝다. 니체가 초인에 근접한 인간으로 생각한 건 나폴레옹이다. 나폴레옹은 유럽을 깨운 전쟁의 신으로 추앙받고 있다. 나폴레옹이 끼친 해악도 만만치 않다. 나폴레옹은 전쟁에서 약탈로 보급과 군대의 임금을 해결하기도 했다. 프랑스혁명의 혼란을 틈타 셀프 황제가 됐다. 1796년부터

---

53) 『니체 극장』, 고명섭 지음(김영사, 2012.6), 401쪽.

1815년까지 그가 활약한 20년간 프랑스에서만 사망자가 500만 명이 넘는다는 주장도 있다. 나폴레옹은 한편으론 혁명가이지만 한편으론 전쟁광이고 독재자였다.

성남시는 성남시민모임과 분당 주민들의 강력한 반대에도 불구하고 백궁·정자지구의 상업·업무용 토지를 주거용으로 용도 변경했다. (…) 용도 변경의 최종 인허가권은 김병량 성남시장에게 있었지만, 이런 어마어마한 특혜성 용도 변경은 누가 보아도 더 큰 권력의 비호 없이는 불가능한 비리였다.[54]

두 명의 성남시장이 같은 해 같은 달 세상을 등졌다. 김병량과 이대엽으로 2015년 2월의 일이다. 이들은 이재명과 싸웠는데 거기서 둘 다 치명상을 입었다. 김병량은 관선 성남시장을 지냈다. 이대엽은 성남에서 국회의원을 역임한 사람이다. 이재명의 첫 번째 싸움 대상은 민주당 소속 성남시장 김병량이다. 김대중 정부 중후반 때의 일이다. 그가 권력의 비호라고 한 건 대통령 김대중이나 민주당 정부의 여러 부처가 떠오를 수밖에 없다. 당시 야당이던 한나라당이 김병량을 도와 인허가 비리에 개입할 여지는 별로 없었다. 성남시 인허가와 연관이 있는 부처는 주로 국토교통

54) 『이재명 평전』, 방현석 지음(아시아, 2025.6), 279쪽

부다. 여당인 민주당일 수도 있다. 두루뭉술하게 표현한 권력의 비호가 어디인지는 불분명하다. 김병량은 치명상을 입고 나가떨어진다. 2006년엔 이대엽이 당선한다. 이대엽도 이재명 공격으로 만신창이가 되고 퇴임 후엔 구속되는 운명에 처한다.

성남시 의료원은 2025년 3월 현재 24개 진료과목에 54명의 의사가 근무 중이다. 509병상 운영이 가능한 의사 정원은 99명으로 충원율은 54%에 그친다. 2024년 의료원의 하루 평균 입원 환자 수는 109.2명으로 병상 가동률은 21%에 그쳤다. 연도별 의료원의 의료 손실액을 살펴보면 2021년 477억 원, 2022년 548억 원, 2023년 514억 원, 2024년 412억 원을 기록했다. 연평균 488억 원의 적자가 나온 셈이다.[55]

이재명의 두 번째 싸움은 성남의료원 설립 운동이다. 2003년에서 2004년 사이에 일어난 일이다. 이때도 김병량 때다. 노무현 집권 시기이기도 하다. 시립병원 설립을 위한 '주민 발의'가 성남시의회에 상정됐다. 2004년 3월 시의회가 '심의 보류'를 선포하자 이재명은 회의장에 난입한다. 시의회는 그를 고발하고 벌금 500만 원에 전과 2범이 된 것이다.

---

[55] 「텅 빈 병상, 연간 500억 적자 '성남시 의료원'…해법은?」, 〈이데일리〉 2025년 3월 24일.

이재명은 성남시의회와 전면전을 벌였다. 성남의료원은 성남시장 이재명 때 공사에 들어갔다. 지금 성남의료원은 골칫덩어리 그 자체다. 오도 가도 못하는 신세가 되어버렸다. 연간 30억 원으로 예상된다던 적자는 무려 500억 원 가까이 불어났다. 원래 계산보다 15배 이상 커진 셈이다. 병상 가동률은 21%에 머물고 있다. 병상 다섯 개 중 네 개를 놀리고 있다는 얘기다. 의사도, 환자도 없는 병원이 되고 있다. 성남시는 대학병원 위탁 방침을 세웠다. 보건복지부 승인은 하세월이다. 의료원 설립 취지에 맞지 않는다고 보고 있다.

이재명이 시장에 당선된 다음 청탁을 한 유일한 형제가 한 명 있었다. 셋째 형이었다. 성남시장의 지위를 이용해 자신을 성남시 관내에 있는 한 대학의 교수로 만들어달라는 요구였다. 이재명이 할 수 있는 일도, 해서도 안 되는 일이었다.[56]

이재명의 세 번째 싸움은 가족이다. 그의 형 이재선과 싸웠다. 변호사 장영하가 쓴 『굿바이, 이재명』의 머리말은 세 개다. 사실난 이 책의 제목만 봤을 때 그다지 읽고 싶지 않았다. 그렇고 그런 제목에 이재명을 일방적으로 매도하는 글일 수도 있겠다 싶었

---

56) 『이재명 평전』, 방현석 지음(아시아, 2025.6), 330쪽

다. 2022년 3월 대선을 앞두고 바로 직전인 12월에 출간됐다. 나는 그해 대선이 끝나고서야 이 책을 읽게 되었는데 처음부터 충격을 받았다.

첫 번째 머리말은 이재선의 부인이자 이재명의 형수인 박인복이 썼기 때문이다. 이재명에 대한 원한, 억울함을 녹여낸 글이다. 머리말의 제목은 '봄이 대지에 따스한 체온을 불어넣듯'이다. 두 번째 머리말은 명진 스님이 썼는데 '강자의 변명은 대부분 거짓이고, 약자의 항변은 대부분 진실이다'로 되어 있다. 세 번째는 진짜 머리말로 '악마를 보았다'이다. 장영하의 책은 이재선 평전이라 할 만큼 이재선에 관한 얘기를 집중적으로 다루고 있다. 나는 이 책 내용에 대해선 꼭 필요한 것만 골라서 얘기하려고 한다. 형제간의 아픈 얘기를 다시 들추는 것은 이 책의 목적이 아니기 때문이다. 이재명은 심지어 그의 형 이재선과 갈등을 종종 '청렴한 이재명'의 증거로 홍보하곤 했다.

인사 문제 물어보고, 대학 가서 내가 쓴 논문 요구하고, 자기가 왜 개인 논문을 조사하러 다닙니까? 변희재도 아닌데, 변희재라면 내가 이해를 좀 하는데 국정원이 왜 그런 걸 하러 다니냐는 말이에요. 그런데 그런 문제를 제기하면 고소를 해요. 국가가 국민을, 그것도 허위 사실로 고소하는 걸 너무 당연히 여기는 거예요. 57)

이재명은 국정원과도 싸움을 시작한다. 국정원과의 싸움은 성남시장이 된 후 한동안 이어졌다. 이재명은 처음엔 국정원 김 과장과 싸운다. 김 과장은 성남시를 담당하는 조정관이었던 모양이다. 국정원의 업무는 정권마다 조금씩 다르다. 국정원은 국내, 대북, 해외 등으로 나뉘어 통상적으로 정보를 수집한다. 이재명은 이를 정치사찰로 쟁점화했다. 그는 기자회견을 열고 김 과장의 정치사찰을 강하게 비판하고 나선다. 사실 이재명은 김 과장이 아닌 국정원과 싸운 것이다. 싸움판을 키우는 건 그의 특기다. 이 점에 있어서 그는 대한민국 1등이다. 이재명 대 국정원, 성남시장 대 정치사찰이란 구도가 자연스럽게 형성된다. 2013년을 기점으로 대통령은 이명박에서 박근혜로 바뀐다. 국정원과의 싸움은 이재명 대 이명박, 이재명 대 박근혜로 더욱 커진다. 이재명은 국정원과 싸움에서 자신의 인지도를 크게 높였다. 성공한 전략이었던 셈이다. 변희재 얘기가 나왔는데 그도 최근 시련의 세월을 견디고 있다. 변희재는 JTBC의 최순실 태블릿 PC 조작설을 제기했다가 재판을 받고 있다. 1심에선 무죄를 선고받았지만 2025년 12월 2심에선 유죄로 뒤집혔다.

니체 삶을 요약하는 한 단어가 있다면, 그것은 투쟁일 것이다. 아니, 투쟁보다는 전쟁일 것이다. 병약한 지식인 니체는 평생 홀

---

57) 『오직 민주주의, 꼬리를 잡아 몸통을 흔든다』, 이재명 지음(리북, 2014.2), 54쪽.

로 전쟁을 벌였다. 그는 사유의 전사였다. 니체 자신의 창작 세계를 무대로 삼아 글과 펜으로 벌인 전쟁이었으므로 연기도, 포성도, 화약 냄새도 없었지만, 전쟁은 길고 혹독했다. 니체는 세계를 파괴하고 그 폐허 위에 새로운 세계를 건설하려고 했다. 그의 무기는 사상이었다. 니체는 삶을 끝없는 상승 혹은 도약으로 보았다. 그는 자신이 만난 모든 사람, 모든 사상을 단지 계단으로 이용하려고 했다. 그런 점에서 보면 그는 가혹하다 싶을 만큼 자기중심적이었다.[58]

이재명이 나오면 TV 채널을 바꾸는 사람이 많다. 식당 같은 데선 TV를 하루 종일 켜놓기도 한다. 연합뉴스 TV, YTN 같은 보도전문 채널에선 이재명 얘기가 종일 계속 나온다. 이런 곳은 TV 채널을 마음대로 바꿀 수 없으니까 차라리 등을 지고 앉는다. 이재명은 평생을 싸움꾼으로 살았다. 어릴 적엔 담임선생님과 맞섰고 소년공 땐 홍 대리와 척을 졌다. 한동안 아버지에게도 대들었다.

변호사가 된 후 시민 운동을 하면서 성남시장과 성남시의회와 싸웠다. 그는 성남시장과 경기도지사가 되어서도 국정원, 정부부처, 이명박과 박근혜, 윤석열과 전면전을 치렀다. 대통령이 된

---

58) 『니체 극장』, 고명섭 지음(김영사, 2012.6), 57쪽.

지금 그는 내란 청산이란 이름 아래 기득권을 공격하고 있다. 심지어 그는 형과도 원수처럼 싸웠다. 단지 싸움에 그치지 않았다. 그는 각종 부정부패 의혹으로부터 자신의 결백을 입증하는 증거로 내세웠다.

어떤 국민은 이재명이 불편하다. 국민 앞에서 주먹을 흔들어대던 윤석열이 생각난다.

니체도 이재명처럼 싸웠다. 펜으로 벌인 니체의 전쟁은 길고 혹독했다. 스스로 파괴하면서 싸웠다. 니체는 주변의 모든 것을 상승 계단으로 삼았다. 지나치게 자기중심적인 니체는 미치고 나서, 죽고 나서 유명해졌다.

03

절대무기
'온라인 제국'

손가락으로 대통령에 오른 사람이 있다. 바로 이재명이다. 그는 손가락과 인연이 많은 사람이다. 장영하의 『굿바이 이재명』엔 이재명과 셋째 형인 이재선, 그의 부인 박인복이 주고받은 문자가 캡처되어 있다.

내가 관심 있게 봤던 건 글보다 시간이었다. 문자를 주고받은 시간이 대중없었다. 성남시장으로 일하던 때였다. 늦은 밤 12시 전후에서 이른 아침 시간, 점심시간까지 시도 때도 없었다. 바쁜 와중에 그의 문자는 때론 길고 때론 거칠었다. 이재명의 손가락은 그만큼 바빴다는 뜻이다.

그는 소년공 때 수많은 산재를 당한다. 그중엔 손가락도 들어 있다. 2010년 성남시장 당선 전후론 손가락 정치를 본격화한다. 2017년 민주당 대선후보 경선을 앞두고 '손가락 혁명군'이 창설된다. 그의 손가락은 절대무기 '이재명 온라인 제국'을 건설한다. 이재명의 온라인 제국은 비주류인 그가 성남시장, 경기지사, 민주당 대표, 대통령 당선에 이르는 통로를 만들어줬다. 일테면 그의 손가락은 대통령 당선의 일등 공신인 셈이다.

이재명의 절대무기 '온라인 제국'의 이모저모는 『성난 시민』이란 책에 잘 기술되어 있다. 『성난 시민』은 재미있는 제목이다. '난'을 '남'으로 고치면 '성남시민'이 된다. 이 글의 내용은 대장동 의혹, 극단적인 선택을 한 사람들, 이재명의 어두운 면을 주로 다뤘다. 무겁고 불편하다. 또 구체적이다. 저자인 이기인이 시의회 활동을 하면서 이재명을 직접 겪어본 탓이리라. 마음이 아프기도 하다. 고(故) 김문기가 죽기 19일 전에도 시의회에서 질의응답을 했기 때문이다. 이기인은 경기도 성남시 분당구갑 국회의원을 지냈던 이종훈의 참모로 정치에 입문했다. 이기인은 대장동 의혹이 확산하던 2021년에도 시의원으로 활약했다. 그 뒤 이기인은 경기도의원, 개혁신당 최고위원, 사무총장으로 일했다. 이기인은 이 글에서 이재명의 '온라인 제국'이 어떻게 조직되고 운영되는지 흥미롭게 설명하고 있다.

1980년대가 학생운동의 시대라면 1990년대는 노조와 시민

운동의 시대다. 독일 통일과 소련 해체로 학생 운동권 중심의 사회주의 운동이 약화했다. 이념은 점차 힘을 잃었고 시민사회가 활력을 받기 시작했다. 성남의 중원구와 수정구에선 노동운동이 활발해졌다. 분당구는 입주 초기로 교육과 환경 문제가 쟁점이었다.

이재명은 성남에서 변호사 활동을 기반으로 시민사회 운동에 본격적으로 뛰어든다. 그는 1995년 성남시민모임을 주도적으로 만든다. 그는 집행위원장을 맡아서 시민모임 살림까지 도맡아 책임졌다. 이재명의 셋째 형인 회계사 이재선도 발기인으로 참여한다. 이재선은 훗날 이재명 시장 당선 후 갈등하게 된다. 갈등의 첫 출발은 이재명의 '성남시 모라토리엄 선언'이었다. 회계사 본능 때문인지 이재선은 성남시의 행보를 공개적으로 비판했다.

온라인 제국은 2000년경에 싹이 튼다. 이재명은 그해 '분당 백궁·정자지구 용도 변경' 특혜 의혹을 제기하고 3년간 싸웠다. 그땐 유일한 무기는 유인물뿐이었다. 이재명은 이때부터 SNS를 중시한다. 그가 전국적 단위의 조직 운동에 관여했던 때는 2007년 대선이다.

이런 강성 팬덤인 '개딸'은 하루아침에 결성된 조직이 아니다. 이재명은 과거 미키루크 이상호와 함께 조직한 정통의 경험을 십분 활용해 자신의 조직을 구축하기 시작했다. 특히 온라인의 힘을 알고 있었던 이재명은 자신의 오프라인 지지자들과 온라인 지지자들을 하나로 묶어 하나의 군대처럼 운영할 수 있도록 했는데, 그것을 실체화한 것이 바로 '손가락 혁명군', 줄여서 손가혁이다.[59)]

2007년 열린우리당은 참담했다. 노무현 지지율은 끝없이 추락했다. 정권교체 가능성이 커졌다. 열린우리당은 속절없이 분열했다. 여러 인물이 부침을 거듭한 끝에 진보 진영 대선후보로 정동영이 승기를 잡았다. 정동영은 한때 전북을 대표하는 인물이었다. 그의 고향은 고추장으로 유명한 순창이다. '정통'은 '정동영과 통하는 사람들'을 줄인 말이다. '미키루크'는 이상호의 노사모 ID이다. 이상호는 노사모를 이끌었던 조직 운동의 귀재로 알려진 사람이다. 이기인에 따르면 '정통'은 이재명과 이상호가 공동대표를 맡았다. '정통'은 전국에서 수만 명이 넘는 회원을 모았디. 당시 대선후보 경선은 진보든 보수든 선거인단을 자동차로 실어 나르는 '차떼기'가 유행했다. 그때는 지금처럼 모바일 투표가 도입되지 않았다. 선거인단이 직접 대도시에 모여서 투표했다. '정통'과 같은 대규모 조직이 필요하기도 했던 시기였다.

---

59) 『성난 시민』, 이기인·정인성 지음(도서출판 답, 2024.1), 326쪽.

손가혁의 조직관리 행태는 성남시 공무원들에게도 적용되었다. 공무원들이 개인 SNS를 통해 얼마나 시의 행정을 잘 알렸느냐를 성과 평가 항목에 넣은 것이다. 행정홍보라는 이름으로 이재명의 치적을 널리 알리게끔 공무원들을 조직하고, 이에 호응하는 사람만 이익을 주는 방식이다.[60]

이재명이 당선되자 성남시 공무원들은 난리가 났다. 그 이전 이대엽이나 김병량은 무던했다. 이대엽은 배우 출신으로 국회의원까지 두 번이나 지낸 사람이다. 성남시 행정을 장악하기보단 권한 위임에 능했다. 김병량은 문재인처럼 좋은 사람 축에 들었다.

이재명은 48세로 젊고 의욕이 넘쳐났다. 권력의지도 매우 강했다. 그는 취임하자마자 성남시를 휘어잡았다. 그는 인사권을 적절하게 활용했다. 공무원들은 인사권 앞에선 대응할 수 있는 수단이 하나도 없다. 시민사회 운동, 대선 선거운동, 두 번의 출마 경험으로 SNS에 눈을 뜬 이재명은 공무원에게도 SNS 활동 평가를 적용했다. 성남시 공무원은 대략 3,000명 전후쯤 된다. 산하기관이나 직간접적 이해관계자까지 더하면 수만 명은 족히 넘는다. 이재명의 온라인 제국은 순식간에 사단급으로 커졌다.

---

60) 『성난 시민』, 이기인·정인성 지음(도서출판 답, 2024.1), 337쪽.

현대판 사병, 댓글부대

사이다의 반대말은 고구마일까. 이재명의 사이다 화법이 화제가 되면서 한동안 반대말 찾기가 유행한 적이 있다. 톡 쏘는 맛의 사이다는 마시면 시원하다. 일시적으로 갈증이 해소된다. 고구마는 겉으론 안 보인다. 줄기를 뽑으면 줄줄이 달려 나온다. 몇 개가 있을지 끝까지 캐봐야 안다. 고구마가 사이다의 반대말이 된 이유다. 이재명의 말은 군더더기가 없다. 얘기하고 싶은 말을 단박에 찔러간다. 거칠고 직설적이다. 그의 지지층은 열광하고 환호한다. 그를 지지하지 않는 사람들은 불편해한다. 사이다는 지지층을 결집하기 위한 이재명의 정치 전략이기도 하다.

실실 쪼개다⋯. 40여 년 전 공장에 다니던 때 상대원 뒷골목에서 껌 딱딱 씹으며 이빨 사이로 침 찍찍 내뱉고 한쪽 다리 학질 환자처럼 떨면서 겁주던 동네 양아치에게 들어본 후 처음 들어본 말이라 나름 재미있었습니다. (⋯) 이때부터 내게 사이다라는 별명이 따라붙게 되었다.[61]

2014년 국정감사 때의 일이다. 판교 환풍구가 꺼지면서 사람

---

61) 『이재명은 합니다』, 이재명 지음(위즈덤하우스, 2017.2), 120쪽.

들이 죽거나 다쳤다. 그해 10월 판교테크노밸리 유스페이스 야외 공연장 인근에서 환풍구 덮개가 붕괴했다. 지하 4층 아래로 추락해 16명이 사망하고 11명이 부상했다. 당시 성남시장이던 이재명은 이 일로 국정감사에 소환된다. 실실 쪼갠 이재명의 미소가 논란이 됐다. 국정감사가 끝나고, 이재명은 미처 하지 못한 말을 SNS에 올린다. 이것이 화제를 불러일으켰다. 이재명의 지지자들은 이때부터 '사이다'라는 별명을 붙여준다. 언론에서 이재명 화법을 '사이다 화법'이라고 쓰기 시작한 것이다. 이재명은 사이다에 환호하는 사람들을 기반으로 댓글부대를 창설한다. 댓글부대는 곧 온라인 제국이다. 온라인 제국 초기엔 이재명 자신이 직접 총지휘관을 맡았다.

〈손가락혁명군〉은 스스로 생각하고, 스스로 입대하고, 스스로 훈련하고, 스스로 전투하며, 스스로 진급하고, 스스로 조직하며, 스스로 전략을 세워 이겨 나가는, 하늘의 군대 민심의 군대입니다.[62]

사병이 정예군을 이긴 적도 많다. 조선의 수양대군은 사병으로 전쟁영웅 김종서를 격파한다. 김종서가 죽으면서 단종은 바

---

62) 『성난 시민』, 이기인·정인성 지음(도서출판 답, 2024.1), 327쪽.

람 앞에 촛불 신세로 전락하고 만다. 김종서는 철퇴에 맞아 죽었다. 단종의 비극은 기정사실이 되고 만다. 강력한 사병은 권력 장악의 핵심 수단이다. 사병의 힘은 과거에만 있는 게 아니다. 온라인 제국은 현대판 사병이다. 이재명은 드디어 강력한 사병을 갖게 된다. 손가락혁명군은 줄여서 손가혁이라고 불렸다. 2017년 민주당 대선후보 경선을 앞둔 시기다. 이기인은 『성난 시민』에서 마치 군대처럼 움직이는 이재명의 트윗을 생생하게 소개한다. 군대 면제인 이재명의 놀라운 사병 운용 전략을 엿볼 수 있다. 손가혁은 이재명이 메시지만 올리면 그걸 전투 교본으로 삼아 온라인 공간을 장악하고 영토를 넓혀 나갔다.

새로운 것, 아주 작은 것이 중요하죠. 한 5백 명만 적극적으로 SNS 활동을 해도 엄청난 거예요. 그 사람들이 '좋아요'를 누르면 바로 포털 메인으로 가요. 국정원이 1백여 명을 동원해서 대선을 바꿔버렸잖아요. [63]

2015년 9월 민주노총 산하 철도노조 위원장인 김영훈과의 토론 내용이다. 민주노총 위원장까지 지낸 김영훈에게 댓글부대 활용 방안에 대해 한 수 가르쳐주는 대목이다. 이재명의 말은 맞는

---

63) 『이재명의 굽은 팔』, 이재명·서해성 지음(김영사, 2017.2), 179쪽.

부분도 있고 틀린 것도 있다. 포털 네이버나 다음에 올라오는 기사 중 댓글이 500개 정도 달리면 메인 화면으로 이동한다. 1~2천 개 정도의 댓글이면 '많이 본 뉴스'에 올라가기도 한다. 이 말은 대체로 맞는 말이다. 이재명은 이런 방식으로 댓글부대를 운영했던 모양이다. 대선의 승자가 바뀌었다는 주장은 황당무계하다. 국정원이 1백 명을 동원해서 대선 결과를 바꿨다는 주장이다. 정황상 2012년 12월 18대 대선을 얘기하는 것처럼 보인다. 당시엔 박근혜가 51.55%를 득표해 문재인의 48.02%를 여유 있게 따돌리고 당선했다. 박근혜 득표율은 1987년 직선제 도입 이후 아직도 깨지지 않고 있다. 국정원 1백 명이 뒤집을 수 없는 표차이는 아니다. 그 정도 국정원 댓글부대면 성남시장 3년 차던 이재명의 댓글부대로도 충분히 막을 수 있었을 것으로 본다.

인사 3원칙, 합리·논리·관리

이재명은 이날 토론을 정리하면서 김영훈에 대해 높이 평가한다. 세 가지 점을 호평하는데 상당히 흥미로운 점이 있어 여기에 요약한다. 첫째, 김영훈은 밝다. 과격함 따위는 찾을 수 없고 서글서글하다. 둘째, 김영훈은 구호보다 이론에 정교하다. 셋째, 김영훈은 민주노총 위원장으로 한 번도 구속되지 않았다. 한마디로 줄이자면 합리적이고 자기관리가 잘 됐다고 봤다. 이런 호평 탓이었을까. 김영훈은 이재명 정부 초대 고용노동부 장관으로 임명됐다. 김영훈에 대한 이재명의 평가는 지금의 인사 기준으로 활용되는 것 같다. 이재명은 같은 진영 또는 운동가라도 현대적인 스타일을 선호한다. 그는 낙관도 비관도 아닌 냉철한 현실 인식과 선을 지키는 인물을 높게 산다. 진보 운동을 하면서도 구속되는 것은 몸의 방치로 본다. 이재명 정부의 인사는 대략 세 가지 원칙에 의해서 운용되고 있다.

이재명이 유튜브 채널을 처음 개설한 것은 2014년 5월이었다. 2020년, 구독자 10만 명을 찍었다. 10만 명을 돌파하는 데 6년이 걸린 셈이다. 2024년 4월 26일, 구독자 100만 명을 돌파했다. 올린 동영상의 수는 2천711개, 총 조회수는 2억 3천만 회를 넘겼다.[64]

팟캐스트가 시작된 건 2010년 전후다. 2000년대 중반 미국에서 비롯됐는데 5년쯤 있다가 대한민국에도 상륙했다. 2010년 초중반부터 유튜브 방송이 늘어나기 시작했다. 이재명은 비교적 초기에 유튜브 채널을 개설한 것이다. 성남시장 재선 직전이다.

그의 유튜브 채널은 2010년 10만 명을 넘어섰다. 이낙연을 밀

---

64) 『이재명 평전』, 방현석 지음(아시아, 2025.6), 435쪽.

어내고 민주당 차기 주자 1위로 올라선 시점이다. 2022년 3월 대선 패배 직후 이재명 팬덤인 개딸이 생기면서 유튜브 구독자도 급증했다. 100만 명을 넘긴 건 2024년 총선 직후다. 2026년 초 시점으론 200만 명에 육박한다. 민주당 권리당원 숫자는 130만 명 안팎이다. 이재명 유튜브엔 민주당 당원이 거의 들어와 있다. 당원이 아닌 구독자 중에선 40~50대가 많다. 일테면 586 영향권에 있는 사람들이다.

04

권력의지와 586,
운명적 조우

군인에서 검찰로, 그리고 586으로. 권력의 역사를 보면 대한 민국 엘리트 집단의 이동 경로가 나타난다. 1961년 '5·16 군사 쿠데타' 무렵 군인은 최고의 엘리트 집단이었다. 박정희를 비롯한 쿠데타 주도 세력 일부는 만주국군관학교 또는 일본에서 체계적으로 공부했다. 이들은 친일 논란과 별개로 당시 가장 힘 있고 능력 있는 세력이었다.

박정희는 두 개의 축으로 독재를 이끌었다. 군과 관료다. 관료는 고시를 통해 대한민국 최상위 집단으로 성장했다. 그 중심엔 검찰이 있었다. 2017년 박근혜 탄핵과 보수 궤멸 속에 윤석열이 등장했다. 윤석열은 불과 3년 만에 저물었다. 그리고 이재명이 등장했다. 이재명의 파트너는 586이다. 이재명의 권력의지와 586의 권력의지는 운명적으로 만난다. 그 시기는 대략 2020년 12월에서 이듬해 1월 사이다.

권력의지라는 말을 들으면 곧바로 '권력욕이 강한 개인'이 떠오르겠지만, 권력의지는 집합적으로 나타날 수도 있고 개별적으로 나타날 수도 있다. 즉 권력의지는 개인을 통해서도, 집단을 통해서도 발휘된다. [65]

권력의지는 개인뿐만 아니라 집단에서도 나타난다고 니체는 통찰했다. 사람들은 586의 권력의지를 과소평가한다. 특히 보수는 '수준 낮은 운동권 세력'으로 폄훼하곤 한다. 586의 권력의지는 이재명에게 버금간다. 연대 강도나 숫자도 압도적이다. 5·16 당시엔 최대 수만 명의 군인이 가세했을 뿐이다. 군 전체로 확대해도 그 세력은 수십만 명 안팎이다. 윤석열 집권 땐 더 소규모였다. 검사는 대략 수천 명 내외에 불과했다. 586은 최소 수백만 명에 달한다. 2025년 6월 대선 기준으로 50대 유권자는 대략 870만 명이다. 전체 유권자의 20%에 육박한다. 50대의 상당수가 586의 권력의지에 동조한다. 이뿐만 아니다. 40대와 60대의 일

---

65) 『니체 극장』, 고명섭 지음(김영사, 2012.6), 424쪽.

부도 586의 권력의지를 공유한다. 586의 파괴력이 큰 것은 수년에서 수십 년간 학습과 조직 활동으로 단련되어 있다는 점이다. 586은 보수 정당을 거부한다는 점에서 단일 대오를 이룬다.

19~21대 대선 투표율 비교(단위: %)[66]

구분	40대	50대	60대	70대	전체
19대 대선(2017.5)	74.9	78.6	84.1	81.8	77.2
20대 대선(2022.3)	74.2	81.4	87.6	86.2	77.1
21대 대선(2025.6)	76.4	81.8	87.3	87.8	79.4

세대를 얘기하는 건 까다로운 문제다. 세대를 분석하는 것은 움직이는 표적에 총을 쏘는 것과 같다. 세대는 늘 변화한다. 지금의 50대는 10년 후면 60대가 된다. 5년 후면 절반은 50대이고 나머지는 60대가 된다. 세대는 생각이 그대로 유지되기도 하고, 변화하기도 한다. 지난 세 번의 대선 투표율엔 586의 권력의지가 고스란히 녹아 있다. 586은 50대를 중심으로 40대 후반, 60대 초반까지 영향권으로 볼 수 있다.

80년대와 90년대 초반 학번으로 범위를 좁히면 50대와 60대 초반이 직접적인 영향권이다. 70대는 산업화의 영향으로 보수

66) 『제21대 대선 투표율 분석』, 중앙선거관리위원회(2025년 12월 8일).

성향이 강하다. 이재명이 출마한 2022년, 2025년 대선에서 50대 투표율은 80%를 넘어섰다. 탄핵 후 치러진 2025년 대선은 이재명 승리가 충분히 예상됐는데도 투표율이 81.8%나 됐다. 보수 성향과 진보가 섞인 60대 투표율은 전체 평균을 훨씬 앞질렀다. 2025년 대선의 40대 투표율도 2022년보다 2.2%포인트나 올라갔다. 50대를 중심으로 한 높은 투표율은 이재명 당선에 대한 집단적 권력의지의 분출이다.

586 권력의지의 분출

586을 이해하려면 원로 가수 나훈아가 부른 '엄니'를 떠올리면 쉽다. '엄니'는 5·18 때 죽은 아들이 하늘에서 산 엄마를 위로하는 내용이다. 1987년에 곡을 쓴 '엄니'가 5·18에 헌정된 건 2023년에서다. '엄니'는 그해 앨범에 수록될 뻔했으나 정부의 반대로 무산됐다. '엄니'는 무려 33년 만에 세상에 나온 노래다. 586은 지금도 5·18이 되면 '엄니'를 부르고 공유하며 권력의지를 다진다. 586이 이재명을 선택한 건 이낙연이 그들의 권력의지를 제대로 파악하지 못했기 때문이다. 이낙연은 전남 영광 출신이다. 그는 영광과 서울을 오가며 국회의원 5선에 전남도지사까지 역임했지만 586을 이해하지 못했다.

어쨌든 586 정치엘리트는 승리의 경험을 가지고 있습니다. 그래서 비전도 없고, 철학도 없고, 능력도 없지만 집요하게 권력을 탐하는 것이죠.[67)]

586은 1987년에 첫 번째로 이긴다. 그해 봄 학생 시위에 넥타이부대가 대거 합류한다. 이른바 87년 5~6월경 있었던 민주화 대투쟁이다. 노태우는 6·29 선언을 통해 대통령 직선제 수용을 발표한다. 군부 세력을 퇴진시키지 못했다는 점에서 절반의 승리이다. 586은 최초의 승리 경험을 쌓은 셈이다.

12월 대선에서 노태우 당선으로 586은 다시 패배의 아픔을 겪는다. 586에게 그 이듬해부터 1991년까지는 대혼돈의 시기였다. 소련은 1988년 말부터 1991년까지 혼란을 거듭하다가 결국 해체된다. 1990년엔 서독이 동독을 흡수통일한다. 통일 독일의 탄생으로 이어진다. 노태우의 북방정책으로 남북은 동시에 유엔에 가입한다. 대한민국은 중국에 이어 러시아아도 수교한다. 586은 공산주의의 붕괴로 넋이 나간다. 586이 다시 재결집한 건 1990년대 초중반 학원 자주화 투쟁에서다. 80년대 중후반 복학생들과 90년대 초반 학번들은 연합하여 학교 당국을 속속 굴복시킨다. 586의 두 번째 승리다. 두 번의 승리로 무장한 586은 이

---

67) 『한번도 경험해보지 못한 나라』, 강양구·권경애·김경율·서민·진중권 지음(천년의상상, 2020.8), 273쪽.

낙연의 대안을 찾는다.

586, 이낙연 용도폐기

이낙연의 낙마를 파고든 사람이 바로 이재명이다. 2020년 4월 총선에서 민주당은 180석을 얻는다. 경기도지사를 역임하던 이재명은 1강 이낙연에 가려진 채 민주당 차기주자 선호도에서 중위권을 들락거렸다. 이낙연은 당대표로 민주당 압승을 이끌었다. 선거 직후 586에게 버림받고 용도 폐기된다. 586은 문재인 정부 초대 국무총리를 지낸 이낙연을 버리고 이재명을 선택한 것이다. 대략 2020년 12월에서 2021년 1월 사이에 일어난 급격한 변화다. 이낙연의 장점은 합리적인 진보, 중도 확장 가능성에 있었다. 이 말은 이재명과 비교해서 본선 경쟁력이 있다는 얘기도 된다. 만약 2022년 대선에서 이낙연이 민주당 대선후보가 됐다면 결과는 달라졌을지도 모른다. 586은 왜 그런 이낙연을 버렸을까? 그 이유는 바로 5·18에 있었다.

민주당 대선주자 1위가 이낙연에서 이재명으로 바뀐다. 직접적인 계기가 된 것은 박근혜 사면론이다. 이낙연은 2020년 12월 언론 인터뷰를 통해 박근혜 사면론을 주장한다. 국민 통합이 명분이었다. 이낙연의 주장은 586의 반발을 촉발한다. 이러한 반발은 50대 전반으로 확산한다. 40대까지 이에 동조한다. 2021년 1

월엔 대세가 이재명으로 완전히 넘어가고 만다.

박정희는 김재규의 총에 맞던 그해 초 전두환을 국군정보사령관으로 임명한다. 박정희가 전두환을 후계자로 생각하고 임명한 지는 불투명하다. 당시 정보사령관은 군의 핵심 요직이었다. 12·12 군사 쿠데타로 권력을 장악한 전두환은 1980년 광주 5·18을 유혈 진압한다. 역사에서 가정은 부질없는 짓이지만, 전두환이 정보사령관에 오르지 않았다면 12·12나 5·18은 없었을지도 모른다. 어쨌든 586에게 전두환은 박정희의 후계자로 비칠 수 있다. 박근혜는 박정희의 유산이다. 586에게 새누리당은 박정희, 전두환, 박근혜의 잔당들이다. 이렇게 생각하는 586이 이낙연 대신 이재명을 고른 것은 '합리적인 선택'이었다.

이재명도 가만히 앉아서 민주당 대선후보가 된 것은 아니었다. 중요한 계기가 여러 차례 있었다. 이재명은 세 개의 대표다. 우선 그는 비기득권을 대표한다. 이것은 놀라운 일이다. 이재명은 사법시험 합격 후 기득권에 편입했다. 성남시장 당선 후엔 주류가 됐다. 성남시장 8년, 경기도지사 4년에도 그의 비기득권 대표성은 더욱 강화됐다. 그는 반보수 정당을 대표한다. 이재명은 바쁜 와중에서 틈틈이 보수 정당을 공격한다. 그의 온라인 제국은 보수 정당과 전투를 벌이는 참호다. 참호는 적의 공격을 받아도 버티기 쉬운 안전지대다. 대놓고 총질을 할 수 있는 공간이다. 전과는 있고 손해는 거의 없는 싸움인 셈이다. 그는 반박근혜를 대표한다. 586에게 박근혜는 5·18의 가해자를 대표하는 인물이나 마찬가지다. 이재명의 반박근혜 대표성은 2016년 10월부터 시작된 박근혜 탄핵 집회를 주도하면서 완성됐다. 그는 이때 5·18 대표성도 함께 확보한 것으로 보인다.

05

미시 파시즘,
최후의 승리

거의 모든 종말은 더디게 온다. 제레미 리프킨(1945~)은 지구를 대표하는 미래학자다. 그의 대표작 종말 시리즈 3종 세트는 눈부신 미래서다. 소유와 노동과 육식의 종말을 예언했다. 세계인들은 그의 종말 시리즈를 읽고 환호했다. 수십 년이 지나고도 그가 얘기한 미래는 오지 않고 있다.

집값은 오늘이 제일 싸다. 대한민국에선 가장 노동 친화적 정부가 들어섰다. 고기를 대신한다던 대체육은 반짝 인기를 뒤로한 채 뒷걸음질 중이다. 공유경제를 대표하는 에어비앤비의 주가는 신통치 않다. 10년 전의 절반을 조금 넘는 수준이다. 세계적인 공유경제 플랫폼 위워크는 몰락했다. 손정의는 위워크에 투자

했다가 수십조 원을 잃었다.

종말은 새로운 형태로 귀환하기도 한다. 철학의 시대는 죽었다. 차이와 생성의 철학자 질 들뢰즈(1925~1995)와 함께. 들뢰즈는 스스로 몸을 던져 철학의 죽음을 알렸다. 지금은 온통 인공지능(AI) 시대다. 당분간 AI가 철학을 흉내 낼 일은 상상할 수 없다. 최근 놀라운 변화가 일어나고 있다. 니체와 아르투어 쇼펜하우어(1788~1860) 철학이 인기를 끌고 있다. 역사 속으로 사라진 원조 파시즘은 미시 파시즘으로 새롭게 돌아왔다. 파시즘 종말 80년 만의 일이다.

파시즘은 주로 우파에서 파생했다. (…) 농촌의 파시즘과 도시의 파시즘 또는 도시 구역의 파시즘과 우익의 파시즘, 젊은이의 파시즘과 퇴역 군인들의 파시즘, 좌익의 파시즘과 우익의 파시즘, 커플, 가족, 학교나 사무실의 파시즘, 이들 파시즘은 자체로서 효력을 가지며 다른 것들과 소통하는 미시적인 검은 구멍에 의해서 규정된다. (…) 파시즘을 위험한 것으로 만드는 것은 분자적이거나 미시정치적인 역량이다. 왜냐하면 그것은 군중의 운동이기 때문이다.[68]

---

68) 『천개의 고원』, 질 들뢰르·펠릭스 가타리 지음, 김재인 옮김(새물결출판사, 2003.5), 408~409쪽.

니체는 종종 나치와 연결된다. 니체와 아돌프 히틀러(1889~1945)는 직접적인 연관은 없다. 히틀러가 태어나던 1889년에 니체는 말에서 떨어져 미치고 만다. 니체는 1900년 생을 마감할 때까지 정신을 회복하지 못한다. 히틀러는 전투에 투입되는 병사들에게 니체의『차라투스트라는 이렇게 말했다』를 수십만 부 인쇄해 나눠줬다. 베니토 무솔리니(1883~1945)에게도 니체 전집을 선물했다. 히틀러는 니체의 저작을 통해 초인을 강조했다. 그는 뛰어난 인간이란 니체의 초인과 나치의 인종주의가 연결된다고 보았다. 니체의 초인은 비단 우파에만 적용되는 건 아니다. 김일성, 김정일, 김정은으로 이어지는 백두혈통은 북한 주민에게 초인이다. 파시즘도 우파의 전유물은 아니다. 들뢰즈는 좌파에도 미시 파시즘이 나타난다고 봤다. 그에 따르면 미시 파시즘은 일상적 폭력이나 군중 운동의 형태를 보이기도 한다.

1990년대 후반에 이르면 386세대 운동의 군사주의와 서열주의, 운동 명망가들의 잇단 성추행과 가정폭력, 5·18 기념식 전야제 운동권 주역들의 광주 룸살롱 음주스캔들 등이 일간 신문의 사회면을 장식하기 시작했다. 586세대에 깊이 스며들어 있는 '우리 안의 파시즘'은 이들이 행정부와 입법부를 장악한 이후에 나온 오만과 편견의 결과라기보다, 1980년대 민주화운동 과정에서

이미 뿌리가 깊게 내려진 것이라고 봐야 한다.[69]

386을 파시즘이라고 비판한 건 너무 일렀다. 386 파시즘을 제기한 건 1999년 『당대 비평』이다. 들뢰즈가 죽은 지 4년째 되던 해다. 김대중 임기 2년 차였다. 『당대 비평』은 비평 전문잡지로 계절마다 발간됐다. 1997년 창간돼 2005년 발행이 중단됐다.

비평은 모두 까기 성격을 지닐 수밖에 없다. 진영을 떠난 비판이 숙명이니까. 모두 까기는 대한민국 현실에선 지속하기 어렵다. 철학만 죽은 게 아니고 비평을 다룬 전문잡지도 죽었다. 『당대 비평』의 '우리 안의 파시즘'은 큰 반향을 불러일으켰다. 벌써 25년이 넘게 흘렀다. 지금의 586은 김대중 땐 386이었다. 그들은 정치와 선거의 실무를 도맡아 처리했다. 김민석처럼 일부는 국회의원이나 고위직에 진입하기도 했다. 당시 386은 에너지가 넘쳐났다. 훈련된 많은 인력과 승리의 경험으로 무장한 채 정부와 여당의 실무를 장악했다. '우리 안의 파시즘'은 좌파의 미시 파시즘이다. 『당대 비평』은 386의 미시 파시즘 행태를 선구적으로 제기했다. 파시즘의 뿌리가 1980년대 학생운동에 있다는 사실도 밝혀냈다. 『당대 비평』의 '우리 안의 파시즘'은 좋은 기획임에도 불구하고 환영받지 못했다. 이제 막 보상을 받기 시작한 386에겐

---

69) 『우리 안의 파시즘 2.0』, 김내훈 외 지음(휴머니스트출판그룹, 2022.2), 18쪽.

도저히 받아들일 수 없는 불편한 진실이었기 때문이다.

미시 파시즘으로 대동 세상

민주주의는 곧 대표다. 지금 민주주의는 거의 대의제다. 대의제는 누군가가 대신 나서는 제도이다. 민주주의는 대표와 책임의 원리로 움직인다. 대표는 선출되지만 책임도 진다는 말이다.

대표는 곧 선출되는 권력이다. 책임은 심판이나 재신임이다. 대표와 책임은 종종 해석을 놓고 충돌한다. 권력을 가진 쪽에선 선출에 방점을 찍는다. 반대쪽에선 책임에 방점을 찍는다. 선출 권력 우위론은 이재명 정치를 이해하는 키워드이다. 이재명은 선출 권력을 힘으로 이해한다. 선출 권력 우위론은 위계와 질서를 동시에 담고 있다. 세상에는 수많은 선출 권력이 있다. 기초의원, 광역의원, 기초단체장, 광역단체장, 국회의원, 대통령은 모두 선출 권력이다. 이들이 시로 충돌하게 되면 이떻게 되겠는가. 선출 권력은 운명적으로 충돌할 수밖에 없다. 권력을 행사하는 대상과 공간이 겹치기 때문이다. 대상은 시민, 도민, 국민이고 공간은 기초단체, 광역단체, 국가이다.

민주당 시장에 다수의 새누리당 의회, 이런 구도에서 새누리당이 모든 현안들을 반대하고 발목잡는 상황이었다. 정말 비토크라시라는 신조어가 딱 어울리는 행태를 보여주었다. 비토크라시란 거부를 의미하는 비토(veto)와 민주주의를 뜻하는 '데모크라시(democracy)'의 합성어다. 번역하자면 '거부 민주주의'쯤 될 것이다. 될 일도 안 되게 만드는 민주주의라는 의미로 미국 정가에서 널리 쓰이고 있다. 하지만 이 비토크라시를 시민들이 전면에 나서서 정면 돌파했다.[70]

586과 이재명은 닮은 점이 많다. 리더십에선 서로 짠 듯 거의 같다. 미시 파시즘 행태를 보인다는 점에서도 그렇다. 586의 서열주의는 이재명의 선출 권력 우위론과 판박이다. 586은 주체사상의 영향을 받았다. 동기라도 선출되면 회장님, 의장님이다. 이런 서열은 졸업 후에도 이어진다. 상대를 인정하지 않고 배제하는 것도 같다. 나는 곧 정의란 생각에서 빠져나오지 못한다.

성남시장 때의 얘기다. 2010년 이재명은 성남시장에 처음으로 당선하게 된다. 그의 나이 48세 때다. 그는 시의회와 자주 충돌했다. 같은 지방선거였지만 시의원의 다수가 보수 정당 소속이었기 때문이다. 처음엔 한나라당이었다가 2012년엔 새누리당이 된다. 국민의힘으로 이름을 바꾼 건 2020년이다.

성남시에서 수정구, 중원구는 진보 성향이 강했다. 여기선 시

---

70) 『오직 민주주의, 꼬리를 잡아 몸통을 흔들다』, 이재명 지음(리북, 2014.2), 180쪽.

의원도 민주당 소속이 주로 당선됐다. 분당구는 반대였다. 보수 정당 소속이 우세다. 성남시의회 전체론 팽팽한 균형이거나 보수 정당 쪽이 소폭 많았다.

2010년 6월 3일 새벽 성남시장 개표방송을 지켜보던 때다. (…)

이재명 당선자 오른쪽으로 김미희 전 민주노동당 의원이 앉았고, 나는 이재명 바로 왼쪽에 앉아 있었다. 그때 남자 둘이 이재명 앞으로 나오더니 "시장님, 당선을 축하드립니다"라며 넙죽 큰 절을 했다. 어디서 술을 마셨는지 두 사람의 입에서는 술 냄새가 진동했다. 순간 이재명은 반사적으로 두 사람을 걷어찰 듯 구둣발을 들어 올렸다. 20~30센티미터나 내뻗었다. 물리적인 접촉은 없었다고 해도 당시 이재명은 몹시 화가 난 표정과 말투로 두 사람을 나무랐다.[71]

장영하는 자천타천 이재명 저격수다. 장영하는 이재명이 변호사를 개업할 무렵 성남에서 판사를 했다. 그는 판사 퇴직 후 이재명과 성남에서 시민 운동을 함께하기도 했다. 이재명이 처음 성남시장에 당선한 후 인수위원회의 위원을 맡기도 했다. 장영하는

---

71) 『굿바이, 이재명』, 장영하 지음(지우출판, 2021.12), 34쪽.

그만큼 속속들이 아는 이재명 전문가다.

장영하는 2022년 대선을 앞두고 이재명 조폭 연루설을 제기했다. 1심에서 무죄선고를 받았지만 2025년 10월 2심에서 유죄로 뒤집혔다. 징역 1년에 집행유예 2년을 선고받았다. 재판의 진실은 대법원으로 넘어갔다. 대선 전엔 저격수가 언론의 단골 취재원으로 비중이 크다. 대선에서 패배하면 저격수는 고달프다.

장영하가 쓴 『굿바이 이재명』은 더 이상 서점엔 없다. 끝났다는 이재명은 대통령이 됐다. 더 이상 도서 진열대에서 버티기는 쉽지 않았던 모양이다. 장영하의 글에 등장하는 장면이다. 성남시장에 당선되는 그날 밤 개표방송을 지켜보던 때다. 이재명의 인성이 고스란히 드러났다. 만약 주변에 사람이 없었다면 그는 구둣발로 그들을 내리쳤을까. 그때와 지금은 15년 이상의 시간이 지났으니 바뀌었을 수도 있겠다.

사람의 인성은 잘 안 바뀐다. 대통령이 된 이재명은 공개된 회의에서 공공기관장들에게 면박 주는 풍경을 종종 연출하고 있다. 때론 구둣발보다 입에서 나오는 말이 더 아플 수도 있다는 생각이 든다. 장영하의 책은 동네 도서관에 가면 어디에서나 찾아볼 수 있다.

백종선, 이 성질머리 더러운 부하는 2011년에 이재명을 비판한 한나라당 시의원 이덕수에게 "××새끼야~ 눈알을 파버린다"

라는 등의 욕설을 해서 벌금 100만 원을 선고받기도 했고, 2013년에는 택시 기사를 바닥에 넘어뜨리고 머리와 얼굴을 마구 때린 다음 경찰관에게 욕설을 퍼붓고 파출소에서 난동을 부린 혐의로 징역 6개월에 집행유예 1년을 선고받기도 했다.[72]

이기인도 장영하에 버금가는 이재명 전문가다. 이기인은 성남시의원으로 이재명의 일거수일투족을 지켜봤다. 그는 시의회 활동을 하면서 이재명 측근들과 종종 부딪쳤다. 이재명은 측근 관리에도 철저했다. 이기인이 보기에 이재명은 기여만큼의 보상을 반드시 해줬다. 성남시민에게 보상은 받아들이는 처지에 따라 극단적으로 나타난다. 이익을 얻는 사람은 덕으로 받아들인다. 이익이 없으면 악덕이나 배신으로 여길 수 있다. 정치인의 보상은 덕이면서 악덕이자 배신이다. 백종선은 이런저런 구설에 오르내리면서 이재명 곁을 떠나게 된다. 그것으로 끝이 아니었다. 이재명은 보상에 대해서 철저한 편이다. 백종선은 가수 백아연의 아버지다. 이기인은 백종선 내보낸 다음 그의 부인을 채용했다고 『성난 시민』에서 썼다.

2017년 9월 무상교복 예산이 부결되자 이재명은 자신의 페이

---

72) 『성난 시민』, 이기인·정인성 지음(도서출판 답, 2024.1), 295쪽.

스북을 통해 '무상교복 네 번째 부결한 성남시의원들이십니다'라는 제목의 글을 올렸다.

명단에는 나의 이름이 제일 처음 올라가 있었다. 그리고 "더구나 출산장려금 1억 원 지원 조례를 추진하던 사람들이 교복 지원 30만 원은 4번씩이나 부결하며 죽어라 반대하니 이해할 수 없다"라며 이재명답게 마무리했다.[73]

국회의원은 대한민국을 대표한다. 경기도의원은 경기도를 대표한다. 성남시의원은 성남시를 대표한다. 자신의 지역구만을 대표한다는 게 아니라는 얘기다. 우리가 알고 있는 상식이다. 헌법 정신이기도 하다.

성남시장 이재명은 종종 이런 방식으로 대응했다. 자신은 좋은 일하려고 하는데 성남시의회가 발목을 잡는다는 항변이다. 여기서 지목하는 성남시의회는 주로 보수 정당 소속 의원을 말한다. 이재명은 무상 교복 찬성과 반대를 갈라 대응했다. 이재명에게 무상 교복 찬성은 좋은 쪽이고 반대는 나쁜 쪽이다. 이런 구분은 이재명 정치의 기본 골격이다. 자신에게 반대하는 쪽은 철저하게 배제의 대상이 된다. 경기도지사 땐 이런 갈등은 그리 크지 않았다. 경기도의회가 민주당의 압도적 다수로 구성됐기 때문이

---

73) 『성난 시민』, 이기인·정인성 지음(도서출판 답, 2024.1), 214~215쪽.

다. 반대할 자유한국당 소속 도의원은 2018년 지방선거에서 거의 전멸하다시피 했다.

전화받은 서민 "협박으로 들려"

서점에 가면 놀랄 때가 한두 번이 아니다. 별의별 책의 제목 때문이다. 세상을 통째로 옮긴 것 같은 온갖 제목들에 주눅이 든다. 내가 쓰는 책은 이들과 어깨를 견주며 판매대에 오를 수 있을까. 숨이 턱하고 막힌다. 그 많은 책 중에서 조국흑서도 조국백서도 있다. 조국흑서라는 별칭이 붙은 책은『한번도 경험해보지 못하는 나라』이다. 강양구, 권경애, 김경율, 서민, 진중권 다섯 명이 함께 썼다. 이 글이 나온 건 2020년 8월경이다. 비슷한 시기에 조국 지지자들이 조국백서를 내놓았다. 이것도 원래 이름은『검찰개혁과 촛불시민』이다. '조국백서추진위원회'가 저자이다. 조국백서가 3주 정도 먼저 나왔고 조국흑서가 뒤따랐다. 둘 다 책의 제목이 길다 보니 줄여서, 그리고 흑서와 백서로 비교해서 쓰게 되었다. 조국흑서는 조국 사태의 원인을 재미있고 알차게 분석했다. 이 책은 베스트셀러로 꽤 많이 팔려나갔다. 덩달아 다섯 명의 저자도 언론에 자주 오르내리며 인기를 끌었다. 공동 저자인 서민이 이재명에게 직접 전화를 받고 무서워했다는 글도 들어있다. 김경율은 서민과 나눈 대화의 내용을 공개했다.

대선을 앞둔 2022년 2월 말, 기생충 박사 서민 형이 공포에 질려 전화를 한 적이 있다. 이재명이 자기한테 직접 전화를 걸었다는 것이다.

김경율 "받지 말지 그랬어."

서민 "안 받았더니 문자를 보내더라고. 거기에 답을 하니까 바로 전화가 왔는데, 어떻게 안 받아."

김경율 "뭐라고 그랬어?"

서민 "내가 자기편이 아닌 게 아쉽다고, 근데 난 이게 왜 협박으로 들리지?"[74]

민주당은 2020년 4월 총선에 크게 이긴 후 삽시간에 추락했다. 그해 가을은 민주당에 역동적인 시기였다. 다섯 명의 작가는 조국흑서에서 586을 거세게 비판했다. 이재명에 대해선 다소 호의적인 입장이었다. 책의 출간 시기가 2020년 8월이고 당시 이재명은 경기도지사로 일하고 있었다. 이재명은 2017년 민주당 대선후보 경선에 나가 전국적인 인지도를 쌓은 뒤였지만 대선주자 선호도에서 이낙연에게 밀리고 있었다. 이낙연은 총선을 압승으로 이끌고도 그해를 못 넘겼다.

민주당은 그 이듬해 4월 재보선에서 완패했다. 이재명은 1월

---

74) 『맞짱』, 김경율·서민 지음(천년의상상, 2022.11), 115~116쪽.

께 민주당 대선주자 1위로 올라선 뒤 선두를 놓치지 않았다. 대선 열흘 전에 이재명은 서민에게 전화를 건 것이다. 그 바쁜 와중에 전화를 걸다니. 이재명의 내면세계는 이해할 수 없는 것도 있다. 전화를 받은 사람이 협박이라고 느낀다면 그건 진짜 협박이 아닌가.

12·3 '계엄 사태'로 이재명은 윤석열과 대결에서 사실상 승리했다. 만약 윤석열이 국회를 장악했다고 해도 계엄 상태가 유지됐을까. 난 그렇지 않다고 생각한다. 계엄 해제는 시간문제였을 뿐이다. 만약 군대를 더 동원했다고 해도 결과는 달라지지 않았을 것으로 본다. 이재명은 미시 파시즘으로 승리를 거머쥐었다. 여기서 간과해선 안 될 게 하나 더 있다. 이재명의 승리 뒤엔 소년공 생활이 있었다. 소년공 생활은 지옥이라고 여길 만큼 큰 고통이다. 고통은 창조의 원천이고 성장의 동력이다. 이재명 내부의 근원적 힘이고 진실이다. 공신 서열로 따지자면 탁월한 1등이다. 이재명의 승리는 곧 이재명의 기여가 가장 컸다.

니체는 고통이야말로 창조의 원천, 성장의 동력이라고 말한다. 거기서 우리는 니체 철학의 본질을 확인할 수 있을 뿐만 아니라 우리의 고통이 우리 내부의 근원적 힘이라는 진실을 느낄 수 있다. 고통이 우리를 우리 이상의 존재로 창조한다고 니체는 말

한다.[75]

　보수는 이재명을 잘 모른다. 이재명의 고통이 그의 권력의지의 원천이라는 사실을 알지 못한다. 사람은 누구든 고통은 있다. 이재명처럼 극단의 고통을 겪은 사람은 많지 않다. 고통 없이 자란 사람들은 대개 창조의 원천, 성장의 동력을 찾는 데 애를 먹는다.

　윤석열이 대통령 되는 과정과 비교해보자. 윤석열은 먹고 살기는 물론 공부하기 좋은 환경에서 자랐다. 윤석열 내부의 근원적인 힘과 진실은 과연 있을까. 있다면 무엇일까. 있다고 하더라도 절박하지 않았다. 사법시험 9수 정도가 거의 유일한 고통이라면 고통일까. 고통이라기보다는 운이 따르지 않았거나 게을렀거나 둘 중의 하나다.

　비상계엄 선포 과정을 보면 윤석열의 심리 상태를 미루어 짐작할 수 있다. 비상계엄은 헌법 규정에 있다. 검사는 헌법과 법률을 최대한 해석한다. 시행령이나 시행규칙 외에 온갖 부처와 기관의 고시나 기준을 이용하여 권한을 최대한 쓴다.

　윤석열은 헌법에 계엄 선포 규정이 있으니까 검사 때처럼 따라 했을 거다. 윤석열의 말대로 경고용 계엄일 수도 있다. 동원된

---

75) 『니체 극장』, 고명섭 지음(김영사, 2012.6), 577~578쪽.

군대 규모와 엉성한 전개 과정을 보면 그럴 수도 있다는 얘기다. 윤석열이 놓친 것은 헌법 정신이다. 계엄 자체가 헌법을 위반한다는 사실을 알아채지 못했다. 고통 없이 자라 운 좋게 대통령이 된 윤석열의 결말은 안타깝다. 보수가 놓친 것은 그런 윤석열의 내면세계다.

국회 폭주, 국정 불능 몰아

12·3 '계엄 사태'는 그해 12월 2일과 연관이 있다. 2일은 국회의 내년도 예산안 처리를 법으로 정한 날이다. 이것은 매년 거의 같다. 이듬해 예산을 적어도 30일은 말미를 두고 확정하자는 뜻이다. 정부에게 예산을 쓸 준비 시간을 주자는 의도다. 정기국회를 1주일가량 앞둔 시기이다. 이에 앞서 민주당은 11월 29일 예산결산특별위원회에서 내년도 예산안을 일방적으로 처리해 본회의로 넘겼다. 본회의로 넘어온 예산안은 황당하고 충격적이었다. 민주당은 민생·치안·미래 예산을 무분별하게 잘라 냈다. 일부 언론에서 이를 빗대 '망나니짓' 수준이라고 평가했다. 민주당은 국회 제도를 활용한 폭력적인 행태를 벌인 것이다. 12월 2일 본회의는 여당과 야당이 합의를 이루지 못하면서 열리지 않았다. 윤석열의 비상계엄은 예산안 처리 시한 다음 날 밤늦게 선포됐다. 윤석열은 민주당의 예산 폭거를 이유 중의 하나로 들었다.

민주당이 밀어붙이는 예산안은 정부 원안 677조 4,000억 원에서 4조 1,000억 원의 감액만 반영한 것이다. 대통령비서실·국가안보실의 특활비(82억 원), 검찰 특경비(506억 원)·특활비(80억 원), 감사원 특경비(45억 원)·특활비(15억 원), 경찰 특활비(31억 원) 등을 전액 삭감했다. (…) 반면, 국회 특활비 9억 8,000만 원과 특경비 185억 원은 원안대로 전액 챙겼다. 국회 관련 예산부터 먼저 전액 삭감하면 망나니 소리는 듣지 않을 것이다. 낭비 소지가 있다면 다른 방법으로 감시하는 게 옳다.[76]

예산 삭감은 쉽고 증액은 어렵다. 대한민국 국회는 예산을 자유롭게 깎을 수 있다.

예산 증액은 그 반대다. 늘리려면 정부의 승인이 필요하다. 정부가 동의하지 않으면 야당 국회의원이 아무리 많아도 예산을 늘릴 수 없다. 까다로운 예산 제도는 논란도 있다. 미국은 아예 국회가 예산의 편성 권한을 갖고 있다. 우리 국회는 예산의 심의 권한만 있다. 예산으로 한정하면 우리 국회의 권한은 반쪽이다. 국회의원은 국민과 지역구 주민의 현안 해결 요구에 민감하다. 현안을 처리하려면 예산이 필요하다. 예산 제도를 꼼꼼하게 마련하지 않으면 국가 재정은 브레이크 없이 늘어날 수도 있다. 반쪽 국

---

76) 「대통령실·검찰 0원, 국회 194억… 巨野의 '예산 망나니짓'」, 〈문화일보〉 2024년 12월 2일.

회라는 비판도 있지만 적절한 예산통제라는 순기능도 있다.

특활비는 특수활동비의 준말이다. 말 그대로 특수활동에 쓰는 돈이다. 영수증 처리가 어려운 정부 예산이나 대통령이 주는 격려금, 경찰이나 검찰의 정보활동에 들어가는 돈이다. 특수활동비도 막 쓰는 돈은 아니다. 기관마다 쓰는 곳이 정해져 있다. 과거 하던 대로 관행을 따른다.

특경비는 특수목적경비를 말한다. 마약 수사와 같은 특수목적에 쓰는 돈이다. 수사관들의 출장 때 사용하는 교통비나 숙식비도 여기에 해당한다. 특활비와 특경비는 영수증이 없다는 점에서 논란이 돼왔다. 그래도 꼭 필요한 예산이다. 민주당의 주요 기관의 특활비와 특경비 삭감은 국정 마비도 불사하겠다는 거로 비쳤다.

민주당은 예비비도 4.8조 원에서 절반을 깎은 2.4조 원으로 줄였다. 예비비는 사용처를 정하지 않은 예산이다. 예상할 수 없는 재난과 재해가 닥쳤을 때 긴급히 편성해서 쓰는 돈이다. 민주당의 예산 폭력은 윤석열 '12·3 계임 사태'의 한 빌미를 준 것으로 볼 수 있다.

2017년 3월 10일과 2025년 4월 4일은 보수에게 치욕의 날이다. 8년을 사이에 두고 되풀이된 비극이다. 하긴 누군가에겐 비극이지만 또 누군가에겐 희극이 되기도 하니. 하필이면 4월 4일이었을까. 보수 유튜브 중심으로 헌법재판관 의견이 4 대 4가 되어 부결될 것이란 전망이 확산했다. 재판관 정원은 9명이고 6명의 찬성을 얻어야 탄핵은 인용된다. 당시 헌재는 8인 체제였다. 찬성과 반대가 같으면 부결된다. 아무런 논리적 근거가 없는데도 4일로 헌재의 탄핵 판결이 예고되면서 부결 소문이 퍼졌다.

지금 생각하면 헛웃음밖에 나오지 않지만 그땐 그랬다. 이재명에겐 4월 4일은 사실상 '최후 승리'의 날이다. 대선은 두 달 후인 6월 3일이었다. 이재명은 이날 승리한 것이다. 박근혜 탄핵에 이어 대한민국 역사상 두 명의 대통령 탄핵을 이끌었다.

누구도 못 했던 일을 이재명 주도로 해냈다. 대통령을 탄핵하면 그때 생긴 에너지가 있다. 보수가 아무리 잘해도 탄핵당한 정당의 소속 대선후보에게 표를 주기는 어렵다. 보수는 꼬이고 또 꼬였다. 잘해도 될지 말지인데 스스로 기회를 걷어차 버렸다. 첫 오발탄은 부장판사 지귀연이 쏘아올렸다. 그는 2025년 3월 7일 구속을 취소하고 윤석열을 석방했다. 여론은 들끓었다. 탄핵 후 대선 과정에서도 국민의힘은 연신 헛발질을 해댔다. 무리하게 한덕수를 대선후보로 옹립하려다 실패했다. 경쟁력 있는 오세훈, 홍준표, 한동훈은 차례로 나가떨어졌다. 이재명은 6월 3일이 오기도 전에 이미 이겼다.

피청구인이 수립한 주요 정책들은 야당의 반대로 시행될 수 없었고, 야당은 정부가 반대하는 법률안들을 일방적으로 통과시켜 피청구인의 재의 요구와 국회의 법률안 의결이 반복되기도 하였습니다. (…) 국회는 소수의견을 존중하고 정부와의 관계에서 관용과 자제를 전제로 대화와 타협을 통하여 결론을 도출하도록 노력하였어야 합니다.[77]

헌법재판소는 윤석열 탄핵 판결문에서 야당의 행태도 지적했다. 그때 야당은 민주당이다. 무차별 탄핵, 예산 삭감, 법률안 일방 통과를 지적했다. 관용과 자제가 빠진 국회를 비판했다. 여기서 국회는 민주당이 주도하며 힘으로 밀어붙이는 국회다. 헌재는 야당의 미시 파시즘적 행태들을 적나라하게 나열했다.

정청래 지도부의 정치 언어에는 평화롭게 공존하고 평등하게 자유로울 수 있는 길이 닫혀 있다. 배제하고 파괴하려는 열망이 그들을 압도한다. 그들의 입에서 나오는 말은 첫째도 처벌, 둘째도 처벌, 셋째도 처벌이다. 그럴 거면 정치도 없애고 의회민주주의도 폐지하고 민주당을 공안위원회로 만들어 국가를 통치하면 될 일이 아닐까 싶기도 하다.[78]

진보언론은 보수가 집권했을 때 읽을 내용이 더 풍부하다. 정부와 여당을 비판할 때도 날카롭다. 진보언론은 진보가 집권하면

---

77) 「윤석열 탄핵 판결문 전문」,〈헌법재판소〉 2025년 4월 4일.
78) 「민주당이 만들려는 세상」,〈경향신문〉, 2025년 11월 30일.

칼날이 무뎌진다. 웬만한 흠결은 대충 넘어가는 관성이 생긴다. 심하면 읽을 게 별로 없다는 생각이 들 때도 있다.

보수언론도 마찬가지다. 진보가 집권하면 읽을거리가 풍부하다. 보수가 집권하면 칼날이 무뎌진다.

경향신문은 이런 관행을 종종 깬다. 박상훈의 글은 신랄하다. 정치도 국회도 없애고 북한처럼 공안위원회로 가라는 냉소를 날린다.

이재명과 586은 양비론을 더 싫어한다. 그들에게 내 편이 아니면 적이다. 그들은 박상훈 투의 글에 몸서리친다. 내 편인 줄 알았는데 적보다 더하다고 말한다. 경향신문과 박상훈이 걱정된다. 586의 미시 파시즘은 오늘도 진행형이다.

Chapter 3

대통령
또는 혁명가,
홍 대리 리더십

국정과 혁명,
정의와 복수의 혼재

혁명은 아름답다. 혁명은 꿈이다. 이재명은 스스로 혁명가라고 생각한다. 혁명은 집권 세력을 강제로 끌어내리는 것이다. 혁명은 끌어내린 세력이 집권하는 것이다. 이재명은 이제 대통령이 됐다. 대통령은 국정을 책임져야 하는 사람이다. 대통령이 된 후 혁명에 대한 이재명의 꿈은 어떻게 됐을까. 그에게 혁명과 국정은 동전의 앞뒷면이다. 혁명의 완수가 곧 자신의 임무라고 생각한다.

이재명은 2024년 12월 14일 국회의 '윤석열 탄핵소추안 가결'을 빛의 혁명이라고 규정한다. 그를 이해하려면 '이재명의 빛'을 알면 된다. 이재명에게 윤석열 탄핵은 1980년 5·18이다. 2016년

12월 박근혜 탄핵이다. 1894년 동학농민혁명이다. 네 가지 혁명 중 5·18과 동학은 미완의 혁명이다. 촛불과 윤석열 탄핵은 완성된 혁명이고 이재명이 주도했다. 그에게 네 가지 혁명은 같은 무게감과 성격을 갖고 있다. 네 가지 혁명의 공통점은 비기득권과 기득권의 대결이다. 비주류와 주류의 싸움이다. 정의와 부정의 결투다. 빛과 어둠의 전쟁이다. 정치에선 민주당과 국민의힘의 물러설 수 없는 전면전이다.

1980년 불의한 권력이 철수한 찰나의 광주에서 우리 모두가 꾸었던 꿈, 함께 사는 '대동 세상'의 꿈은 2016년 촛불혁명을 지나, 2024년 '빛의 혁명'으로 이어지고 있습니다. 1894년 우금치 고개를 넘지 못한 동학농민군의 꿈은 2024년 마침내 남태령을 넘었습니다.[79]

혁명은 근본과 구조의 변화를 뜻하는 말이다. 봉건사회가 사회주의로 바뀌는 것이 혁명이다. 1917년 러시아 혁명이 그랬다. 왕의 통치가 공화제로 탈바꿈하는 게 혁명이다. 프랑스혁명이 이런 경우다. 2016년 촛불혁명은 근본과 구조의 변화가 없었다. 혁명이 아닌 정치권력의 교체이다. 그땐 집권 세력이 새누리당에서

79)『결국 국민이 합니다』, 이재명 지음(오마이북, 2025.4), 208쪽.

민주당으로 바뀌었을 뿐이다. 문재인은 노무현의 유산을 대표했던 탓에 손쉽게 권력을 잡았다.

작살은 이재명의 별명이다. 이재명에게 혁명은 작살이다. 작살은 쓸어버리는 것을 의미한다. 작살의 대상은 기득권과 보수와 국민의힘이다. 이재명에게 대동 세상은 함께 사는 세상이다. 그의 대동 세상은 작살 이후의 세상이다. 이재명이 윤석열 탄핵을 빛의 혁명이라고 부르는 건 기득권 보수의 완전 교체를 꿈꾸고 있어서다.

'김어준의 파파이스'라는 인터넷 방송에 출연했을 때 "만약 대통령이 되면 제일 먼저 뭘 하겠느냐?"라는 질문에 "작살부터 내야죠"라고 대답했더니 금세 '작살'이란 별명이 붙었다.[80]

체 게바라(1928~1967)는 낭만적인 혁명가다. 586이 우상으로 삼는 혁명가 중의 한 사람이다. 한때 그의 얼굴과 이름이 새겨진 티셔츠가 20~30대 가운데 큰 인기를 끈 적도 있다. 아르헨티나 출신인 그는 명문대 의대를 졸업한 의사다. 멕시코에서 망명 중이던 피델 카스트로(1926~2016)를 만나 쿠바 혁명에 합류했다. 농촌 마을을 통과하며 쿠바의 수도 아바나로 진격할 때 체 게바

---

80) 『이재명은 합니다』, 이재명 지음(위즈덤하우스, 2017.2), 149쪽.

라는 가난한 사람들을 치료하며 민심을 얻는다. 아바나는 손쉽게 함락된다.

쿠바 혁명은 마오쩌둥의 대장정을 떠올리게 하는 민심과의 전쟁이었다. 1959년 혁명이 성공한 뒤 쿠바의 재무장관을 지내기도 했던 그는 영원한 혁명가의 길을 선택한다. 볼리비아 내전에 개입한 그는 반군으로 참전했다가 체포되어 총살된다. 그의 나이 39세 때이다. 체 게바라는 죽고 나서 영화로, 책으로, 전설로 살아났다. 영웅의 서사로 다시 탄생했다. 혁명은 체 게바라의 서사처럼 아름답지 못하다. 쿠바 혁명 과정과 뒤이은 반란 진압 과정에서 수만 명이 죽었다.

러시아 혁명은 수천만 명을 죽음으로 내몰았다. 마오쩌둥의 문화대혁명(1966~1976)에서 죽은 사람은 헤아릴 수도 없다. 프랑스혁명은 엉뚱하게 '전쟁의 신' 보나파르트 나폴레옹을 낳았다. 나폴레옹은 유럽 전체를 전쟁의 도가니로 몰아넣었다. 전쟁의 신이라고 해도 프랑스에서만 수백만 명의 죽음을 막지 못했다.

『삼국지』의 「위지」를 보면 '억강부약(抑强扶弱)'이란 말이 나온다. 강한 자를 억누르고 약한 자를 돕는다는 뜻으로, 흔히 정도 정치의 근본을 의미한다. 이와 반대로 '부강억약(扶强抑弱)'이라는 말도 있다. 백성 위에 군림해 권력을 휘두르는 전제 군주들의 정치 행태가 여기에 해당한다. (…)

흔히 '이명박근혜 정부'로 불리는 가짜 보수 정권은 그동안 부자 감세를 내세워 재벌들의 부를 축적하게 하고, 중산층까지도 서민층으로 끌어내림으로써 '빈익빈 부익부'의 현상을 극대화시켜왔다. [81]

빛의 혁명은 진행형이다. 이재명은 집권 6개월 후에도 빛의 혁명은 완수되지 않았다고 했다. 아직 할 일이 남아 있다는 뜻이다. 대동 세상은 억강부약과 닿는다. 대동 세상으로 가려면 억강부약의 단계를 거쳐야 한다. 억강부약은 이재명이 꽂힌 말 중의 하나이다. 이 말은 이재명이 직접 썼거나 그를 다룬 책을 보면 곳곳에 나타난다. 발에 차일 정도라고 해도 될까 싶다. 아마도 소년공 생활의 강력한 경험 때문이리라.

이재명의 억강부약은 노동자, 서민, 비주류 주도의 세상을 만들자는 것으로 비친다. 그가 이명박과 박근혜를 싸잡아 비판하는 이유는 두 가지다. 하나는 재벌의 부를 축적하게 도와줬다는 주장이다. 또 하나는 경제적 양극화 심화다. 두 가지 모두 근거가 약하고 허무맹랑한 주장이다. 이명박은 2008년 금융위기를 세계에서 가장 먼저 극복했다. 박근혜는 노인 연금을 처음으로 도입했다. 진보 정부가 못한 일이다. 이명박과 박근혜 땐 집값도 안정

81) 『이재명은 합니다』, 이재명 지음(위즈덤하우스, 2017.2), 159쪽.

적 흐름을 유지했다. 한국의 재벌은 이젠 대한민국 경쟁력의 핵심 원인으로 재조명되고 있다. 이명박과 박근혜에 대해 욕만 죽어라 하다가 그 열매를 따먹고 있는 사람이 바로 이재명이다. 자산 양극화와 소득 양극화는 지금이 훨씬 심각하다.

노무현은 너무 착해서 참극 당해

노무현이 남긴 유산은 적지 않다. 토론에선 재치와 유머가 자연스럽게 튀어나왔다. 그때 나온 말들이 유행어가 된 게 적지 않다. 노무현은 선거운동 과정에서 처가 쪽의 좌익 이력이 불거진 적이 있다. 노무현은 "마누라를 버리라는 말이냐?"로 응수했다. 정치 용어론 프레임 전환 전략인 셈이다. 좌익 이력을 부부간의 사랑으로 순식간에 치환해 버렸다. 전략인지 계산인지 알 수 없지만 노무현의 천진난만한 대응은 되레 점수를 따곤 했다. 계급장 떼고 토론하자는 말은 지금도 정치인들이 즐겨 쓴다. 노무현은 검찰개혁에 반발하는 검사들과 계급장을 떼고 토론했다. 검사들의 반발이 도를 넘자 "이쯤 되면 막가자는 거죠?"란 말을 남기기도 했다. 이재명은 그런 노무현을 순진한 사람이라고 생각한다. 순진하게 대응해서 참극을 불렀다고 본다. 어설픈 관용과 용서가 문제라는 시각이다. 대통령 당선 후 이재명은 내란에 대해서 통합과 봉합은 다르다고 늘 강조했다.

그는 SNS에 "내가 노무현 대통령을 보면서 타산지석으로 배운 게 있다. 노무현 대통령은 너무나 착해서 상대방도 나처럼 인간이겠거니 믿었다. 하지만 그들은 인간이 아니다. 지금의 한국 사회의 혼란은 어설픈 관용과 용서가 부른 참극이다."라는 날카로운 말을 남길 수 있었던 것이다. 82)

인간이 아니란 단정만큼 무서운 말이 또 있을까. 『2021·2022 이재명론』은 2022년 대선을 앞두고 나왔다. 전문가 16명이 참여했다. 노무현에 대한 평가를 읽다 보면 소름이 돋는다. 여기서 말한 상대방은 누구일까 궁금하다. 당장 노무현을 죽음으로 몰고 간 검찰이 생각난다. 이명박 정부 때 일이니 아마도 이명박을 필두로 한 청와대와 정부 관계자들도 한통속이 될 수 있다. 여당인 한나라당도 폭넓게 상대방이 될 수 있다.

나는 그때를 생각하면 두 가지가 떠오른다. 눈부신 봄날이었다. 아침 일찍 속보가 떴다. 처음엔 투신, 자살이란 제목의 기사들이 온라인에 올랐다. 몇 시간 지나지 않아 '서거'로 바뀌었다. 안타까운 소식은 며칠 전에 일어났다. 검찰의 소환 요구에 노무현은 김해에서 전세버스를 타고 서울까지 긴 거리를 이동했다. 그 풍경은 생생하게 중계됐다. 나는 그 장면을 보고 큰 충격을 받

---

82) 『2021·2022 이재명론』, 김윤태·장동훈 외 14명 지음(간디서원, 2021.7), 82쪽.

았다. 전직 대통령을 왜 그렇게 취급해야 하나. 방문해서 조사한다든지 충분히 예우해도 되는 거였다. 노무현은 아마도 치욕을 느꼈을 수 있다. 검찰의 잔인한 수사행태는 노무현의 비극으로 이어졌다. 그때 검찰은 무식하기 짝이 없고 나쁜 놈들이 맞다.

정의와 복수의 동일시

검찰은 인간이 아니다. 이런 등식이 성립한다면 해결책은 단 하나다. 인간이 아닌데 왜 대화와 협력이 필요하겠는가. 단지 배제와 극복의 대상일 뿐이다. 검찰 증오는 그의 사법 리스크에서 시작된 게 아니었다. 이재명의 오랜 소신에서 비롯된 것이다. 문제는 상대방이 검찰에만 그치지 않는다는 사실이다. 상대방은 검찰 말고도 이명박, 한나라당까지 포괄한다는 생각에 이른다. 어떨 땐 보수와 기득권 전체로 넓어지기도 한다.

이재명의 전쟁은 여전히 진행되고 있다. 역사는 종종 아이러니를 부른다. 노무현의 비극이 단지 참극으로 끝난 건 아니다. 그의 선택은 결과적으로 친노의 부활로 이어졌다. 친노의 핵심은 586이다. 이듬해 치러진 지방선거에서 친노가 대거 귀환했다. 강원도지사 이광재, 충남지사 안희정, 경남지사 김경수가 당선됐다. 단체장은 셀 수도 없을 정도다. 노무현이 들어간 경력을 걸면 당내 경선은 대부분 무사통과했다.

민주당은 서울, 인천, 경기와 같은 수도권 기초단체장 선거에서도 큰 승리를 거둔다. 노무현 효과는 여기서 멈추지 않았다. 2012년 대선에서 노무현 정부 마지막 비서실장이었던 문재인이 후보로 선출된다. 민주당은 그해 대선에선 졌지만 2016년 총선, 10월부터 시작된 촛불 정국, 그 이듬해 박근혜 탄핵과 문재인 대통령 당선까지 노무현 효과가 길게 이어졌다.

말엔 가치나 지향이 담겨 있기도 한다. 어떤 말은 사람에게 호감을 주기도 하고 어떤 말은 비호감을 준다. 특검과 검찰은 서로 다른 의미를 준다. 특검은 특별검사를 줄인 말이다. 특검은 좋은 것이고 검찰은 나쁘게 인식된다. 특검은 정치 중립을 상징하고 검찰은 정치 편향을 대표한다. 특검에선 공정이 연상되고 검찰에선 불의가 풍긴다. 특검에선 원칙 수사가, 검찰에선 별건 수사가 떠오른다. 여론조사를 하면 이런 어감 때문에 특검이 백전백승한다.

검찰은 정권마다 정치 중립 훼손 시비를 낳았다. 검찰은 임기 말이 되면 정권 비리 수사를 열심히 했다. 권력의 힘이 빠지면 비판 공세를 피해 나갈 수 있다. 정권교체가 이루어지면 새로운 권력의 공신 반열에도 올랐다. 하이에나 습성이란 말이 항간에 돌기도 했다. 하이에나는 썩은 고기를 먹는다. 검찰의 한물간 권력 수사를 빗댄 말이다. 검찰의 권력 수사는 거의 매번 같은 패턴을

되풀이했다.

정의는 복수의 본능이 발전한 것이다. [83)]

복수의 정신. 나의 벗이여! 이것이 인류가 오늘날까지 이르는 동안 최상의 성찰이었다. (…) 복수는 그 양심에 거리낌이 없는 것을 과시한다. [84)]

니체의 『권력에의 의지』는 메모를 한 권의 책으로 묶은 것이다. 『권력의지』라고 부르는 게 맞다는 주장도 있다. 그는 메모를 모아 권력의지를 완성하려고 했었다. 그는 메모만 남긴 채 미쳐버렸다. 이 책은 니체가 죽은 후 그의 여동생이 발간했다. 메모의 길이는 제각각이다. 여러 버전의 번역본이 출간됐다.

이재명 정치의 특징은 정의와 복수의 혼재다. 니체의 철학은 이재명 정치를 이해하는 데 도움이 된다. 니체는 복수의 정신을 나의 벗이라고 찬양했다. 최상의 성찰이며 양심에도 거리낌 없다고 했다. 니체에게 정의는 복수의 본능이 발전한 것이다. 대통령이 된 이재명이 맨 처음 시작한 것은 검찰 폐지와 기획재정부 쪼

---

83) 『권력에의 의지』, 프리드리히 니체 지음, 이진우 옮김(휴머니스트, 2023.9), 234쪽.
84) 『차라투스트라는 이렇게 말했다』, 프리드리히 니체 지음, 강두식 옮김(누멘, 2018.3), 198쪽.

개기다.

　이재명은 수십 년 동안 검찰과 맞섰다. 노무현을 죽게 만든 검찰은 인간도 아닌 집단이다. 검찰 폐지는 복수이자 정의의 실현이다. 기획재정부는 이재명의 핵심 정책인 지역화폐와 기본사회를 일관되게 반대했다. 기획재정부 해체는 복수이자 정의의 실현이다. 3대 특검, 2차 특검, 내란재판부의 설치도 국민의힘과 기득권 세력을 겨냥한 것이다. 이재명의 복수는 곧 정의 실현의 수단인 셈이다.

마음속엔 혁명의 열정

　여순사건엔 대한민국 현대사가 압축되어 있다. 1948년 10월 19일 일어났다. 대한민국 정부 수립 후 두 달 만에 벌어진 일이다. 군 내부의 남조선노동당 세력이 주도한 무장봉기를 국군이 진압한 사건이다. 1년 전 4월 3일 '4·3 사건'이 일어난다. 4·3 사건이 마무리되지 않고 길어지면서 여수·순천에 주둔한 국방경비대에게도 출동 명령이 내려진다. 제14연대 장병 2,000여 명은 명령을 거부하고 봉기한다. 무장 반란을 일으킨 것이다. 그들은 동료 경비대는 물론 경찰·우익 인사들까지 살해한다. 이들은 북한의 인민공화국 수립을 찬양한다. 그리고 막 수립된 정부의 전복을 시도한다. 이들은 군 명령의 부당성 여부를 떠나 반란군이었다. 국회는 2021년 '여순사건특별법'을 제정했다. 문재인 정부 때다. 지금은 특별법에 따라 희생자 추모를 진행하고 있다.

이재명은 19일 여순사건 77주년을 맞아 SNS에 올린 글에서 "국방경비대 제14연대 장병 2,000여 명이 제주 4·3사건 진압 명령을 거부했는데, 국민에게 총부리를 겨눌 수 없었기 때문"이라고 했다. 이 대통령은 군의 출동 지시를 "부당한 명령"으로 규정하면서 "그에 맞선 결과는 참혹했다"고 했다. "국가 폭력으로 인한 희생자"라고 해 반란 진압 작전을 폭력인 양 묘사했다.[85)]

역사적 사건엔 다양한 조명이 필요하다. 대통령이 정부 반대 폭동을 미화하고 국가 폭력을 매도하는 건 문제가 있다. 자칫 대한민국 정통성의 부정으로 비칠 수도 있다.

여순사건은 박정희와도 연관되어 있다. 박정희는 친일뿐만 아니라 공산주의자로도 알려졌다. 박정희가 남조선노동당에 가입한 건 그의 형 박상희와 관련이 있다. 박상희는 1947년 대구의 '10월 폭동'에 휘말려 경찰에 사살당한다. 박정희는 여순사건 40일 후 체포된다. 당시 그는 소령이었다. 박정희는 군사재판에서 무기징역을 선고받는다. 군검찰은 사형을 구형했지만 감형됐다.

---

85) 「희생자 추모 넘어 여순반란 正當化는 정부 정통성 좀定」, 〈문화일보〉 2025년 10월 20일.

박정희는 만주국군관학교 출신인 백선엽과 정일권의 도움으로 형을 면제받고 풀려난다. 군복을 벗은 그는 6·25 전쟁이 나면서 다시 군에 복귀한다.

'여순 사건'은 작가 조정래의 『태백산맥』과도 맥이 닿아 있다. 여순 사건 반란군 일부가 지리산으로 들어가 빨치산이 되기도 했다. 1세대 빨치산인 셈이다. 이 글은 주로 6·25 전쟁 후 빨치산 얘기를 다룬 장편 대하소설이다. 이재명이 스스로에게 추천하는 세 권의 책 중 하나다. 이 소설 읽기는 대학생 때 586의 필수코스다. 이 소설은 지리산 일대에 남은 빨치산이 국군과 싸웠던 얘기이다. 빨치산은 전쟁 전인 '여순 사건' 전후부터 전쟁 후 1955년 무렵까지 지리산을 무대로 싸움을 이어간다.

더글러스 맥아더(1880~1964)가 이끄는 유엔군이 인천상륙작전으로 서울을 탈환하고 빠르게 북한으로 진군한다. 인민군은 대부분 전선을 따라 북쪽으로 후퇴한다. 인민군을 도왔던 사람들은 퇴로가 막히면서 고립되고 만다. 이들은 빨치산이 되어 지리산으로 들어간다. 낮에는 산속에 숨어 있다가 밤이 되면 산골 마을로 내려왔다. 식량을 구하거나 토벌대를 습격하기 위해서다.

나의 고향은 전남 곡성이다. 그곳에는 지금도 토벌대가 썼던 주둔지와 비행장의 흔적이 남아 있다. 어렸을 적에 아버지와 순창이 고향인 어머니가 빨치산 얘기를 많이 들려주었다. 곡성과 순창은 지리산과 거리가 있는 곳이지만 밤에는 식량을 구하기 위해 빨치산들이 그 동네까지 왔다고 했다. 빨치산이 내려오고 총 쏘는 소리가 들리면 무서워서 이불을 꼭 뒤집어쓰고 죽은 척할 수밖에 없었다. 낮에는 토벌대와 경찰이 다시 들어와 빨치산에게 협력한 주민들을 잡으러 다녔다고 했다. 밤에는 다시 빨치산 세 상이 되곤 했다.

이재명이 자신에게 추천하는 도서는 『태백산맥』, 『아홉 켤레의 구두로 남은 사내』, 『만인보』세 권이다. [86]

지리산에 숨어든 빨치산은 점점 고립이 심화됐다. 지리산은 남쪽으로 성삼재와 남덕유산 쪽인 육십령을 차단하면 백두대간 을 따라 북한 쪽으로 올라갈 수 없는 고립된 섬이다. 성삼재에서 천왕봉까지 지리산 능선은 대략 50킬로미터(도보거리 기준) 정도 로 길지 않다. 15시간 남짓이면 걸어갈 수 있는 거리다. 대한민 국을 대표하는 무박 2일 산행코스이기도 하다. 지리산은 수십 개 의 계곡이 있다. 계곡 끝의 산골 마을에서 능선까지는 3~4시간 정도 걸린다. 험준한 지형이지만 빨치산이 토벌대를 따돌리기에

---

86) 『이재명의 굽은 팔』, 이재명·서해성 지음(김영사, 2017.2), 102~103쪽.

는 넓은 공간은 아니었던 셈이다. 국군과 싸우게 되는데 이념을 잘 모른 채 합류한 사람도 있다.

『태백산맥』은 빨치산이 된 다양한 사람들의 사연을 알려준다. 이념보다는 어쩌다가 된 사람이 많았다. 북한군을 도운 사람도 있고, 아들이 인민군에 끌려간 사람도 있다. 남편을 찾으러 왔다가 빨치산이 된 여성도 있다. 하나같이 애잔하고 안타까운 얘기들이다. 대한민국 정통성을 생각하면 빨치산은 반대쪽에 있는 무리다. 빨치산은 대한민국 정통성을 정면으로 부정했다. 국군에게 총을 쏜 반국가 세력들이다. 대한민국을 무너뜨리려고 했던 명백히 반란군이다.

『아홉 켤레의 구두로 남은 사내』는 광주대단지에 이주한 사람들의 얘기다. 지금의 성남시 중원구로 이재명의 부친이 안동에서 이곳으로 이사와 자리를 잡았다.

『만인보』는 개인개인의 삶을 다룬 30권의 시집이다. 모두 4,001편에 5,600여 명이 등장한다. 세 권의 책을 관통하는 건 서민들의 애환과 공감, 기득권에 대한 우회적인 증오이다.

주류 교체, 연성 혁명

좋은 말도 너무 많이 들으면 짜증 난다. 피로가 쌓이면서 역효과를 낸다. 내란이란 말은 사람을 기분 나쁘게 하는 말이다. 내란은 2025년의 온·오프 공간을 지배했다. 2026년에도 내란이란 말은 잦아들지 않고 있다. 윤석열의 12·3 계엄 사태 이후 생긴 살벌한 말 풍경이다. 내란은 헌법 84조에 있다. '내란 또는 외환의 죄를 범한 경우를 제외하고는'으로 표기되어 있다. 대통령의 불기소 특권에서 내란과 외환은 예외라는 얘기다. 외환은 쉽다. 외국과 공모해서 국가를 전복하려는 행위를 말한다. 윤석열의 외환죄를 밝히려면 북한과 공모한 사실이 필요하다. 외환죄 특검 수사가 난항을 겪은 이유이다. 내란은 훨씬 복잡하고 또 단순하다. 국가 전복, 헌법파괴, 친위 쿠데타, 반란이나 반역을 망라하는 개념이다. 걸면 다 걸린다고 볼 수 있다.

이재명 정부는 내란극복을 맨 앞에 내세웠다. 내란이 아직도 진행 중이라는 뜻이다. 내란을 꿈꾸는 사람이 여전히 많다는 인식이다. 나는 이재명 정부의 내란극복에는 큰 그림이 담겨 있다고 본다. 정치 전략을 넘어 그들의 대한민국 비전과도 맥이 맞닿아 있다.

이재명은 혁명을 꿈꾸었다. 혁명은 현실에선 이루기 힘든 목표다. 군이 혁명이 필요한지도 지금은 불분명하다. 이재명은 여전히 혁명을 포기하지 않은 것처럼 보인다. 혁명은 기득권 교체로 바뀐다. 기득권 교체는 주류를 바꾸는 일이다. 이것은 일종의 연성 혁명이다.

민주화 기득권 경쟁력의 의문

진보언론의 대표론 '한·경·오'가 있다. 〈한겨레〉, 〈경향신문〉, 〈오마이뉴스〉를 합쳐 이렇게 부른다. '한·경·오'는 이젠 옛말이다. 〈MBC〉, 〈JTBC〉는 훨씬 세다. 〈SBS〉, 〈CBS〉와 〈프레시안〉도 이에 못지않다. 진보나 보수를 막론하고 고유의 방향을 지키는 건 어렵다. 조금이라도 방향을 바꾸면 독자들이 가만두지 않는다. 욕먹는 건 참을 수 있지만 구독 중단은 치명적이다.

언론은 방향을 한번 정하면 끊임없이 'GO'하는 쪽이 많다. 유튜브가 점점 극단적으로 변하는 것도 구독자와 연관이 있다. 유튜브는 수익모델과도 직결되어 있어 더 그렇게 된다. 〈경향신문〉은 진보언론 중에선 재미있는 언론이다. 내용이 재미있다는 게 아니고, 신문의 기조가 그렇다는 얘기다. 진보 색을 유지하지만 '할 말은 한다는 뜻'이다. 진보 정부가 들어서면 진보언론은 대체로 밋밋하다. 정부와 여당 비판에 소극적이다. 정부와 여당을 티 나지 않게 옹호하는 것은 쉽지 않은 일이다.

경향신문은 이럴 때 비판의 칼날을 과감하게 들이대곤 한다. 경향신문을 생각하면 강준만이 떠오른다. 그는 주간경향에도 글을 많이 썼다. 강준만은 1990년대 중반『김대중 죽이기』를 써서 큰 반향을 몰고 왔다. 책의 제목도 인기를 끌었다. 강준만의 글쓰기는 '모두 까기'다. 김대중 살리기로 뜬 진보 작가지만 냉철하게 진보를 비판했다. 정치 양극화의 시대 대한민국에서 '모두 까기'는 종종 '공공의 적'으로 내몰리곤 한다.

윤석열 정권이 실패한 원인 중 하나는 공직자들의 신뢰를 받지 못했기 때문이다. 윤석열은 검찰과 감사원을 앞세워 전임 정부에서 주요 정책을 담당한 공직자들을 탄압했다. 공직자들엔 청렴을 강조하면서 김건희는 명품 가방을 받아 챙겼다. 이재명은 윤석열과 다른 길을 걸어야 한다. 공직자만큼 실력 있는 인재도 없다. 공직자들이 국민에게 헌신하며 신나고 보람차게 일할 수 있는 여건을 만들어야 한다. 김민석은 "절제의 지혜를 발휘하겠다"고 했지만, TF는 지금이라도 접는 게 낫다.[87]

경향신문 사설이다. '헌법 존중 정부혁신 태스크포스(TF)'가 뜬금없다는 내용이다. 헌법 존중이라니 실소가 나온다. 정치에선 반어법이 종종 등장한다. 헌법을 존중하지 않은 세력일수록 헌법을 강조하는 식이다. 이재명 정부와 민주당의 행태는 헌법 존중과 거리가 있다. TF는 대통령 직속기관이나 독립기관을 제외한 49개 전체 중앙행정기관의 공무원을 상대로 내란 가담자를 조사한다. 비상계엄 직전 6개월부터 이후 4개월까지 10개월간이다.

---

87) 「송미령 장관은 왜 살려줬나」, 〈경향신문〉 2025년 11월 19일.

계엄 모의, 실행, 정당화, 은폐 행위를 가려낸다. TF는 3개월간 활동했다.

이재명 정부의 속내는 뻔하다. 맘에 차지 않는 공직자들을 가려내겠다는 뜻이다. 헌법을 존중하지 않았다는 핑계 아래. 이재명은 공직자를 로봇으로 비유하고 자신은 두뇌라고 말하곤 한다. 로봇이야 두뇌가 하자면 따라 하는 부품이 아닌가. 그런 부품을 바꿔서 얻는 이익이 무엇인지 도무지 짐작하기 어렵다.

지는 해가 있으면 뜨는 해도 있다. 권력의 세계에선 극단적으로 나타난다. 대한민국은 두 개의 기득권으로 이루어져 있다. 하나는 산업화 세력과 이를 좇는 사람들이다. 박정희를 원조로 볼 수 있다. 대기업을 중심으로 한 경제계도 뿌리가 같다고 볼 수 있다. 나이로는 70대 이후가 주력이다. 60대 후반도 직간접적인 영향권이다. 지역으론 영남이 중심이다. 영남에서도 대구·경북은 핵심이디. 울산과 부산의 일부, 서부 경남도 경제 쪽으로 대구·경북의 영향을 받는다. 국민의힘과도 연결되어 있다. 다른 하나는 민주화 기득권이다.

김대중을 중심으로 원로 민주화 세력과 586으로 구분할 수 있다. 지금은 586이 권력 전면에 나섰다. 나이로 보면 50대가 중심을 이룬다. 40대가 뒤를 받치고 있는 모양새다. 지역으론 원래 호남이었다. 지금 민주화 기득권은 40~50대를 기반으로 전국으로 세력을 확장한 상태다.

　지금 586 정치 엘리트들은 강남에 아파트를 가진 사람들이라는 거예요. 목동에 아파트를 갖거나. 이들의 물질적 기반은 과거 보수와 다르지 않고 그 자리에 도달하기 위해 그들과 같은 방법을 쓴 거예요. 그래서 조국의 반칙이 그들에게는 반칙으로 여겨지지 않는 것이죠. 그렇게들 살아왔으니까요. 그걸 반칙이 아니라 '아르스 비벤디(ars vivendi)', 하나의 생활양식으로 여기는 겁니다. 그래서 조국을 옹호할 때 그들은 실은 자기를 옹호하고 있었던 것이죠.[88]

　진중권의 말은 재미있다. 유식한 말을 자주 쓴다. 그는 전문가답고 학자답다. 유식한 말을 쓰는 사람은 잘난 체하는 것으로 비칠 수도 있다. 자칫 밉상이 될 수도 있는 말이다. 진중권은 그런 면에서 자기관리를 잘하는 편이다.

　이재명이나 586이 기득권 교체를 표방하는 건 모순이다. 568이야말로 이미 기득권이다. 민주당 국회의원을 보라. 586이 얼마나 많은지. 수십억 원대의 아파트 소유자들도 많다. 김민석 같은 경우는 되레 희귀한 축에 든다. 언론, 노조, 시민사회, 공공기

---

88) 『한번도 경험해보지 못한 나라』, 강양구·권경애·김경율·서민·진중권 지음(천년의상상, 2020.8), 266쪽.

관, 기업까지 586의 손길이 미치지 않는 곳이 별로 없다. 산업화 기득권 세력은 60대 중후반 이상으로 밀려나 있다. 중간엔 산업화 세력도 민주화 세력도 아닌 관료와 전문가 집단이 있다. 이들이야말로 애국 세력이고 능력자들이다. 586은 전문가와 관료 집단을 대신할 수 없다. 그들을 대신하기엔 586은 애국심도 능력도 턱없다.

02

아름다운 지배, 최대치 권력

이재명은 인사권을 중시한다. 그가 쓴 책이나 그를 다룬 책에선 예외없이 인사권 얘기가 등장한다. 큰 비중을 할애하고 있다. 이 글에서도 무게를 두고 얘기를 풀어가겠다. 공무원은 늘공과 어공으로 나뉜다. 늘공은 '늘 공무원'이다. 직업 공무원을 뜻하는 말이다. 어공은 어쩌다 된 정무직 공무원을 지칭한다. 정치권에서 청와대나 중앙 부처에 일시 고용된 공무원이 여기에 해당한다. 공무원은 늘공이든 어공이든 임면권이 다르다. 국회의원 보좌관의 임면권은 국회의장에게 있다. 실제론 국회의원이 맘대로 채용하거나 자른다. 너무 자주 잘라서 종종 문제가 되곤 한다. 대통령의 공무원 인사권은 정무직 임면권, 1급 승진이나 전보, 2급

승진까지 미친다. 직접 해고엔 복잡한 절차가 필요하다. 승진에서 빼고 누구도 원하지 않는 직위로 보낼 수 있다. 사실상 해고를 통보하는 것과 진배없다. 정부의 1급과 2급의 인사권은 사실상 대통령에게 있는 셈이다. 중앙 부처의 직위로 따지면 실장이나 국장급까지다.

기초자치단체장은 그 지역의 왕으로 불린다. 인사권을 마구잡이로 휘두를 수 있기 때문이다. 인사권은 단체장의 핵폭탄급 무기다. 규모가 작을수록 인사권은 더욱 무섭다. 기초단체의 공무원은 적게는 수백 명 내외, 많게는 3천 명 안팎까지다. 광역단체장도 마찬가지다. 적으면 수천 명, 많으면 1만 명 수준이다. 시장이나 도지사에 찍힌 공무원은 도망갈 데가 없다. 단체장의 인사권은 최고위직에서 말단까지 두루두루 미친다. 소속기관이나 산하단체도 많지 않아 단체장의 눈길을 피할 수 없다. 중앙 정부처럼 공무원이 많고 산하 기관이나 소속 단체가 있으면 숨어 지낼 수도 있다. 태풍이 지나가듯 다음 정권이 들어설 때까지 바짝 엎드려 버틸 수 있다.

지방 공무원은 다르다. 잘리면 갈 데도 없다. 공무원들은 단체장의 눈 밖에 나지 않기 위해 줄을 서야 한다. 자연스레 충성 경쟁이 벌어질 수밖에 없다. 선거 후 소속 정당이 다른 단체장으로 바뀌면 아수라장이 따로 없게 된다. 낙선한 단체장 쪽 공무원들은 학살을 걱정해야 하는 처지가 되곤 한다. 이재명은 2010년 6월 지방선거에서 성남시장에 당선했다. 선거운동 때의 얘기다.

이대엽 측 발탁과 충성 경쟁

성남시에서 열리는 체육대회 행사에 참석했을 때 역시나 내빈석에 자리가 없었다. (…)

자리를 잡고 앉으려고 하자 시청에서 나온 행사 담당 공무원이 막아섰다. (…)

담당자는 아예 나를 떠밀다시피 했다. 규정을 지켜야 한다는 말에 나도 더 이상 고집을 부릴 수 없었다. 못 이기는 척 자리를 떠나면서 나는 슬쩍 그 여직원의 명찰을 보았다. (…) 나중에라도 반드시 기억할 수 있도록 수첩에 적어두었다. (…)

그 뒤 인사이동 때 나는 그 담당자에게 좋은 보직을 주어 열심히 근무할 수 있도록 배려했다. [89]

이재명은 여직원 중용이 충성심 때문이라고 에둘러 말했다. 2010년 성남시장 선거는 이대엽과 맞붙을 때였다. 여직원은 차기 시장이 될지도 모를 유력 후보인 이재명에게 매몰차게 대했

---

89) 『이재명은 합니다』, 이재명 지음(위즈덤하우스, 2017.2), 105~106쪽.

다. 여직원의 행동은 규정에 근거한 것이지만 이대엽에 대한 충성심 때문이라고 볼 수 있는 대목이다. 당선이 유력한 후보의 인사 스타일이 드러나면 어찌 되겠나. 그 후보의 캠프 쪽에선 충성 경쟁이 벌어질 수밖에 없다. 인사란 제도와 관행이 있고 시장의 선택으로 최종 결정된다. 제도와 관행보다 시장의 선택이 우선이라면 죄다 충성 경쟁에 내몰리게 된다. 이대엽 쪽에 섰던 공무원들에게도 메시지를 주게 된다. 새로운 시장에게 잘 보이면 '같은 식구'에 편입될 수 있다는 희망을 주는 셈이다. 공무원 조직은 새로운 시장 중심으로 순식간에 재조직된다.

이재명은 초대 내각 때 국무위원으론 보수 쪽에서 2명을 발탁했다. 국무위원은 국무총리와 중앙 부처의 장관을 말한다. 국무회의 참석 위원이고 20명 안팎이다. 장관급이나 처장은 국무위원이 아니다. 국가 보훈부 장관엔 권오을을 발탁했다. 권오을은 대선 과정에서 이재명 지지를 선언했다. 권오을의 고향은 이재명과 같은 안동이다.

윤석열이 임명했던 농림축산식품부 장관 송미령은 유임됐다. 국무위원은 아니지만 식품의약품안전처장 오유경도 유임됐다. 이렇게 세 명이 발탁되자 언론에선 국민 통합인사라고 난리법석을 떨었다. 정말 통합인사일까? 장관의 국가 권력 공식 서열은 있다. 누가 장관으로 오는지가 더 중요하다. 유력한 차기 주자나

실세가 오면 부처의 힘은 세진다. 보훈부는 힘센 부처가 아니다. 예산이나 조직 규모가 그렇다. 윤석열 정부에서 보훈처에서 보훈 부로 승격했다. 식약처장은 정치인보다 전문성이 늘 강조된 자리다. 안전을 중시하는 이재명으로선 유임 필요를 느꼈을 수도 있다. 보수 인사 발탁은 2025년 말에서 2026년 초에도 이어졌다. 보수 정당에서 3선을 지낸 이혜훈을 기획예산처 장관으로 지명했다. 국회의 인사 청문회 과정에서 여러 가지 의혹이 터져 나오자 이재명은 2026년 1월 이혜훈 지명을 철회했다. 합리적 보수 인사인 김성식도 국민경제자문회의 부의장으로 영입했다.

대한민국에선 최종 직위가 평생 간다. 한 번 국회의원이면 죽을 때까지 의원님으로 불린다. 장관도, 총리도, 대통령도 그렇다. 정치인들에게 장관은 중요한 자리다. 국회의원이 더 위로 갈 수 있는 자리는 장관이나 총리다. 장관은 국회의원보다 한 수 위로 쳐준다. 국회의원은 의전 서열로는 차관급이다. 국회의원에게 장관은 값 나가는 포트폴리오인 셈이다. 총리는 한 명이지만 장관은 20명이나 되니까 여당 소속이면 누구나 가고 싶어 한다. 대통령에게 잘만 보이면 선택을 받을 수 있다. 장관은 재량으로 집행할 수 있는 예산도 있다. 국회의원 사무실이나 보좌진도 유지된다. 이보다 좋은 꽃보직은 없다.

전라도, 경상도, 강원도, 충청도 농촌이나 수도권 도농복합 지역 출신 의원이라면 누구나 농수축산식품부 장관을 원한다. 송미령 유임은 1석 3조의 효과를 거둘 수 있다. 국민 통합은 그럴 듯한 명분이다. 내부 충성 경쟁을 은근히 촉발할 수 있다. 보수 쪽에도 '같은 편'이 될 수 있다는 메시지를 준 셈이다. 꿩 먹고 알 먹고 죽까지 먹는 패다.

원로 4인방, 극우 프레임

원로 4인방은 보수의 입이다. 보수의 메신저였다. 메신저는 신뢰가 생명이다. 메신저를 믿지 못한다면 메시지도 당연히 효과가 없다.

'중도 보수' 김종인, '합리적 보수' 윤여준, '원조 보수' 조갑제, '언론 보수' 정규재는 '보수 원로4인방'이다. 이재명 대통령 당선 이전엔 그나마 남아 있던 보수의 '어른'들이었다. 지금은 어떤가. 김종인은 윤석열 탄핵 이후 이재명 당선이 유력해지면서 느닷없이 우호적으로 변했다. 윤여준은 일찌감치 이재명 캠프의 상임선대위원장으로 변신했다. 조갑제와 정규재는 때때로 이재명과 밥을 먹으며 그의 대변인처럼 행동할 때도 있었다. 이재명은 보수의 입을 모두 우군으로 만든 셈이다. '국민 통합'이란 명분 아래 주도면밀하게 보수의 원로들을 자기편으로 끌어들인 것으로 보인다. 4인방이 이재명 쪽으로 합류하면서 보수의 공간은 더욱 쪼그라들었다. 극우 프레임은 더욱 강화됐다.

원로 4인방은 신뢰가 있는 메신저다. 이들 4명이 얘기하면 귀를 쫑긋 세우고 듣는 사람이 많았다. 원로 4인방이 이재명 캠프에 합류하지 않았다고 해도 선거의 결과는 뻔했다. 탄핵이란 그런 거다. 탄핵의 에너지가 강하기 때문에 탄핵당한 쪽이 이기기를 바라는 건 어려운 일이다. 입을 잃어버린 보수의 고립은 점점 심화했다. 민주당이 대선 후 보수의 고립을 노리고 이들을 영입한지는 불확실하다. 4인방 영입의 효과는 금세 나타났다. 메신저가 없는 보수는 점점 극우로 몰렸다. 내란 프레임도 한동안 지속했다.

4인방의 합류로 이재명 정부에서 국민 통합은 이루어지고 있을까. 아직은 임기 초반이라 더 두고 봐야 하겠지만 다소 부정적이다. 이재명의 국민 통합이 진짜라면 이들 4인방이 평소 주장했던 것들이 대통령 리더십에 반영돼야 한다.

박정희는 질풍노도의 시대를 헤쳐 가면서 영욕과 청탁(淸濁)을 같이 들이마셨던 사람이다. 더러운 강물 같은 한 시대를 삼켜서 바다와 같은 시대를 빚어낸 사람이다. 박정희가 그런 용광로의 역할을 할 수 있었던 것은 그의 순수한 마음이 권력을 잡고 나서도 스스로 혼(魂)을 더럽히지 않고서 맑게 유지되었기 때문일 것

이다.[90]

　보수와 진보가 확연하게 구분되는 건 애국이다. 진부한 표현이긴 한데 애국자냐 아니냐, 이 점에서 서로 갈린다. 애국심은 진실로 대한민국을 사랑하고 위할 수 있는 마음이다.

　보수는 비교적 애국자도 많고 애국심도 깊다. 진보는 애국자도 별로 많지 않고 애국심도 깊지 않다. 조갑제는 정통 보수에다 애국자다. 그는 진실로 대한민국을 사랑하는 사람이다. 어떤 사람들은 조갑제를 극우 보수로 생각한다. 이런 평가는 보는 사람의 관점에 따라 달라질 수도 있다. 조갑제가 극우 보수로 알려진 건 그의 애국심이 깊기 때문이다. 조갑제는 박정희 전문가다. 그는 박정희 리더십 연구를 기반으로 한 전문 서적도 다수 출간했다. 그가 본 박정희는 시대의 용광로였다. 오랫동안 권력을 잡고도 부정부패의 유혹에 빠지지 않았다. 박정희 사후 그에 견줄 만한 보수 대통령은 나오지 않고 있다.

　조갑제가 계엄과 탄핵을 비판하고 대선 때 이재명 쪽에 줄을 선 건 아프다. 윤석열 편을 들어야 한다는 얘기는 아니다. 윤석열은 오래지 않아 잊히겠지만 보수는 영원히 존재할 것으로 보기 때문이다.

---

90) 『한국을 뒤흔든 11일간』, 조갑제 지음(조갑제닷컴, 2019.10), 420쪽.

윤여준은 대통령에게 요구되는 언행의 네 가지를 이렇게 손꼽았다. 첫째, 절제되고 기품 있는 언어 구사. 말 또는 소통은 민주정치의 핵심. 둘째, 말의 일관성, 즉 '원칙 없는 말 바꾸기' 신뢰저하 및 불신 자초. 셋째, 말과 행동이 어긋나지 않는지의 문제. 넷째, 매사에 신중한 자세와 금도(襟度)의 여부. [91)]

윤여준은 보수 원로 4명 중에서 가장 먼저 이재명 캠프에 합류했다. 상임 공동선대위원장이었으니 캠프에선 최고위직이다.

그는 보수 책사로 불린다. 책사란 전략에 능하고 잔머리도 종종 쓰는 선거 참모를 뜻한다. 그에게 보수 책사란 이름을 붙이긴 애매하다. 그는 2012년에도 문재인 캠프에서 국민 통합위원장을 맡았다. 김종인과 함께 여야를 넘나들고 있으니 좌우 양파 책사다. 윤여준은 대통령에게 요구되는 네 가지 언행의 자질을 절제, 일관성, 언행일치, 금도라고 손꼽았다. 이재명은 윤여준이 제시한 네 가지에 얼마나 충족될까. 윤여준에게 한번쯤 물어보고 싶다. 이재명 캠프에 합류한 것에 대해 후회는 없는지. 언행의 네 가지 기준엔 이재명은 어느 정도의 수준이라고 생각하는지.

---

91) 『대통령의 자격』, 윤여준 지음(메디치미디어, 2011.12), 526~532쪽.

깨알 지시와 질타, 홍 대리 리더십

머리 나쁘고 게으른 대통령은 공무원에게 최상이다. 머리가 나쁘다는 건 국정을 잘 모른다는 얘기다. 게으르다는 건 일을 안 한다는 얘기다. 국정도 모르고 일을 하지 않으면 공무원은 이보다 더 좋을 순 없다. 머리 좋고 부지런한 대통령은 공무원에게 최악이다. 머리가 좋다는 건 국정을 구석구석 꿰고 있다는 얘기다. 부지런하다는 건 새벽부터 밤늦게까지 일에 매달린다는 얘기다. 중간도 있다. 머리도 나쁘고 부지런한 대통령은 피곤하기만 하다. 일은 많이 하지만 끝도 성과도 없다. 대통령이 일머리를 모르고 일만 하기 때문이다.

머리가 좋고 게으르면 덜 피곤하다. 일머리를 잘 아는 대통령이 게으르면 종종 권한을 위임하기 때문이다. 박정희는 머리도 좋고 부지런했다. 공무원에겐 최악이었다. 김영삼은 머리도 나쁘고 게을렀다. 김영삼은 건강을 매우 중시하면서도 머리는 빌리면 된다고 하지 않았나. 공무원에겐 최상이었다. 이재명은 부지런하다. 박정희도 여기에 속할 듯하다. 일머리도 좋다. 공무원들에겐 최악으로 여겨질 수 있다. 그는 시간을 촘촘하게 쓴다. 소년공 시절 공장과 고입, 대입 검정고시를 겸하면서 생긴 습관으로 보인다. 그는 시계를 가장 좋아한다. 부지런한 사람은 시계를 좋아하는 경향이 있다고 한다. 이재명은 성남시장, 경기도지사, 대통령을 거치면서 시간에 대한 독특한 개념을 만든다.

이재명의 시간 쪼개기 신공은 절박함과 간절함에서 나온 것이었다. 절박하지 않으면 시간을 쪼갤 필요가 없고, 간절하지 않으면 집중할 이유가 없다.[92]

알코홀릭 가고 워커홀릭 왔다. 이재명 취임 후 관가에서 나온 얘기다. 술 잘 마시는 윤석열은 가고 일만 하는 이재명이 왔다는 얘기다. 이재명은 시간 부자다. 그는 언제나 이렇게 주장했다. 성남시장의 1시간은 1백만 시간이다. 경기도지사의 1시간은 1,400

---

92) 『이재명 평전』, 방현석 지음(아시아, 2025.6), 362~363쪽.

만 시간이다. 대통령의 1시간은 5,200만 시간이다. 자신의 한 시간을 인구와 곱한 것이다. 자신이 시간을 유익하게 쓰면 주민들이 그만큼 이익을 본다는 얘기다.

홍 대리로 돌아온 소년공 대통령

이재명은 SPC를 찾아가 질책한 적이 있다. 질책은 야단치고 혼낸다는 얘기다. 대통령 말이 청와대 밖으로 흘러나올 때 점잖게 질책이라고 한다. 더 센 말은 격노했다고 흘린다. 2025년 7월 대통령 당선하고 취임 후 한 달이 조금 더 지난 뒤였다.

그 전에 SPC 빵 공장에서 사망사고가 발생했다. 이재명은 시화 공장을 방문해 강한 톤으로 회장과 경영진을 질타했다. 이재명 리더십을 단적으로 보여준 장면이다. 그의 질타는 민관을 가리지 않는다. SPC는 종종 사망사고를 일으켜 국민적 공분을 샀다.

나도 그런 사고가 일어나면 한동안 SPC가 만든 빵을 사거나 먹지 않았다. 누가 권유하지 않더라도 자발적으로 불매운동에 나선다. 지나다 파리바케트라도 보이면 들어가서 욕이라도 한 바가지 퍼붓고 싶은 생각이 든다. 아무리 그래도 이건 아니라고 생각했다. 대통령은 화가 나도 법률과 제도로 대응해야 하는 건 아닐까.

대한민국이 선진국에 오른 건 국민총생산이 늘어서 되었다. 대한민국은 단기간에 소득이 늘었다. 한강의 기적은 그늘도 있다. 우린 그동안 안전과 유지 비용을 최대한 줄이면서 짧은 시간 안에 부를 쌓아 올렸다. SPC를 포함해 산재가 많이 생기는 건 이것 때문이다.

최근엔 우리 사회도 안전 유지 비용을 많이 늘리고 있다. 좋은 일인데 역시 그늘은 있다. 일자리, 수익성, 경기침체가 함께 일어날 수 있어서다. 복잡하고 어렵다. 문제의 해결은 당연히 정부의 몫이다.

얼어터진 소년공들은 어떤 녀석이 그런 쓸데없는 걸 적어냈는지 서로 의심하며 눈을 부라렸다. 나도 다짐했다. 홍 대리처럼 고졸이 되어 손도 대지 않고 군림하는 사람이 되어보겠다고. (…)
분노와 억울함은 내 안에 그런 지옥도 만들어냈다.[93]

이재명은 홍 대리가 되고 싶었다. 홍 대리는 고졸 출신으로 이재명이 일하던 공장 관리자였다. 홍 대리가 "좀 잘하자아." 이렇게 한마디 하면 공장 고참과 반장들이 빳따를 휘두를 만큼 절대 권력을 가진 사람이다. 이재명 정부는 실용 정부라고 했다. 그만

---

93) 『이재명 자서전 그 꿈이 있어 여기까지 왔다』, 이재명 지음(아시아, 2025.6), 57쪽.

큼 실무에 강하다는 얘기다. 실제로 이재명은 국정의 모든 분야에서 막힘이 없다. 그는 국무회의, 기자회견, 타운홀 미팅 때마다 해박한 지식을 보여주고 있다.

'홍 대리 리더십'이란 제목을 붙이고 보니 걱정이 앞선다. 혹시 이 책을 이재명 지지자가 읽는다면 기분 나쁠 수 있기 때문이다. 그러나 걱정 마시라. 부정적인 의미에서 이런 제목을 따온 것은 아니다. 홍 대리는 이재명의 소년공 생활에서 선명하게 남아 있다. 홍 대리는 이재명의 운명을 만들어준 인물이기도 하다.

이재명은 대양실업에서 손목에 산재를 당한다. '이재명의 굽은 팔' 원인이 됐던 바로 그 산재다. 이재명은 이때 당한 산재로 군대도 면제받는다. 깨알 지시와 질타로 압축되는 이재명 리더십은 '홍 대리 리더십'과 닮아 있다. 홍 대리는 대양실업의 군기 반장 노릇을 했던 사람이다. 대양실업은 야구 글러브와 스키 장갑을 만들었다. 이재명의 다섯 번째 공장이다. 그가 열여섯에서 열일곱 살 무렵 대양실업에서 소년공으로 일했다. 대양실업은 규모가 꽤 큰 곳이었다. 홍 대리는 공장을 관리하는 중간 간부였다.

칭찬 정치와 권력 표시

내게 선명하게 남아 있는 장면이 있다.

"한번 안아봐도 되나?"

2023년 10월경이다. 이재명은 법정에서 핵심 측근 정진상과 포옹했다. 재판장에게 양해를 구한 다음이다. 그냥 안아도 되는 걸 티 나게 포옹한 셈이다. 이재명의 지지자는 물론 전 국민이 보게 될 것을 뻔히 알면서 안은 것이다. 정진상의 고초를 공개적으로 위로했다. 정진상과 자신은 무죄라는 웅변이기도 하다. 재판부에 대한 항의와 압박도 담겨 있는 것으로 보인다. 이재명은 정진상을 향한 최고의 칭찬을 표현한 셈이다.

대통령이 되기 전 정진상은 이재명의 원톱이었다. 원톱이란 이재명을 제외하곤 모든 사람보다 힘이 세다는 말이다. 이재명은 2022년에 민주당 대표가 된 다음 정진상을 대표실의 당무조정실장에 임명했다. 정진상이 기소된 뒤엔 똑같은 자리에 중앙대학교 출신으로 사무총장을 지낸 국회의원 3선의 김영진을 임명했다. 김영진은 국회의원 경력도 없는 정진상과 같은 레벨로 평가된 거나 마찬가지다. 이것만 보아도 정진상의 위치를 짐작할 수 있다. 법정에서 정진상을 포옹한 것은 원톱 인증이다. 이재명의 권력을 공개적으로 표시한 것으로 볼 수 있다.

권력에의 의지로서의 칭찬과 감사. (…) 칭찬한다는 것은 무엇인가? 받은 좋은 행위에 대한 일종의 청산이고, 되돌려 주는 것이며, 우리의 힘을 보여주는 것이다. 왜냐하면 칭찬하는 자는 긍정하고 판단하고 평가하고 심판하기 때문이다. 그는 긍정할 수 있는 명예를 부여할 수 있는 권리를 자신에게 인정한다.[94]

니체는 권력 근처에 가본 적이 없다. 20대 중후반에 대학교수를 잠깐 지냈다. 그 후엔 대부분 사색과 글쓰기, 그리고 짧은 여행이 삶의 전부였다. 그런 니체가 권력관계에서 칭찬의 본질을 간파했다. 니체의 권력 통찰은 짧은 연애와 그 후의 실연에서 나왔다.

니체의 거듭된 구애에도 그의 사랑은 짝사랑으로 끝난다. 니체는 사랑을 잃고 실연에 빠진다. 그는 실연의 고통 속에서 권력관계의 냉정한 실상을 알아보게 된다. 그의 연인은 모든 권력을 다 갖고 있고 얼마든지 휘두를 수 있다. 그는 다만 연인의 처분만을 기다려야 하는 불쌍한 존재다. 절대 권력과 노예 처지나 마찬가지인 자신의 관계를 체험하게 된다. 니체에 따르면 칭찬은 권력의 표시다. 요즘 말로 하면 힘자랑이다. 칭찬하는 자는 판단하고 평가하고 심판하기 때문이다. 깨알 지시와 질타만 있는 건 아

---

94) 『권력에의 의지』, 프리드리히 니체 지음. 이진우 옮김(휴머니스트, 2023.9), 631쪽.

니다. 칭찬은 이재명의 권력을 표시하는 중요한 수단이다.

이재명은 이례적으로 특정 기초단체장을 칭찬했다. (…) 국정과 관련해 최근 특출난 정책·행정 성과를 낸 것도 아닌데 대통령이 개별 구청장 지지율을 언급하며 공개적으로 추어올린 것은 정치의 오해 소지가 다분하다.[95]

대통령이 된 이재명의 칭찬 정치는 그 빈도가 잦아졌다. 그는 취임 초기 윤석열 때의 장관들과 국무회의를 열었다. 새로운 장관들이 임명되기 전이다. 국무회의는 과반이 참석해야 회의 정족수가 충족된다. 불편한 동거가 한동안 이어졌다. 이재명은 국무회의에서 송미령을 칭찬한 것이다. 그 후 송미령은 농림축산식품부 장관에 유임됐다. 언론은 반색했다. 마치 국민 통합에 청신호가 켜진 것처럼 호들갑이었다.

성동구청장 정원오 칭찬은 지방선거를 6개월쯤 앞둔 시점이었다. 구청장 만족도가 매우 높다는 이유에서다. 민주당 서울시장 후보가 마땅치 않던 시기였다. 정원오는 대단한 친화력의 소유자다. 성동구는 보수 세가 강하다. 마·용·성(마포구, 용산구, 성동구)으로 묶인 한강 벨트의 주축 지역이다. 그는 민주당이 거의

---

95) 「이재명 '서울시장 출마' 구청장 공개 칭찬, 부적절하다」, 〈한국일보〉 2025년 12월 9일.

전멸했던 2022년 6월 지방선거에서도 살아남았다. 이재명의 칭찬 정치는 2025년 12월 부처 업무보고에서 극에 달했다. 생중계된 가운데 이재명의 칭찬 릴레이가 이어졌다. 여기저기 곳곳에 이재명의 권력을 표시한 것이다.

노동자·자영업·서민, 비주류 민주주의

정치는 곧 대표다. 대표는 선명할수록 성공할 가능성도 높아진다. 정치적으로 성공하려면 누구를, 어떤 계층을, 어떤 세력을 대표하는지가 명확해야 한다. 박정희는 산업화를 대표했다. 그는 대한민국 제조업을 상징한다. 경제에 대한 박정희의 대표성은 여전히 진행 중이다. 5·16 쿠데타와 유신체제에도 긍정적인 평가가 사라지지 않는 이유다.

김대중은 정권교체를 대표했다. 한반도 평화를 상징한다. 그는 북핵의 진전이란 무거운 짐을 남겼다.

노무현은 수평적 리더십을 대표했다. 그는 임기 내내 위아래를 구분 짓는 질서와 일관되게 싸웠다. 수직 사회를 네트워크 사회로 바꾼 건 노무현의 큰 공이다. 이명박은 대한민국 경제의 세계화를 주도했다. 그는 실물 경제에 밝은 첫 대통령이었다. 금융 위기를 극복한 것은 그의 성과로 남았다. 박근혜는 박정희의 유산을 대표했다. 그는 산업화에서 경제 민주화로 한 발을 더 나아 갔다. 박정희의 유산이 너무 큰 탓인지 거기서 멈추고 말았다.

문재인은 탄핵 세력을 대표했다. 문재인은 노무현의 유산을 물려받았다. 그는 박근혜의 반면교사다. 쉽게 대통령에 당선되면 성과도 깊지 않다. 집권 후엔 진영에 갇혔다는 평가도 있다. 이재 명은 비주류를 대표한다. 그는 선명하게 비주류를 상징한다.

'인싸'에 낄 수 없는 '아싸', 주류가 아닌 비주류, 내 비주류의 역사는 생각보다 뿌리가 깊다.[96]

이재명은 비주류다. 비주류의 역사는 길고 질기다. 그는 초등 학교 시절을 이렇게 기억하고 있다. 『이재명 자서전 그 꿈이 있어 여기까지 왔다』에 나오는 그의 생각이다. 이재명은 성남시장, 경 기도지사, 2022년 민주당의 대선후보까지도 스스로 비주류로 인 식했다. 그의 비주류 정치 여정은 2024년 4월 22대 총선에서 '친 이재명' 후보들이 대거 당선되면서 비로소 끝났다.

---

96) 『이재명 자서전 그 꿈이 있어 여기까지 왔다』, 이재명 지음(아시아, 2025.6), 22쪽.

이 책은 삼성전자 회장 이재용이 읽었다는 바로 그 자서전이다. 이재용은 대통령 당선 후 10일 만에 재계 인사들과 함께 용산 대통령실에서 이재명을 만났다. 이재용은 이때 이 책을 읽었다고 했다. 이 글은 2022년 출간된 『그 꿈이 있어 여기까지 왔다』란 또 다른 자서전의 제목을 바꾼 것이다. 내용은 큰 차이 없이 비슷하다. 「상처는 빛이 인간에게 들어오는 통로입니다」라는 글이 새로 추가되어 있다. 상처가 빛의 통로라니. 발상이 참으로 재미있다. 아마도 출판전문가들의 도움을 받았을 것으로 추측된다. 이것은 맨 뒤편 '일러두기' 형식으로 삽입되었다. 이재명의 유년부터 대통령 당선까지를 짧게 다뤘다.

비주류를 대표한다는 건 전략이 되기도 한다. 비주류는 비기득권이다. 기득권은 소수이고 비기득권은 다수다. 이재명은 비주류 민주주의를 꿈꾼다. 일테면 비주류 민주주의는 이재명의 정치 비전인 셈이다. 여기서 비주류는 기득권이 아닌 사람들, 상식이 통하는 사람들, 정의를 추구하는 사람들을 의미한다.

이재명의 상식과 정의 개념은 다소 모호하다. 이재명은 노동자, 자영업자, 서민에 대해서 '진심'이다. 그는 기득권에 반대 쪽에 있는 사람들을 노동자, 자영업자, 서민, 이밖에 억울한 사람들이라고 생각하는 것 같다. 한마디로 줄이면 비주류다. 나는 이재명식 정치 비전을 비주류 민주주의라고 이름을 붙여본다. 정말이지 이 점은 의심할 여지가 전혀 없다고 생각한다. 이것은 나쁘지 않은 태도다. 진보 정당 소속의 대통령이라면 당연한 일이다. 그러나 이재명의 정치 비전은 갈라치기를 끈질기게 추구하고 있다.

우리 사회의 70~80% 이상이 특정한 제도, 예를 들어 고용정책, 조세정책, 소득재분배정책 등으로 피해를 보는 집단인데, 이것을 숨기려고 보수, 중도, 진보로 강제로 나눠서 프레임을 덮어씌운 인상이에요. 저는 여기서 벗어나야 한다고 봐요. 보수와 진보, 그 사이에 있는 중도, 이것보다는 다수 피해 대중 대 소수 기득권, 상식 대 비상식, 이런 식으로 정의롭게 이분하는 프레임을 만들어야 한다고 봐요. 97)

비주류는 대체로 다수를 차지한다. 주류의 힘이 더 세지만 수로는 비주류가 우세하다. 선거는 1인 1표이므로 비주류를 뭉치게 하면 이길 수 있다. 피해 대중은 소수 기득권보다 훨씬 많은 수를 이룬다. 상식은 주로 피해 대중의 편이다. 비상식의 기득권 쪽이다. 정의는 비주류가 갖고 있는 정치적인 무기다. 이재명의 비주류는 결국은 다수제 민주주의를 지향한다. 이재명은 중도를 그다지 중시하지 않는다. 중도는 보수의 은밀한 프레임 전략이라

---

97) 『이재명의 굽은 팔』, 이재명·서해성 지음(김영사, 2017.2), 128쪽.

고 본다. 이재명은 중도 대신 선명하게 비기득권끼리의 큰 통합을 추구한다. 비기득권이 모이면 비주류 연합이다. 비주류 연합은 다수다. 비주류 민주주의는 승리할 수밖에 없다고 보고 있다.

정치 또는 선거의 기본은 진영의 결집이다. 다음엔 중도 확장이다. 집토끼를 먼저 잡은 다음 산토끼를 잡는 식의 순서다. 이재명은 이런 등식을 단호히 깬다. 중도는 두루뭉술하고 실체가 모호하다고 본다. 중도는 사실 논란의 여지가 있다.

우린 오랜 냉전을 겪고 있다. 이념은 불편하다. 중도는 이념이 피난하기엔 안성맞춤이다. 2010년 이후 안철수가 뜨기 시작했다. 안철수의 대표 무기가 중도였다. 그땐 건배사로 유행했던 게 '우리 중도'였다. 중도는 실제보다 부풀려져 있을 수 있다. 대선이 임박하면 중도는 급격히 줄어든다.

이재명의 정치 비전은 다수 대 소수 프레임으로 요약된다. 다시 말해 비주류 대 주류 구도다. 이는 그가 쓴『이재명의 굽은 팔』이란 책에 선명하게 드러나 있다. 이재명은 이 책에서 보수와 진보, 중도와 같은 이념적 접근보다 비주류에 집중한다. 비주류 대 주류로 가르는 이분법 프레임을 제안하고 있다. 비주류 대 주류 프레임은 이재명 정치 그 자체다.

『이재명의 굽은 팔』은 이재명 정치와 국정을 이해하는 데 매우 중요하다. 나는 이 책과 함께『이재명 자서전 그 꿈이 있어 여기까지 왔다』,『이재명 평전』,『결국 국민이 합니다』를 4대 도서로 꼽는다.

이재명은 '해와 달'이라는 공부 모임을 주도했다. '해와 달'은 2015년 2월부터 2016년 5월까지 운영됐다.『이재명의 굽은 팔』은 '해와 달'의 주제, 참석자, 이재명의 생각을 정리해서 실었다. 지금으로부터 10년 전이긴 하지만 여기에서 거론된 얘기들이 지금 이재명 정치와 국정의 기초를 이루고 있다.

무리한 정년 연장으로 청년과 중소기업, 비정규직 근로자 등 약자들이 애꿎은 피해를 보는 일은 없어야 한다. 한국은행 통계는 2016~2024년 사이 55~59세 근로자가 1명 늘면 23~27세 근로자는 1.5명 줄었다고 밝히고 있다. 로봇과 인공지능(AI) 발고용 한파가 본격화되면 노동시장은 더 큰 격랑에 휘말릴 수 있다. '묻지 마' 정년 연장의 부작용에 대한 고민 및 속도 조절에 지혜를 모으길 촉구한다. [98)]

정년 연장은 찬성 여론이 압도적이다. 60세인 법정 정년을 65세로 올리는 방안에 대해 질문하자 모든 연령이 동의했다. 대다수 여론조사에서 비슷한 결과가 나오고 있다. 법정 정년이 60세

---

98)「30대 '쉬었음' 최대…경제 허리 무너져도 정년연장인가」,〈이데일리〉2025.11.14.

가 된 건 얼마 되지 않았다. 2013년엔 55세가 정년이었다. 그해 국회 본회의에서 정년은 60세로 올리는 법안이 통과됐다. 그때 여론도 찬성이 매우 높았다.

법정 정년 상향 여부를 평범하게 묻는 여론조사는 문제가 있다. 65세로 올리자는 방안을 물어보면 누가 반대하겠나. 이렇게 질문하면 나를 기준으로 대답한다. 20대는 내가 65세까지 정년이 늘어난다고 생각한다. 30대나 40대도 그렇다. 20대가 생각할 때 정년은 40년 후의 일이다. 40년 후 정년이 5년 늘어나면 당연히 좋은 일이다. 30대에겐 30년, 40대에겐 20년 후의 일이다. 정년을 늘리는 건 50대에겐 축복이지만 20~30대에겐 악몽이다. 지금도 청년 취업난은 심각하다. 저출산의 원인도 취업난에서 비롯됐다. 일자리가 없는데 왜 아이를 낳으려고 하겠는가. 아이를 낳아 수억 원을 들여 키우고 대학을 졸업해도 갈 데가 없다면 출산은 바보짓이 아니겠나. 정년 연장 여론조사는 디테일이 필요하다. 언제 해야 하는지, 어느 세대부터 적용해야 하는지, 어떤 우려가 있는지 상세하게 구분할 필요가 있다.

대한민국 경제 현실에서 정년 연장은 이기적이다. 나만 살면 그만이란 인식에서 생긴 듯하다. 대한민국의 미래가 있건 없건 상관없다는 매국적 발로다.

법정 정년 상향 여부(단위: %)[99]

구분	18~29세	30대	40대	50대	60대	70대 이상
65세	71	77	79	69	71	67
60세	21	15	17	26	23	21

이재명 정부가 정년 연장을 시도하는 건 지지기반 때문이다. 이재명과 민주당은 40대와 50대의 지지를 받고 있다. 민주노총과 한국노총 주력 부대다. 두 노총의 지도부나 노조원들은 대부분 40~50대가 많다. 이들은 대기업과 1차, 2차 협력사 직원들이 많다. 공기업 직원들도 대부분 양대 노조에 가입되어 있다. 정년을 연장하게 되면 퇴직을 앞둔 50대가 큰 이득을 얻는다. 퇴직이 10~20년 앞으로 다가온 40대의 이득도 커진다. 일자리는 땅을 판다고 마구 나오는 게 아니다. 한계가 있기 마련이다. 20~30대는 손해를 보게 된다. 취업 준비생의 겨울은 훨씬 길어질 수 있다.

80~90세까지 사는 시대에 정년을 늘리는 건 필요하다. 법으로 정년의 연장을 강제하는 것은, 최소한 지금은 아니다. 일본처럼 일할 사람 구하기가 어려울 때 시작해도 충분하다.

---

99) 「데일리 오피니언 제641호」, 한국갤럽(2025년 11월 14일).

대한민국에서는 노동조합 조직률이 10%가 안 되잖습니까. 조직된 노조들도 대부분 대기업 노조이면서 기득권층이 되어 있고요. 솔직히 비정규직 노동자들 착취해 그 이익을 사용자들과 나누어 갖는 관계잖아요.[100]

이재명 정부는 노동자 정부다. 노동을 중시하는 데는 네 개의 뿌리가 있다. 첫째, 소년공 생활이 투영되어 있다. 둘째, 노동이 진보라는 믿음이다. 셋째, 정부와 여당의 강한 지지기반이다. 넷째, 586 패권의 일부다. 앞의 두 개는 이재명의 경험에서 비롯된 것이다. 뒤의 두 개는 민주당의 정체성에서 비롯된 것이다. 노동자 정부라기보다는 노조 정부다. 노조는 어느 때보다 힘이 세다. 문제는 조국흑서가 말하듯이 대기업 노조가 중심이라는 데 있다.

한국노총이나 민주노총의 주력은 대기업과 규모가 큰 공기업 노조다. 노조 지도부나 핵심 세력은 대개 586이나 이들의 영향을 많이 받은 40대다. 이재명 정부 노동정책의 이익은 이들이 대부분 독점하는 구조다. 조직된 10% 말고는 빈손이다. 비정규직과 노조조차 없는 영세 기업 노동자의 처우는 더 악화한다. 노조의 이익이 커질수록 청년 취업은 어려워진다.

---

100) 『한번도 경험해보지 못한 나라』, 강양구 외 지음(천년의상상, 2020.8), 269쪽.

국내 체류 이공계 인력 해외 이직 현황(단위: %) [101]

구분	20대	30대	40대	50대	60대 이상
구체적 계획 수립	10.3	10.4	5.8	2.9	4.8
3년 내 이직 고려	62.1	50.7	38.5	30.2	19.1
합계	72.4	61.1	44.3	33.1	23.9

20대 세 명 중 두 명이 해외로 가고 싶다니. 세계 10대 경제 강국인 대한민국의 잔혹한 실상이다. 20~30대는 절망한다. 그들에게 절망이란 말은 사치인지도 모른다. 너무 오래돼서 지금은 익숙한 체념 상태다.

한국은행 보고서엔 20~30대의 절망과 체념이 고스란히 담겨 있다. 한국은행의 보고서 '이공계 인력 해외 이직 고려 비중'은 충격적이다. 20대의 72%가 3년 내 해외 이직을 생각하고 있다. 30대도 60%나 된다. 해외로 뜨고 싶은데 돈이 없어 못 가는 거 더 지랄 같은 일이다. 이직 형편이 안 돼 국내에 눌러앉아 있는 사람까지는 합치면 거의 모든 20~30대가 이공계 인력이 국내 체류에 정이 떨어졌다는 얘기다. 이런 나라에 희망이 있을까. 미래는 있을까. 내가 봐도 걱정을 넘어 절망적 상황이다.

---

101) 「이공계 인력의 해외유출 결정요인과 정책적 대응 방향」, 〈한국은행〉 2025년 11월 3일.

지금 젊은 세대를 지배하는 정서는 '체념'이에요. 한국 사회는 어차피 불평등한 사회고 변화 가능성이 없다고 보는 거죠. 그러니 내가 '노-오-력'을 해서 얻을 수 있는 것이라도 제발 방해하지 말라는 게 그들의 아우성입니다.[102]

20대는 이재명에 대해서 상대적으로 부정적이다. 그 이유는 20대의 세대 특성, 이재명 정부와 민주당의 정체성, 국정 기조와 관련이 있다. 정치 성향은 정당 지지율에 비해 좀 더 솔직하다. 여론조사에서 면접원이 정당 지지율을 물어보면 실제 생각과 다르게 답변하기도 한다. 정치권에 대한 비판이 최고조에 이를 때는 답변을 회피하거나 무당층을 선택하기도 한다. 특정 정당에 대한 나쁜 여론이 형성되어 있으면 지지하는 정당이라고 하더라도 다르게 답변할 수도 있다. 생각을 드러내기 싫은 사람도 있고 장난처럼 답변하는 사람도 있다. 그러나 정치 성향 질문은 정당 지지도에 비해서 정직한 답변을 끌어낼 수 있다. 정당 지지도와 다르게 주변을 덜 의식하면서 편안하게 답변할 수 있기 때문이다. 정치 성향은 이념 성향으로 봐도 무난하다. 한국갤럽은 매주 여론조사 결과를 통합해 매월 '주관적 정치 성향'을 발표하고 있다.

20대 남성은 2017년~2019년을 중심으로 보수가 늘고 진보

---

102) 『한번도 경험해보지 못한 나라』, 강양구·권경애·김경율·서민·진중권 지음 (천년의상상, 2020.8), 319쪽.

가 줄었다. 2019년 25%이던 보수는 2026년 1월엔 36%까지 급
증했다. 이에 비해 2017년 36%이던 진보는 2026년 1월엔 19%
까지 거의 절반으로 쪼그라들었다. 20대 남성의 정치 성향 추이
는 세 가지 시사점을 던져준다. 첫째, 보수 우세가 점차 뚜렷해지
고 있다. 둘째, 중도가 점차 줄어 47% 안팎까지 떨어졌다. 중도
는 보수나 진보에 비해서 자유로운 사람들인데 탈정치의 성격도
지닌다. 셋째, 정치 성향은 종종 정당 지지율 선행지표가 되기도
하는데 이런 점에서 20대 남성의 이 대통령 부정 평가와 보수 정
당 지지 강세는 당분간 지속할 가능성이 상존한다.

20대 남성 주관적 정치 성향 (단위: %)[103]

구분	2017 1월	2018 1월	2019 1월	2020 1월	2021 1월	2022 1월	2023 1월	2024 1월	2026 1월
보수	25	24	25	24	25	30	33	33	36
중도 (중도+유보)	39	43	45	50	58	53	51	48	44
진보	36	33	30	26	17	17	16	18	19

20대 여성도 2017년~2019년을 기점으로 보수 성향이 점차
늘어나고 있다. 2019년 12%이던 보수는 2026년 1월 14%까지

103) 「데일리 오피니언 제505호·제527호·제572호·제650호」, 한국갤럽(2026년 1월
29일).

늘었다. 2017년 49%이던 진보는 2026년 1월 29%로 20%포인트
줄었다. 20대 여성 정치 성향 추이는 세 가지 의미를 담고 있다.
첫째, 진보의 우위가 유지되고 있는 가운데 조금씩 약화하는 추
세도 동시에 관측된다. 2024년 1월, 진보가 갑자기 늘어난 것은
윤석열 정부에 대한 반감의 확산, 2024년 12·3 '계엄 사태 여파'
때문으로 풀이된다. 셋째, 보수가 조금씩 증가하고 있는데 이는
중장기적으로 이 대통령 부정 평가와 보수 정당 지지율 상승 가
능성을 예고하는 지표로 볼 수도 있다.

20대 여성 주관적 정치 성향 (단위: %)[104]

구분	2017 1월	2018 1월	2019 1월	2020 1월	2021 1월	2022 1월	2023 1월	2024 1월	2026 1월
보수	12	13	12	11	17	14	20	17	14
중도 (중도+유보)	39	46	46	51	49	56	47	46	57
진보	49	42	42	38	34	30	30	37	29

20대의 관심은 대한민국 지속가능성이다. 20대는 외교와 경
제 분야에 민감하다. 한반도를 둘러싼 미국, 일본, 중국, 러시아,
북한에 대한 외교정책을 눈여겨본다. 그들은 한미 관계를 매우

---

104)「데일리 오피니언 제505호·제527호·제572호·제650호」, 한국갤럽(2026년 1월
29일).

중시한다. 586과 같은 반미 정서가 거의 없다. 중국의 권위주의나 북한의 3대 세습 독재에 대해서도 매우 비판적이다. 이들에게 미국과 중국의 균형 외교는 씨알도 먹히지 않는다. 20대의 한미 동맹 선호는 70대보다도 높다. 20대는 경제정책에 대해서도 부정적이다. 20대는 현금복지 확대를 반대한다. 전 국민 소비 쿠폰도 받긴 하지만 비판적인 태도다. 확장 재정을 통한 경기 부양이나 정부 역할 확대도 반대가 많다. 20대가 이런 생각을 하는 것은 대한민국 지속가능성에 대한 걱정이 있어서다. 이재명의 외교와 경제정책의 부담이 자신들에게 전가될 것이라는 우려가 있기 때문이다. 20대 남자는 매우 그렇다. 20대 여자도 남자만큼은 아니지만 점차 보수적으로 변해 가고 있다.

개미 자본주의와
다이너마이트 경제

　이재명은 개미다. 개미는 개인투자자를 말한다. 이재명은 주식투자로 큰 재미를 봤다고 종종 자랑하곤 했다. 대통령이 된 후 주식투자를 잠시 중단했다. 지금은 '휴면' 개미다. 이재명의 주식투자 몰입은 지난 2022년 대선 후에 밝혀진 적이 있다.

　그는 6월 지방선거와 함께 치러진 '인천 계양구을' 보궐선거에 출마해 당선한다. 국회의원 초선이 되었다. 이재명은 국방위원회를 자신의 상임위원회로 선택한다. 국회의원 재산 신고에서 방위산업 기업의 주식 보유 사실이 드러나 이해충돌 논란이 일어난다. 그는 대선 패배 이후 보궐선거 사이에 방산 주식을 사들인 것으로 알려졌다. 이 소식을 접하고 나는 세 번 놀랐다. 우선 이재명의 성격이다. 선거 패배라는 충격 와중에 주식투자를 할 수 있는 그의 심리상태에 놀랐다. 이재명은 거의 이길 뻔했다. 윤석열과의 차이는 0.78%포인트로 15만여 표에 불과했다. 이 정도의 아슬아슬한 패배면 보통 사람들은 거의 식음을 전폐하기 마련이다. 이재명의 성격은 태연히 주식투자를 할 만큼 강했거나 낙천적이란 얘기다.

또 그는 뭔가를 끊임없이 시도한다는 사실이다. 그해 3월 9일 대선 이후 대략 1~2주의 여유가 있을 뿐이었다. 지방선거와 '인천 계양구을' 보궐선거는 3개월 후였다. 이재명은 짧은 시간 안에 지방선거의 역할과 보궐선거 출마 여부를 결정해야 했다. 대선 패배 직후였기에 당 안팎에선 쉬며 성찰의 시간을 가져야 한다는 목소리도 나왔다. 이재명은 그 혼란스러운 때에 주식투자로 돈 벌 궁리를 했다는 사실이다. 끝으로 그가 방산 주식의 성장세를 미리 예견한 사실에 놀란다.

그해 대선 직전 2월 러시아가 우크라이나를 침공한다. 대선 2주 전이었다. 전쟁은 몇 년째 계속되고 있다. 예상과 달리 전쟁이 길어지면서 방산 주식이 주목받기 시작했다. 트럼프가 2025년 1월 미국 대통령에 취임하면서 우방국들의 군비 증액을 압박했다. 방산 주식은 날개를 달았다. 2026년 초를 기준으로 보면 대부분의 방산 주식이 3~4배, 또는 그 이상 올랐다.

주식 개인투자자를 '개미'라고 부른다. 나도 한때 개미였다. 하이리스크, 하이리턴인 소형 '잡주'에 몰빵했다가 깡통을 차기도 했다. 이를 반면교사 삼아 IMF 이후에는 우량주 장기투자로 본전 이상의 수익을 거두기도 했다. 지금은 보유한 주식이 없지만, 공직 생활을 마무리하면 다시 '국장(한국 주식시장)'으로 되돌아갈 '휴면 개미'이기도 하다. 그래서 주식시장에 관심이 많다.[105)]

이재명은 결국 방산 주식을 모두 처분하게 된다. 여당의 공세가 집중됐고 국회에서 이해충돌 논란도 확산했기 때문이다. 이재명은 2억 원대의 주식을 매입했다. 만약 그가 지금까지 방산 주식을 보유했다면 7억 원대 안팎으로 불어났을 것으로 본다. 5억 원 남짓 벌었다는 얘기가 된다. 방산 주식투자에서 알 수 있듯이 이재명은 개미로서 특별한 재능이 있다. 일테면 이재명은 개미 전문 투자가이다.

소년공 생활은 그에게 '돈 버는 재주'를 안겨준 것이다. 이재명에게 개미는 보호하고 지원해야 할 사람들이다. 개미에게 손해를 입히는 기업의 소유주는 내 편이 아니고 네 편이다. 개미는 비주류이자 비기득권이다. 소유주는 주류이자 기득권이다. 개미 보호는 공적 영역이고 소유주의 이익 추구는 사적 영역이다. 개미 보

---

105) 『결국 국민이 합니다』, 이재명 지음(오마이북, 2025.4), 252쪽.

호는 이재명 경제의 핵심을 이룬다. 코스피 5,000포인트 공약은 이러한 논리를 기반으로 만들어졌다.

저는 협동 사회 경제에 관심이 많습니다. 경제가 모든 걸 결정하는 사회잖아요. 그런데 경제의 기본적 원리, 지금까지의 전통적인 원리는 이윤 동기라는 겁니다. (…) 경제활동의 목표를 특정 소수나 자본의 이익을 늘리기 위해서라는 관념에서 벗어나, 경제활동의 목적을 '이윤이 나오면 사회에 기여하고 또는 남으면 같은 구성원들이 나눠 갖거나 적립할 수도 있다.'고 인정하는 거, 이게 협동 사회 원리 아닙니까? 이게 저는 유일하게 가능한 대안이라고 봅니다.[106]

이재명 경제는 사회경제적 조합에서 출발한다. 이재명 경제는 초등학교 시절에 싹이 트였다. 성남시장 시기엔 사회경제적 조합으로 구체화된다. 버스 조합, 니눔 환경도 이런 시각에서 생겼다. 이재명은 청소 노동자들이 만든 '나눔 환경'에 성남시 청소 용역을 맡긴다. 버스 기사 중심으로 '성남 시민버스' 설립을 지원하고 마을버스 면허를 발급해 주기도 한다. 경기도지사 땐 기본사회로 한 발 더 나아간다. 기본사회와 기본대출, 기본주택까지 이른바

---

106) 『오직 민주주의, 꼬리를 잡아 몸통을 흔들다』, 이재명 지음(리북, 2014.2), 78~79쪽.

기본 시리즈이다.

기본사회는 두 번의 대선을 거치면서 논란이 심화했다. 2025년 6월 전후론 코스피 5,000을 정면에 내세운다. 이와 함께 'AI 기본사회'를 새롭게 들고 나온다. 'AI 기본사회'가 무엇을 의미하는지는 모호하다. 전 국민에게 AI 사용을 보장하겠다는 정도쯤으로 짐작될 뿐이다. 서민에겐 AI는 득보다 위협이 된다. AI는 일자리를 무시무시한 속도로 빨아들이고 있다. 서민이 AI를 공부해서 경쟁력을 갖추기엔 한계가 있다. 전문가들도 밀려나는 마당에 그것이 어떻게 가능하겠는가. 이재명 정부 임기 초반엔 복지, 증시, AI까지 3대 키워드로 요약할 수 있다.

1,500만 명의 개미와 증시 부양 정부

코스피 5,000은 가장 중요한 이재명의 국정과제이다. 또 핵심적인 경제정책이기도 하다. 코스피 5,000에는 중장기적 비전이 담겨 있다. 임기 5년의 국정 지지기반 확보와 포스트 임기와도 관련이 있는 것이다. 코스피 5,000은 이재명식 다수 대 소수 구도가 스며 있다. 개미는 대략 1,500만 명이다. 이에 비해 기업의 오너는 많아야 수천 명에서 수만 명이다. 개미와 오너는 충돌하는 지점이 있다. 바로 기업의 경영권, 배당 문제다. 개미는 경영권이 위협받든 아니든 상관하지 않는다. 개미는 배당을 많이 해서 미래가 있든 그렇지 않든 상관없다. 주식만 오르면 좋다.

기업의 경영진은 대체로 반대한다. 경영권은 반드시 지켜야 한다. 배당을 너무 많이 하면 기업의 지속가능성이 훼손된다. 배당을 적정하게 통제해야 하는 이유다. 코스피 5,000이 되려면 개미의 숫자가 늘고, 투자액도 많아져야 한다. 더 중요한 것은 1,500만 명의 개미가 주식으로 돈을 벌어야 한다. 대한민국 유권자가 대략 4,400만 명이다. 이 중 3분의 1이 개미다. 개미가 이재명을 압도적으로 지지한다면 지금의 지지율 게임, 민주당 장기 집권 등 포스트 임기도 자연스럽게 해결할 수 있다. 코스피 5,000은 바로 이러한 숫자를 염두에 두고 있다.

주식 보유 현황(단위: %)[107]

구분	20대	30대	40대	50대	60대	70대 이상	전체
보유	44	55	61	57	44	10	46
미보유	56	45	39	43	56	90	54

여론조사는 행간의 의미를 함께 읽을 때 더 정확하다. 여론조사는 사람의 마음을 숫자로 표시하는 기법이다. 조사 문항에 따라 모름·무응답도 상당한 비중을 차지한다. 사람의 마음을 소수점까지 표기한다는 게 가당키나 한 것일까. 거짓 답변과 응답 회

---

107) 「데일리 오피니언 제639호」, 한국갤럽(2025년 10월 31일).

피까지 고려해서 여론조사를 들여다봐야 한다.

여론조사 읽기는 까다로운 일이다. 모름·무응답이 없는 여론 조사는 아름답기까지 하다. 주식 보유 현황은 거짓 응답이나 답 변 회피가 개입될 여지가 전혀 없다. 모름·무응답이 '0'이다. 대 한민국 선거인의 46%가 주식을 보유하고 있다. 주식 보유엔 펀 드도 포함되어 있다. 40대는 61%나 되고 50대도 57%다. 이재명 과 민주당 지지층일수록 주식 보유 비중이 높다. 이재명과 민주 당의 거부 정서가 상대적으로 강한 70대 이상에선 10%만 보유하 고 있다. 20대와 60대의 주식 보유는 44%였다. 주식투자 비중은 빠르게 늘었다. 한국갤럽에 따르면 주식투자자 비율은 △2003년 8% △2014년 15% △2021년 29% △2022년 38%로 나타났다. 펀드를 제외한 수치다. 돈에 밝은 이재명으로선 도저히 놓칠 수 없는 여론조사 통계다. 증시 부양이 핵심 국정 기조가 된 이유다.

나의 이름 '재명'은 있을 재(在)에 밝을 명(明)을 씁니다. 그러 나 나의 생은 이름에 재물 재(財) 자를 쓰는 게 어울리지 않았나 싶을 만큼 나를 셈법 밝은 사람으로 자라도록 만들었습니다.[108]

이재명의 이름 풀이는 일리가 있는 것처럼 보이기도 한다. 이

---

108) 『이재명의 나의 소년공 다이어리』, 이재명·조정미 지음(팬덤북스, 2021.7), 165쪽.

름에 '재'가 들어가는 사람은 삼성전자 회장 이재용도 있고, 타다를 창업한 이재웅도 있다.

1998년 IMF 때 많은 기업이 망했다. 그중 대우와 외환은행도 있었다. 대우는 큰 근심, 외환은행은 외부의 환란으로 망했다는 우스갯소리도 있다. 대우와 외환은행의 실제와 한자와는 관련 없는 얘기다.

이재명 경제정책은 통화량을 늘리자는 것에서 시작한다. 돈은 돌아야 경제가 살아난다는 주장이다. 이재명은 성남시장과 경기도지사 때 지역화폐 도입을 집요하게 추진했다. 지역화폐 본질은 그 지역에서 돈을 돌게 하자는 방법이다. 거대 플랫폼이나 프랜차이즈, 대기업 본사 대신 동네 식당, 전통시장, 소상공인을 중시하는 경제정책이다. 그는 대통령 취임 후 확장 재정을 적극 추진하고 있다. 전 국민에게 소비 쿠폰을 지급했고 정부 예산을 크게 늘렸다. 통화량을 대폭 늘리고 있다. 돈이 늘면 소비가 늘고, 소비가 늘면 기업의 매출이 오르고, 기업의 실적이 좋아지면 주가가 상승한다는 게 이재명의 오랜 소신이다.

개미 자본주의, 다이너마이트 경제

개미 자본주의. 나는 이재명 정부의 경제정책을 이렇고 부르려고 한다. 개미 자본주의란 말은 경제 용어는 아니다. 그러나 딱히 이름 붙일 만한, 적당한 말이 떠오르지 않는다. 경제 칼럼니스트 조귀동은 이재명 정부의 코스피 증시 부양을 영국 전 총리 마거릿 대처(1925~2013)가 '소유자 사회(Ownership Society) 비전'과 닮았다고 썼다.

영국 보수당 소속인 대처는 1979년 5월부터 1990년까지 오랫동안 집권했다. 대처는 임대주택 150만 채와 공기업을 대대적으로 매각했다. 이 과정에서 많은 중산층이 주식을 새로 사들였다. 대처 임기 초반엔 국민의 4.5%만 주식을 갖고 있었다. 대처의 퇴진 이후 첫 총선이 치러진 1992년엔 이 비율이 25%로 치솟았다. 주식을 보유한 중산층은 보수당 지지로 선회했다. 반면 노동당 지지는 20% 초반에 머물렀다. [109]

이 글은 이재명이 경제를 바라보는 관점에 관한 얘기다. 나는 경제 전문가도 아니고 경제도 잘 모른다. 이재명 정부의 경제정책에 대해서 정면으로 다룰 능력도 생각도 없다. 다만 그의 과거 삶을 통해서, 그의 경제 관점이 이재명 정부에서 어떻게 반영되고 있는지 알아보려고 한다. 단편적일 수 있다는 것을 밝히고 시

---

109) 「英 대처 '소유자 사회' 닮은 증시 부양책」, 〈조선일보〉 2025년 7월 31일.

작해 보겠다.

이재명 경제는 주주 자본주의를 공공연하게 표방한다. 이재명은 현금에 대해서 민감하다. 주식은 곧 현금이다. 코스피 5000은 대선의 핵심 공약이다. 이재명 정부 후 출범 국정과제의 핵심은 사실상 증시 부양이다. 모든 국정과제가 증시 부양을 가리키고 있다.

첫째는 경제정책 부재, 둘째는 불공정한 시장, 셋째는 지배 경영권 남용, 넷째는 안보 위기입니다. [110]

이재명은 주식시장 장기 침체 이유에 대해서 네 가지로 설명한다. 우선 정부의 무능이다. 즉 대한민국 산업정책의 방향이 없다는 점이다. 경제정책의 부재는 이재명 정부가 더 심각하다는 주장도 있다. 대한민국을 지탱하고 있는 반도체, 자동차, 조선, 빙산을 일으킨 건 박정희와 보수 정부들이다.

진보 정부의 공이라면 김대중 때의 IT 육성 정도다. 불공정한 시장으로 누군가는 부당하게 이익을 얻고 선량한 대다수는 손해 본다는 주장이다. 불공정한 시장은 모든 자본주의 국가의 딜레마다. 보수 정부가 불공정한 시장을 일부러 조장한 적은 많지 않다.

---

110) 『결국 국민이 합니다』, 이재명 지음(오마이북, 2025.4), 255쪽.

지금 심각한 것은 자산 불평등의 악화와 세대 간 부의 불평등 문제다. 지배 경영권 남용도 차차 개선되고 있다.

안보 위기에 대해선 이재명 정부도 뾰족한 수가 없다. '평화가 밥'이란 낭만적 이상으로 대한민국을 지킬 수 없다. 평화를 지키는 건 오히려 힘이다. 이재명도 국방비를 GDP 2.2%에서 3.5%까지 늘리겠다고 하지 않았는가. 북핵은 덮어 두고 남북 관계를 먼저 풀려고 해도 쉽게 될 일은 아니다. 북한의 속셈부터 알았으면 좋겠다는 생각이다.

주주 자본주의는 가진 자를 위한 정책이다. 주주와 경영자들이 야합해 노동자를 등치는 체제라고 해도 좋을 정도이다. 그런 주주 자본주의에 대해 개혁 세력들이 열광하는 것은 과거에 대한 무조건적인 거부에서 기인한다고밖에는 달리 설명할 길이 없을 것 같다. [111]

그때와 지금은 다른 점도 있다. 2005년엔 개미가 많지 않았다. 지금은 20대 이상에선 거의 두 명 중 한 명은 개미다. 주주 자본주의로 이행하면 혜택을 보는 사람이 많아졌다는 얘기다. 주주 자본주의의 우려는 있다. 개미가 1,500만 명이라고 해도 왕개미

---

111) 『쾌도난마 한국경제』, 장하준·정승일 지음, 이종태 엮음(부키, 2005.7), 141~142쪽.

와 거지 개미로 갈린다. 일부만 돈을 번다는 얘기다.

수많은 비정규직, 취업도 못하고 그냥 쉬는 20~30대, 직장에서 밀려나는 고령층의 지갑은 어떻게 채울 것인가. 기업의 체질 약화도 문제다. 오늘 주주의 이익을 위해서 기업의 미래가치를 훼손할 수도 있다. 장하준과 정승일의 『쾌도난마 한국경제』가 나온 건 2005년 7월이다. 노무현 취임 때 500포인트 안팎까지 떨어진 코스피가 본격적으로 반등하던 시기다. 증시는 주로 진보 정부에서 강세를 보였다. 증시를 중시한 경제정책 때문이다. 보수 정부에선 주로 경제체질을 개선하거나 민간 활력을 불어넣는 데 힘을 쏟았다. 이런 경제정책의 효과는 시간을 두고 나타나기 마련이다. 진보 정부가 그 열매를 따먹는 셈이다.

어릴 적 내가 살던 곳은 금강의 상류였다. 발원지에서 그리 멀지 않은 곳으로 냇가의 물이 많은 편이었다. 먹을 게 부족한 산골 오지라 냇가에서 친구들과 물고기를 잡아 국수를 넣고 끓여 먹곤 했다. 피리, 중고기, 모래무지가 많이 올라왔다. 운이 좋으면 꺽지도 간혹 잡혔다. 꺽지는 물속의 큰 돌 깊숙한 곳에서만 발견되는데 즉석에서 회로도 먹었다. 나는 잡은 물고기를 반찬용으로 엄마를 갖다주곤 했다. 엄마는 매운탕이나 조림으로 밥상에 내어놓았다. 아버지가 무척 좋아했었다. 얕은 냇가 쪽을 골라서 돌과 폐비닐로 작은 보를 막고 물을 퍼낸 다음 손으로 잡았다. 큰 망치로 돌을 쳐서 기절한 고기를 건져 올리기도 했다. 망치가 없으면 큰 돌로 고기가 있을 법한 물속의 돌을 골라 내리쳤다. 솜씨가 좋은 녀석들은 낚시를 하기도 했다. 동네 어른들은 배터리를 사용해서 돌 밑을 지져서 고기를 잡기도 했다. 한번 지지면 서너 마리씩 기절한 채 올라왔다. 그게 불법인 줄은 나중에야 알았다. 간혹 다이너마이트를 사용하는 때도 있었는데 흔치는 않았다. 어디서 생긴 것인지는 몰랐지만 공사장에서 흘러나왔다는 소문이 돌았다. 한번 터트리면 수십 마리 또는 수백 마리의 고기들이 배를 하얗게 뒤집고 떠올랐다. 그럴 땐 어른들에게 혼나면서도 고기를 공짜로 주우려고 기웃거렸다. 문제는 그다음이었다. 배터리로 지진 곳은 한동안 고기가 들지 않았다. 다이너마이트를 쓰고 나면 큰물이 지거나 계절이 한두 번 바뀌어야 고기가 다시 돌아왔다.

낚시꾼이 호수에서 다이너마이트를 폭발시킨 후 수면에 떠오르는 물고기를 다 걷어 올린다면 어떤 결과가 나올까? 통계 분석상 다이너마이트를 이용한 사람이 지렁이나 작은 물고기를 이용한 사람에 비해 물고기를 더 많이 잡으며, 전에는 미끼를 이용하다가 다이너마이트로 방법을 바꾼 낚시꾼들은 낚시 '성과'가 엄청나게 좋아졌다고 봐야 한다. 그러나 사실상 다이너마이트를 이용한 낚시는 장기적인 어획량을 감소시키고 결국 전체 물고기 개체 수도 급감할 수밖에 없다. [112)]

개미 자본주의의 미래는 어떻게 될까. 린 스타우트는 주주 최우선주의를 '다이너마이트 낚시'와 비교했다. 기업은 주가를 띄우기 위해서 성과에 초점을 맞춘다. 기업의 장기 성장성보다 올해와 내년의 실적에 집중한다. 단기 투자자와 장기 투자자는 충돌할 수밖에 없다.

과거에도 돈을 풀어 주가를 끌어올리는 금융장세는 늘 끝이 문제였다. 경제 기초체력이 받쳐주지 않으면 거품은 꺼지기 마련이다. 거품은 언젠가 터진다는 게 역사의 교훈이다.

이재명의 코스피 5,000 공약은 2026년 1월에 달성했다. 이재명 출범 후 8개월간 증시를 주도한 건 반도체, AI, 로봇, 방산, 조선이다. 이것 말곤 대부분 좋지 않다. 세계적으로 AI 거품 논란이 일고 있다. 세계적인 전문가들은 지금은 아니지만 언젠가 거품이 온다고 본다. 방산과 조선도 정점을 향해 가고 있다. 우크라이나 전쟁이 끝나고 미국과 중국의 화해 시대가 열리면 어떻게 되겠는가. 환율의 고공행진은 위기 신호다. AI 거품의 붕괴는 반도체와 로봇의 추락을 촉발할 수 있다. 여기에 방산과 조선이 성장을 멈추면 대한민국은 거의 지옥으로 떨어질 수 있다. 이런 상황에서 증시 부양에 골몰하는 건 회복 불능의 자해행위가 될 수 있다.

---

112) 『주주 자본주의의 배신』, 린 스타우트 지음, 우희진 옮김(북돋음coop, 2021. 4), 115~116쪽.

Chapter

4

포스트 권력의지, 그리고 남은 질문들

헌법파괴
유발자들

헌법과 대통령의 권력 서열을 매긴다면? 상식적으론 헌법이 더 위에 있다. 현실에선 종종 그렇지 않다. 헌법은 두루뭉술하다. 다른 법처럼 시행령이나 시행규칙도 없다. 헌법은 조문뿐만 아니라 제도와 관습까지 포괄한다. 일테면 헌법은 '헌법 정신'이기도 하다. 헌법은 누가, 어떻게 해석하는지가 문제가 되기도 한다. 그래서 헌법재판소를 두고 있다.

윤석열의 2024년 12·3 비상계엄 선포는 헌법에 있는 규정이다. 헌법재판소는 2025년 4·4 탄핵 심판에서 이를 위헌으로 해석했다. 여러 가지 쟁점이 있었음에도 비상계엄 그 자체를 위헌으로 봤다.

대통령은 헌법을 지키는 사람이다. 조금 거창하게 말하면 대한민국이란 정체성과 헌법을 수호하는 책무를 가진 사람이다. 책무는 책임과 의무의 줄인 말이다. 선택할 수 없고 무조건 해야 한다는 뜻이다. 윤석열은 결국 헌법을 지키지 못했다.

헌법은 국가이익을 담고 있다. 국가이익은 절대로 포기할 수 없는 이익이다. 우리가 학교에서 여러 차례 배우는 세 가지가 있다. 국민, 주권, 영토다. 국민은 헌법상 모든 국민이다. 문재인 정부 때 벌어진 북한 어민 강제 소환 논란은 이런 이유 때문이다. 캄보디아 사태 때에도 대한민국 국민이 여럿이 세상을 등졌다. 대한민국은, 또 대통령은 책무를 다하지 못한 셈이다.

고고도 미사일 방어체계인 사드 논란도 그렇다. 주권은 안보와 직결된다. 대한민국은 스스로 지켜야 한다. 우리 힘으로 지키면 된다. 당연한 말이다. 현실적으로 불가능하기에 미군이 주둔해 있다. 중국은 대한민국이 갖고 있는 것보다 훨씬 뛰어난 무기체계로 우리를 속속들이 들여다보고 있다. 중국이 화낸다고 주권을 제대로 행사하지 않으면 그건 제대로 된 나라가 아니다.

통일부장관 정동영의 두 국가론은 우리 영토를 한반도 전체로 규정하고 평화통일을 지향하도록 명시한 헌법 3, 4조에 어긋나는 것은 물론이고 역대 정부가 이어온 남북한 특수관계론에도 맞지 않는다. 1991년 남북기본합의서가 '나라와 나라 사이의 관계가 아닌 특수관계'로 규정한 데 따라 2005년 제정한 남북관계발전법도 '국가 간 관계가 아닌 (…) 특수관계'로 규정하고 있다.[113]

영토는 더 복잡하다. 대한민국의 영토도 헌법에 규정되어 있다. 독도, 마라도는 물론 북한도 대한민국의 영토이다. 남북한은 서로를 국가와 국가 사이가 아닌 특수한 관계로 규정하고 있다. 이 말은 남북한은 하나의 민족이고, 하나의 국가였기 때문에 언젠가 합쳐질 수도 있다는 것을 내포하고 있다.

북한은 유엔 회원국이다. 한반도에는 사실상 두 국가가 있는 건 틀린 말은 아니다. 그렇다고 대한민국이 나서서 헌법을 공공연히 위반하며 두 개의 국가라고 떠들 일은 아니다. 북한은 국제적으로 봤을 때 국가이지만 정통성은 부족하다. 북한은 자유, 인권, 평등과 같은 보편적인 가치들이 통하지 않는 사회다. 김정은을 필두로 이른바 '백두혈통'이 지배하는 3대 독재 체제다. 지금은 북한 주민이 백두혈통의 지배를 수용하고 있다. 4대가 될지, 5대가 될지 알 수 없지만 '백두혈통'도 언젠가 흔들릴 수 있다. 긴 호흡으로 보면 북한도 보편적인 가치가 중시되는 사회가 되는 날이 반드시 온다. 그때가 통일의 기회이다.

---

113) 「정동영의 맥락 없는 '두 국가론' 강변…방치인가, 혼선인가」, 〈동아일보〉 2025년 10월 15일.

국가이익 애기를 조금만 더하고 넘어가자. 국가이익은 국가 사이에 충돌할 수 있다. 한반도의 통일은 대한민국의 국가이익이다. 중국의 국가이익은 한반도에서 북한 정권의 유지다. 대한민국 중심으로 한반도가 통일되면 미군의 영향력이 국경까지 확대되기 때문이다.

미국 본토는 태평양 너머에 있다. 그래서 핵이 있더라도 북한 정권의 유지를 원한다. 중국이 북한을 국가이익이라고 생각하는 것은 현실적일 수 있다. 중국은 권위주의 체제이다. 시진핑 집권 후 독재 체제로의 양상마저 보인다. 보편적인 가치가 중시되는 사회도 아니다. 중국이 북한을 국가이익으로 여기는 것은 정당성의 결여다. 글로벌 기준으로도 받아들일 수 없다. 대한민국이 독도를 일본에 양보할 수 없는 것처럼 북한도 마찬가지다. 이런 여건에서 두 개의 국가 주장은 반헌법적일뿐더러 북한 주장 편들기로 비칠 수도 있다.

정동영의 두 국가론은 그 혼자만의 생각이라고 보기 어렵다. 국가안보실장인 위성락은 정동영 주장에 대해서 공식적인 견해가 아니라고 했다. 그렇다면 이재명의 생각은 무엇일까. 그는 공식적으론 평화에 기반한 통일은 꼭 가야 할 길이라고 말하긴 했다. 첫째는 속내론 두 개 모두 일리가 있다고 생각할 수 있다. 조선시대 때 영의정 황희가 썼던 수법이다. 둘째는 속으로 생각이 있는데 어느 쪽인지 밝히지 않고 있을 수도 있다. 정동영이나 위성락 중 어느 한쪽 주장에 동의해도 파장을 생각해서 침묵하는 경우다. 일테면 전략적 침묵이다. 셋째는 어느 쪽이 맞는지 잘 모를 수도 있다. 나는 이 중에서 두 번째라고 생각한다. 정동영 주장에 동의하는 쪽인데 이런저런 파장을 생각해 전략적으로 방치하고 있을 가능성이 크다고 본다. 정동영이 믿는 구석도 없이 두 국가 주장을 동아일보 사설대로 '맥락 없이 얘기하는' 것은 아니다.

이재명은 지난 정부의 대북 전단 살포에 대해 "북한에 사과해야 하지 않을까 생각을 하면서도 '종북몰이'가 걱정돼 못 하고 있다"고 했다. 북한은 청와대 습격, 아웅산 테러, KAL기 폭파, 천안함 폭침, 연평도 포격 등 무수한 도발로 수많은 국민의 목숨을 앗아갔다. 그러나 단 한 번도 사과한 적이 없다. 이재명은 이 역사도 모를 가능성이 있다.[114]

대통령은 때론 똑똑한 사람이 더 위험할 수 있다. 정확하게 말하면 자신이 똑똑하다고 믿고 있는 사람이다. 이런 사람은 종종 더 이상 알려고 하지 않는 경향을 드러내기도 한다. 다 아는데 굳

---

114) 「대통령이 초보적 北 실상도 모르며 대북정책 결정한다니」, 〈조선일보〉 2025년 12월 25일

이 더 공부할 필요가 없어서다.

이재명도 그럴 위험성이 있다. 그는 몇 년씩 걸리는 고입, 대입 검정고시를 순식간에 합격했다. 사시도 두 번 만에 통과했다. 그는 선출직에 9번 출마해서 세 번 떨어지고 6번 당선됐다. 많은 행운이 따랐다. 행운도 실력으로 칠 수 있다. 그가 똑똑한 건 부정할 수 없는 사실이다.

이재명은 2025년 12월 충격적인 말을 뱉어냈다. 외신 기자회견에서 기자가 북한에 납치된 대한민국 국민의 송환을 추진할 생각이 있느냐고 묻자, 이재명은 납치 사실을 인식하지 못했다. 그는 옆에 앉아 있는 안보실장 위성락을 돌아봤는데 그도 이런 사실을 제대로 답변하지 못했다. 진짜 몰랐거나 알고도 대통령 체면을 생각해서 어물쩍 넘겼는지는 모르겠다.

북한의 외국인 납치는 전 세계가 최고의 순서로 챙기는 문제다. 미국은 대통령까지 나서서 책임지고 본국으로 데려간다. 일본은 총리와 각료들은 옷깃에 늘 파란색 리본을 달고 다닌다. 파란색 리본은 자유와 평화를 상징한다. 북한에 억류된 일본인의 석방을 촉구하는 의미를 담고 있다. 진보 정부는 북한을 잘 모른다. 알려고 하지도 않는다. 그러면서 북한과 잘 지내야 하겠다는 생각만 앞서 있다. 잘 모르면 공부라도 해야 하는데 똑똑하니까 그게 잘 안된다. 이런 경우엔 청와대 참모라도 공부해야 한다고 생각한다. 똑똑하다는 집단 최면에 걸려 있으면 이도 어려울 수 있다.

국정원장 이종석은 좌파로 알려져 있다. 그는 지금의 북한을 잘 아는 사람이다. 그가 쓴 『현대 북한의 이해』는 북한 전문도서론 드물게 스테디셀러다. 이 책 한 권만 읽어도 북한을 대충 이해할 수 있다. 외교나 남북 관계는 원칙이 중요하다. 원칙은 정권이 바뀌어도 변하지 않는 대한민국의 정체성이다. 원칙이 훼손되면 그걸로 끝이다. 북한에 질질 끌려다녀야 한다. 대한민국 대북정책은 5년마다 바뀌지만 북한의 대남정책은 거의 80년째 그대로다.

반헌법적 선출 권력 우위론

민주주의는 천적들의 천국이다. 정치인은 검찰을 싫어한다. 검찰은 정치인을 손댈 수 있는 거의 유일한 기관이었다. 김찰은 독하다. 한번 물면 절대로 놓지 않는다. 이번 정권에서 못하면 다음이나 다다음엔 반드시 처벌하고야 만다.

이젠 정치인은 해방이다. 저승사자였던 검찰이 사실상 해체됐으니. 공무원은 감사원을 가장 무서워한다. 감사원이 출동하면 그냥 지나가지 않는다. 별건 수사는 검찰에만 있는 건 아니다. 탈탈 털면 무혐의란 없다. 한번 걸리면 감사원으로만 끝나지 않는다. 수사를 의뢰하면 오랜 시간 조사와 재판에 시달린다. 국회로 넘어가면 또 한 번 심판대에 서게 된다. 참고인과 증인으로 참석하는 것만으로도 망신살을 사게 된다.

기업인은 공정거래위원회에 치를 떤다. 공정거래는 귀에 걸면 귀걸이, 코에 걸면 코걸이다. 조사가 끝나는 데 몇 년씩 걸린다. 천문학적 수준의 과징금과 고발로 이어진다.

부자는 국세청을 반기지 않는다. 세금을 아끼는 건 돈을 버는 지름길이다. 국세청은 돈 버는 자유를 길목마다 차단한다. 부자에게 국세청은 합법적이지만 조폭 같은 집단으로 여겨질 수도 있다. 민주주의는 수많은 천적이 공존한다. 이런 사회일수록 견제와 균형이 적절하게 이루어진다. 견제와 균형에서 발생하는 공정이란 열매는 국민에게 돌아간다. 어느 한 세력이 독주하면 민주주의는 틈이 생길 수 있다. 견제와 균형이 깨지면 그 피해는 고스란히 국민 몫으로 남겨진다.

선출되지 않은 권력인 언론사의 '미디어 프레이밍'은 완전히 실패했다. (…)

더욱 광대해진 온라인 제국의 이재명 동맹군은 수많은 콘텐츠를 생산하고 신나게 유통시켰다. 거대 언론이 배제한 이재명의 성과와 비전, 가치를 조명하고 전달했다. 기득권 집단의 미디어

프레이밍에 따라 조작된 허위 사실들을 검증해 냈다.[115]

언론은 제4부로 불린다. 입법부, 사법부, 행정부가 3부이니 다음 순서이다. 언론은 모든 권력의 천적이다. 언론은 정부의 천적이다. 민주주의가 아무리 발달해도 권력과 정부는 그들의 권한을 남용할 수 있다. 때론 부패할 수 있다. 언론은 이럴 때 힘을 쓰는 최후의 수단이다. 민주주의는 선출되지 않은 권력이지만 언론의 자유를 최대한 보장한다.

2018년 6월 경기도지사 선거 때 여배우 김부선 사건이 불거졌다. 김부선이 먼저 얘기한 것을 언론들이 보도했다. 김부선 논란은 그 이후로도 꽤 오랫동안 계속됐다. 난 김부선 논란엔 관심이 별로 없다. 내가 주목하는 건 '선출되지 않은 권력인 언론사'란 표현이다. 이 말은 선출 권력이 우위라는 생각을 담고 있다. 언론마저 선출 권력 아래라는 인식이 깔려 있다. 민주주의에 반할 수도 있는 무서운 생각이다. 이재명의 온라인 제국은 언론의 역할도 자처하고 나섰다. 한발 더 나아가 언론에 대한 검증까지 했다고 실토한 것이다.

대한민국에는 권력의 서열이 분명히 있다. 최고 권력은 국민·

---

115) 『이재명 평전』, 방현석 지음(아시아, 2025.6), 392쪽.

국민주권, 그리고 직접 선출 권력, 간접 선출 권력이다. 국회는 가장 직접적으로 국민으로부터 주권을 위임받았고, 국가 시스템을 설계하는 건 입법부 권한이다. 사법부는 입법부가 설정한 구조 속에서 헌법과 양심에 따라 판단하는 것이고, 사법부 구조는 사법부가 마음대로 정하는 게 아니다.[116)]

선출 권력 우위론은 이재명 정치의 특징이다. 선출 권력은 우위일까? 선출 권력이 우위인지 아닌지는 헌법이 판단할 문제다. 대다수 헌법학자는 부정적이다. 선출 권력 우위론에 대해 문형배는 헌법을 읽어보라고 했다.

대통령은 국가를 대표한다. 대통령은 행정부의 수반이다. 이게 헌법이다. 입법부의 대표는 국회의장이다. 사법부의 대표는 대법원장이다. 대통령이 국가를 대표한다고 해서 입법부와 대법원보다 우위에 있는 건 아니다. 이재명은 정말 민주주의자일까? 혹시 민주주의자로 포장한 건 아닐까? 사람들이 그에게 던지는 의문이다. 선출 권력 우위론은 반헌법적이다. 반헌법적인 건 민주주의와도 배치된다는 얘기이다. 민주주의는 많은 공부와 연습이 필요하다. 이재명의 삶은 민주주의와 연관이 크지 않다. 586이 수십 년간 했던 학생운동과 노동운동도 경험하지 못했다.

---

116) 이재명, 「취임 100일 기자회견」, 2025년 9월 11일.

이재명이 시민 운동을 본격적으로 시작한 건 1995년이다. 그는 이때 성남시민모임을 만들고 성남시와 싸움을 시작했다. 그는 사실상 시민 운동을 주도한다. 성남시민모임의 공식 대표는 아니지만 처음부터 대장 노릇을 했다. 변호사였고 운영비도 일부 조달한다. 기업으로 말하면 그는 처음부터 CEO였던 셈이다. CEO는 대체로 민주적이지 않다. 그는 2006년 성남시장, 2008년 총선에 출마했다가 낙선한다. 떨어져도 후보님이나 위원장님으로 불린다. 이재명은 출발부터 민주주의 공부나 훈련과 거리가 있다.

특별한 희생에는 특별한 보상이 필요하다는 게 제가 정치·사회 운동을 시작하며 정한 원칙이다. 이제 대한민국에서 가장 힘센 사람이 됐으니 해야겠다. [117]

베일에 가려진 것은 두렵다. 볼 수 없고 알 수 없으면 실제보다 부풀려질 수 있다. 은둔의 권력은 공개된 권력보다 더 위협적이다. 모습을 잘 드러내지 않는 지도자일수록 무섭다. 이런 신비주의는 권력이 종종 사용하는 수단이 되기도 한다. 대한민국 대통령은 종종 신비주의 전략을 썼다. 청와대는 신비주의에 휩싸인

---

[117] 이재명, 「강원도 타운홀 미팅」, 2025년 9월 12일.

제왕적 권력을 상징했다.

북악산 아래 틀어박힌 청와대는 대중교통수단으로 접근하기도 어렵다. 청와대 중에서 대통령이 사는 관저는 깊숙한 중턱에 있다. 이재명은 언론 친화적이다. 대통령이 언론을 자주 만나는 것은 좋은 일이다. 그는 대통령 당선 이후 수시로 기자회견에 나섰다. 그는 직접 나서서 국민에게 현안을 설명한다. 국무회의는 물론 업무보고까지 생중계하고 있다. 과거 권력과 다른 점이다. 그렇다고 그의 리더십이 달라진 건 아니다. 대통령이 된 이후 그의 위계적 리더십은 점점 심해지고 있다. 선출 권력 우위론과 위계적 리더십은 헌법 정신과 어울리지 않는다.

조국 사면, 사법부 공격 신호탄

민주주의 붕괴의 교과서도 있다. 스티븐 레비츠키(1968~)가 쓴 『어떻게 민주주의는 무너지는가』이다. 제목이 조금 길긴 한데 원제는 'How Democracies Die'다. 이 책은 미국에서 2018년 발간됐다. 얼마 안 돼 대한민국에서도 번역 출간됐다. 트럼프 1기까지 미국 민주주의 후퇴 과정을 생생하게 담았다. 미국뿐만 아니라 남미와 동유럽의 민주주의가 어떻게 죽어가는지를 규명했다. 이 책은 사법부를 심판으로 비유했다. 사법부는 민주주의 제도의 충돌이나 국민의 갈등이 격화됐을 때 심판 역할을 한다는 것이다. 민주주의 붕괴의 1단계는 사법부, 즉 심판의 매수다. 사법부를 자기편으로 만들거나 권한을 무력화하는 방안이 동원된다. 법관의 주류를 교체하기 위해 수를 대폭 늘리거나 정년을 조정한다. 레비츠키의 강력한 경고에도 트럼프는 한 번 걸러 대통령이 됐다. 레비츠키의 경고는 지금의 대한민국에 시사하는 바도 크다. 이재명 정부와 민주당은 이 책에서 제시된 방법 그대로 사법부를 공격하고 있다.

임기 초반 트럼프는 독재자 본능을 과감하게 드러냈다. 앞서 4장에서 선출된 독재자가 권력을 강화하기 위해 선택하는 세 가지 전략을 살펴보았다. 그것은 심판을 매수하고, 상대편 주전을 경기에 뛰지 못하도록 막고, 경기 규칙을 고쳐서 상대편에 불리하게 운동장을 기울이게 한다. 트럼프는 그 '세 가지 모두'를 시도했다.[118]

레비츠키는 선출된 독재가 권력을 강화하기 위해 세 가지 전략을 동원한다고 했다. 트럼프 1기 때의 사례를 구체적으로 들었다. 첫 번째는 심판의 매수다. 사법부를 자기편으로 만들거나 무력화한다. 두 번째는 상대의 주전을 경기에서 뛰지 못하게 한다.

---

[118] 『어떻게 민주주의는 무너지는가』, 스티븐 레비츠키·대니얼 지블랫 지음, 박세연 옮김(어크로스, 2018.10), 224쪽.

야당 지도자들에 대한 수사와 재판을 활용한다. 세 번째는 경기 규칙을 바꾸는 방법이다. 기울어진 운동장을 만들어 아예 승부를 결정짓는 방법이다.

대한민국에서도 똑같은 일이 벌어지고 있다. 심판의 매수는 광범위하고 집요하게 진행되고 있다. 이러다가 사법부가 아예 없어지는 게 아닌지 걱정될 정도이다. 상대 주전에 대한 공세도 격화되고 있다. 내란 몰이와 별건 수사로 야당 지도자들이 기소되고 있다. 기울어진 운동장 만들기도 가속화하고 있다. 대한민국 전반에 걸쳐 기득권과 주류 교체 시도가 이어지고 있다.

사법부 공격은 2025년 8·15 특별사면에서 시작됐다. 전 법무부 장관 조국 사면은 전례가 없는 일이었다. 조국은 징역 2년이 확정되어 형기의 3분의 1만을 채우고 사면된 셈이다. 전직 대통령처럼 특수한 사례를 제외하면 대부분 형기의 절반을 채운 경우가 사면 대상이었다. 대한민국의 역대 대통령이 사면권을 남용한다는 비판은 많았다. 그래도 어느 정도 금지선은 있었다. 이재명은 과감하게 과거의 규범을 깬 것이다. 조국 사면은 사법에 대한 간접적인 공격이다. 조국 사면은 조국 수사와 재판에 대한 불신이 반영된 것으로 볼 수 있다. 게다가 이재명 자신의 사법 리스크 해소 용도로 비칠 수도 있다. 정진상, 김용, 특히 전 경기도 평화부지사 이화영 사면의 길잡이라는 의심이다.

'조국 사태'에 대해선 이 책을 빼놓고 넘어갈 수 없다. 바로『한 번도 경험해보지 못한 나라』다. 2020년 8월 발간된 이 책은 팬덤 정치, 사모펀드, 586 출신 정치인 문제를 깊이 있게 다루고 있다. 그해 4월 총선에서 민주당이 크게 이겼지만 '조국 사태'에서 비롯된 문재인 정부에 대한 비판이 커지던 때였다.

거짓말, 날조, 갈라치기···. 민주당의 성격이 이렇게 바뀐 건, '조국 사태'가 결정적이었어요. 적나라하게 보여주었잖아요. '기회는 평등하고, 과정은 공정하며, 결과는 정의로울 것이다'라는 슬로건으로 당선된 권력이 조국을 옹호하면서 온갖 허위와 날조를 일삼았잖습니까. 이 사태 자체가 평등과 정의를 무너트리는 것이었는데 말이죠.[119]

내란 청산은 적폐 청산 시즌2 버전이다. 문재인 정부의 적폐 청산은 '조국 사태'가 일어나면서 실상이 적나라하게 드러났다. 진중권은 권력의 허위와 날조가 평등과 정의를 무너뜨렸다고 비판했다. 내란 청산은 훨씬 적대적이고 노골적이다. 국민의힘은 물론 보수세력 전체를 정면으로 겨냥한다.

이재명은 민주당이 못마땅했던지 진두지휘에 나섰다. 취임 후

---

119) 『한번도 경험해보지 못한 나라』, 강양구·권경애·김경율·서민·진중권 지음(천년의상상, 2020.8), 245~246쪽.

여러 차례 공식 회견에서 내란 청산을 강조했다. 내란재판부 설립이 위헌이 아니라고도 했다. 대통령의 말은 집권 여당에 종종 지침으로 받아들여진다. 내란재판부를 추진하란 강한 요구나 마찬가지다.

내란 청산, 총선·대선까지 지속

민주당은 2025년 12월 내란전담재판부 설치 법안을 일방적으로 통과시켰다. 우군인 조국혁신당도 반대하고 나섰지만 막무가내였다. 이재명과 민주당이 막 나가는 것은 지지율과도 연관이 있다. 이재명 지지율은 사법개혁 논란 와중에도 50~60%를 오갔다. 민주당 지지율도 35~45%에서 움직였다. 내란 청산이 여론의 지지를 얻고 있다는 자신감의 발로다. 지지율은 조금 꺾여도 여론은 결국 자기들 편이라는 생각에서이다. 이재명과 민주당은 내란과의 전쟁을 2028년 총선까지도 지속할 가능성이 있다. 어쩌면 2030년 대선에서도 다시 등장할지도 모른다.

이재명 정부의 첫 국정감사가 시작된 어제, 국회 법제사법위원회의 대법원 국정감사에서 우려스러운 장면이 연출됐다. 조희대 대법원장이 인사말 뒤 국감장을 이석하는 관례를 지키지 못한 채 조리돌림에 가까운 질문 공세를 받은 것이다. (…) 헌법이

보장한 삼권분립 원칙이 정면으로 훼손된 유감스러운 장면이었다.[120]

대법원장 조희대는 과연 버틸 수 있을까. 민주당의 조희대 사퇴 압박은 거칠고 집요하다. 정청래가 말한 것처럼 그들은 대통령도 두 명이나 끌어내렸다. 대법원장쯤이야 하는 생각일 테다. 이재명도 선출 권력 우위론으로 측면에서 지원하고 있다.

조희대는 1957년 경북 경주에서 났다. 2014년부터 2020년까지 대법관으로 일했다. 윤석열은 2023년 12월 그를 대법원장으로 임명했다. 대법원장은 임기 6년으로 헌법에 보장되어 있다. 조희대가 임기를 모두 채우면 2029년 12월이다. 이재명 임기 6개월 전까지이다. 민주당으로선 도저히 참을 수 없는 일이다. 조희대는 존재 그 자체로 악몽이다. 조희대는 평생을 법관으로 살았다. 아직까진 임기를 채우겠다는 의지를 꺾진 않고 있다.

그가 정년에 걸려 임기가 4년이란 황당한 주장도 많다. '재명이네 마을'처럼 이재명 팬카페에선 이런 글들이 종종 올라온다. 이런 해석은 대법관 정년이 70세이기 때문이다. 조희대 사퇴를 얼마나 간절하게 원하고 있는지 짐작할 수 있는 대목이다. 그들의 희망과 달리 대법원장은 정년이 없다. 조희대는 민주당의 사

---

120) 「대법원장 답변 강요한 국회, 헌법 원칙 훼손이다」, 〈중앙일보〉 2025년 10월 14일.

퇴 요구에 무릎을 꿇지 않으면 2029년까지 일할 수 있다.

남자는 종종 유치해 보일 때가 있다. 나도 같은 처지인데 남자를 욕보이려는 건 아니다. 남자는 무기나 전쟁에 많은 관심을 가진다. 군대 입대 여부와 관계없다. 언론도 대부분 군사 전문기자를 두고 있다. 때때로 무기와 전쟁 기획을 내보내기도 한다. 총은 가장 간단한 개인 무기다. 총은 사람을 순식간에 죽일 수 있는 무서운 무기다.

자주국방, 미·중·러만 가능

윤석열이 계엄 사태를 일으킨 건 총에 대한 무서움을 몰라서 그랬을 수도 있다. 군에 입대하면 정말 총을 수도 없이 많이 쏜다. 나는 '캐리버50'이란 대공화기 사수였다. 훈련병 때부터 시작해서 수만 발은 족히 쏘았던 것 같다. 총기 사고도 삽시간에 일어난다. 함께 고생하던 전우가 다치면 정말 열받는다. 피가 부글부글 끓는다. 전쟁영화에서도 전우가 죽으면 그 옆에 있는 동료들은 미칠 지경이 된다. 물불 안 가리고 적을 향해 돌진하게 된다.

외교와 안보는 국가 그 자체이다. 또 대통령의 존재 이유다. 외교와 안보에 관련된 부처는 세종이 아닌 서울에 있다. 중요하기도 하고 상징성이 있기 때문이다. 청와대 대통령실엔 국가안보실을 따로 두고 외교와 안보를 관장한다.

자주국방은 꿈이다. 미군 철수 움직임이 일자 박정희는 자주국방을 꿈꾸기 시작했다. 핵무기 개발을 시도했다. 핵 개발은 결국 무산되고 미군 철수도 없던 일이 됐다. 그게 1970년대 중반이다. 50년이 그새 후딱 지나갔다. 자주국방은 할 수만 있다면 좋은 일이다.

586은 외교·안보 분야를 가볍게 생각하는 경향이 있다. 군대 안 간 사람도 많고 전쟁의 무서움도 잘 모른다. 북한의 핵이나 대륙간탄도탄이 미국을 겨냥하고 있다고 생각한다. 대한민국이랑은 별 상관이 없다는 투다. 대한민국과 미국은 군사동맹 관계다. 어느 한 나라가 공격을 받으면 자동으로 전쟁에 참전해야 한다. 북한이 미국에 핵미사일을 쏘면 대한민국도 미국 편에서 서서 싸워야 한다. 용케 전쟁에 참여하지 않는다고 치자. 대한민국 곳곳엔 미군 부대가 있다. 미국 본토에 미사일을 쏠 정도면 남쪽 미군 부대는 가만히 놔둘 리가 없다. 북한이 남쪽 미군 부대는 공격하는데 우리 땅만 피해 갈 수 있을까. 자주국방은 핵 억제 수단까지 갖춰야 가능하다. 재래식 무기로는 불가능하다는 게 군사전문가들의 생각이다.

세계적으로 자주국방을 실현하는 나라는 사실상 없다. 미국,

러시아, 중국 정도만 가능하다. 미국마저도 수많은 나라와 군사 동맹을 맺고 있다. 러시아도 벨라루스, 북한과 군사동맹을 맺고 있다. 중국은 북한과 군사동맹 관계가 아닌가. 유럽에선 죄다 '나토'로 묶여 있다.

군사 강국인 영국, 프랑스, 독일도 예외가 아니다. 자주국방은 현실에선 이루어지기 어렵다. 일부러 안 하는 나라들도 많다. 일본은 2차 세계 대전의 가해자이자 동시에 피해자라고 생각한다. 히로시마와 나가사키에 떨어진 핵폭탄 때문이다. 일본은 세계 최초의 피폭 국가다. 히로시마 평화공원엔 피폭 당시의 참상을 전시하고 있다. 끊임없는 피해의 재생산이 일본을 피해자로 인식시키는 셈이다.

일본은 피해자란 인식 때문에 마음만 먹으면 언제든 핵도 개발하고 자주국방도 실현할 수 있다. 최근 경제적 어려움을 겪고 있지만 충분한 역량을 갖고 있다.

일본의 안보 전략은 자주국방 대신 미군에 의존한다. 일본엔 유엔군에 소속된 미군도 다수 주둔하고 있다. 이들은 한반도에서 전쟁이 나면 지원 역할도 맡는다. 일본을 제치고 경제 4강으로 올라온 독일도 마찬가지다. 어느 나라든지 예산을 크게 늘려 자주 국방을 준비할 수는 있다. 중장기적으로 추구할 수도 있다. 자주국방이 그렇다고 가능한 건 아니다. 꼭 그래야 되는지도 따져 볼 일이다.

국방비를 GDP 대비 3.5%로 늘리겠다는 계획도 공유했다. 이는 단순한 국방비 지출이 아니라 우리가 필수적인 전략 자산을 확보하고 확장 억제를 보장받기 위해 불가피하게 지급해야 하는 비용이다. 전시작전권 전환 협력을 지속하기로 한 것 역시 한반도 방위에 대한 우리의 주도적 의지를 반영한 것으로 볼 수 있다.[121]

사람에겐 지속과 변화가 동시에 나타난다. 한편에선 과거의 생각이 그대로 지속된다. 또 다른 한편에선 변화가 일어난다. 지속과 변화는 동시에 나타나기도 한다.

고집불통도 있다. 옛날에 가졌던 생각을 웬만해선 안 바꾸는 경우다. 꼰대는 부드러운 고집불통이다. 갈대 같은 사람도 있다. 자기 주관 없이 남의 말이나 주변 상황에 따라 왔다 갔다 하는 사람이다.

이새냉의 가장 큰 변화는 안보 분야나. 그는 국방비 지출을 줄이고 복지는 늘려야 한다고 늘 주장했다. 국방비를 대폭 확대하자는 건 갑작스러운 변화다. GDP 대비 3.5%의 국방비는 꽤 많은 돈이다. 2026년 정부의 국방예산은 66조 원쯤 된다. GDP 대비 2.2% 안팎이다. GDP가 2026년 수준으로 유지된다고 생각할

---

121) 「통상안보 새 장 연 韓美…향후 5년 한국號 명운 가른다」, 〈한국경제〉 2025년 11월 15일.

때 대략 90조 원까지 올려야 3.5%를 맞출 수가 있다. 이재명 임기 동안 나누어서 늘린다고 해도 달성하기 어려운 목표다. 트럼프 비위 맞추려 한 가짜 약속으로 결론이 날 가능성이 크다.

미·중·일·북 모두에 '쎼쎼' 외교

나라마다 자주 쓰는 말은 다르다. 우린 밥 먹었냐, 이렇게 말을 건넨다. 기성세대의 말을 따라 하기 싫어하는 MZ도 이 말은 곧잘 한다. 끼니 제때 챙겨 먹기 힘든 세상이라 그런지도 모르겠다는 생각이 든다.

미국인은 괜찮냐 미안하다, 이런 말을 쉽게 한다. 어떨 땐 덮어놓고 이 말부터 한다고 느낄 정도다. 일본인은 감사를 입에 달고 산다. 이런 국민이 어떻게 전쟁을 일으켰나 싶은 정도로 정중하다. 중국인도 일본이랑 비슷한 감사를 자주 쓴다. 중국어로 '쎼쎼(謝謝)'다. 감사하다는 뜻의 사(謝)가 두 번이니 정말 또는 매우 감사하다는 말이겠다.

대통령 당선 전 이재명의 '쎼쎼'가 논란이 된 적이 있다. 그는 중국과 잘 지내자는 의미로 썼다고 말했다. 그를 공격하는 쪽에선 굴종 외교라고 비판하기도 했다. 이재명 정부의 외교정책은 나라 안팎에서 큰 관심이다. 국내 보수와 미국, 일본에선 의심의 눈초리를 거두지 않고 있다. 중국은 기대감이 높아지고 있다. 북한은 썰렁한 분위기가 유지되고 있다.

　미국, 중국, 일본, 북한 모두에 '쎼쎼' 외교. 이재명 정부 임기 초반에 드러난 외교정책의 대강이다. 이재명표 외교는 이들 네 나라와 두루 잘 지내자고 한다.

　트럼프의 관세는 WTO 체제를 무너뜨렸다. 중국은 WTO의 혜택을 크게 누렸다. 중국은 WTO 편입 이후 30여 년 만에 미국을 위협할 만큼 강해졌다. 트럼프의 관세에도 중국은 큰 타격을 받지 않았다. 미국과 중국의 갈등은 어느 한쪽의 우세가 확정될 때까지 계속될 가능성이 크다. 두 나라의 전면적인 협력 같은 건 기대하기 어렵다. 중국의 권위주의적 체제가 유지되는 한은 그렇다. 일본과 중국의 갈등 구조는 복잡하다. 체제와 역사, 그리고 대만 문제에서 맞서 있다.

　일본과 대만은 식민지 지배의 역사에도 불구하고 친밀한 관계를 유지하고 있다. 북한은 사실상 핵무장을 마쳤다. 안으론 군사 최강국이고 밖으론 전쟁의 위협을 해소했다. 유일한 위협은 대한민국 문물의 유입이다. 김일성과 김정일이 그토록 강조했던 모기장을 강화할 수밖에 없는 처지이다. 모기장은 꼭 필요한 것 말곤 들어오지 못하게 하자는 주장이다.

　한미 관계에선 미국의 요구를 일부 들어줬다. 눈에 띄는 약속은 국방비 3.5%까지 증액이다. 현재 GDP 2.2% 수준인 국방비를 획기적으로 늘리겠다는 거다. 임기 안에 전작권의 회수와 핵잠수함 건조도 시작하겠다는 복안이다.

한중 관계에선 협력 확대다. 한일 관계에선 과거는 과거, 협력은 협력이란 두 가지 병행 방향이다. 남북 관계에선 단기적으로 두 국가론, 장기적으론 통일을 지향한다는 방향이다. 이재명 정부의 외교정책은 네 나라와 잘 지내면서 문제가 생기면 중재자 역할을 하겠다고 한다. 역대 정부와 비교하면 노무현 때랑 가장 유사하다. 그땐 남북한, 미국, 중국, 일본, 러시아가 참여하는 6자회담이 한동안 열렸다. 노무현은 균형자 외교론을 전면에 내세웠다. 지금의 중재 외교와 같은 맥락이다.

노무현 정부의 6자회담은 북한의 핵 개발을 막지 못했다. 되레 국제사회의 막대한 지원과 시간만 벌어줬다는 시각도 있다. 균형자 외교는 대한민국의 국력을 과대평가한 나머지 국제 왕따로 귀결했다는 냉혹한 평가를 받기도 했다. 미국, 중국, 일본, 북한 모두에 '쎄쎄 외교'는 역대 정부에서 한 번도 실행되지 않은 이상적인 외교정책이다. 이상은 실현되기 어렵다는 의미도 담겨 있다.

핵잠, 안보 이슈 우려먹기

보수의 강점은 경제와 안보다. 안보는 보수의 치명적인 무기다. 주한미군 유지에 사활을 건다. 핵 보유 주장은 안보 불안 해소의 만능키다. 안되는 걸 알면서도 보수가 핵무장을 얘기하는 건 그만큼 먹힌다는 뜻이다. 북한의 핵이 날로 고도화되는 마당에 마땅히 대응 방법도 없다. 국민의힘은 시도 때도 없이 안보 이슈를 제기했다. 그 덕을 톡톡히 보기도 한다.

미국과 관세 협상에서 이재명 정부가 느닷없이 핵잠수함 도입을 추진하고 나섰다. 핵잠수함 도입은 찬성 여론이 압도적으로 높다. 핵잠수함은 큰 안보 이슈다. 정부는 이름을 놓고 오락가락했다. 처음엔 핵잠수함으로 불렀다. 뒤이어 원자력 잠수함으로 이름을 바꾼다고 했다. 며칠 후엔 핵잠수함으로 되돌아갔다. 정부가 돌아간 이유는 아마도 '핵'이란 파괴력 때문이다. 핵잠수함이 원자력 잠수함보다 훨씬 선명하다. 실제 도입 여부와 상관없이 이재명 정부는 안보 이슈를 선점했다. 보수 정당의 치명적 무기를 빼앗은 셈이다.

핵연료 공급 약속은 교묘히 피하면서 원잠 사업을 협의할 수 있다는 식으로 얼버무렸다. 트럼프가 분명한 약속을 할 수 없는 사정은 이해할 수 있다. 한국에 원잠이나 핵연료를 이전하는 것은 미국 대통령 재량으로는 불가능하고 미국 원자력법(AEA) 예외를 규정하는 의회의 별도 입법 등을 거쳐야 할 절차가 많기 때문이다. 트럼프가 의회를 설득할 수 있다는 보장도 없지만, 2026

년 11월 미국 중간선거에서 민주당이 이기면 의회의 협조를 얻기는 더 어려워진다.[122]

핵잠수함은 과연 도입할 수 있을까. 미국은 핵잠수함 도입을 지지한다고 했다. 디테일은 턱없이 부족하다. 핵잠수함 도입의 쟁점은 두 가지로 요약된다. 하나는 어디서 건조할지의 문제다. 트럼프는 미국에서 건조하자고 했고 정부는 국내서 만들자고 주장했다. 한미 공동 발표문에선 아예 빠졌다. 다른 하나는 핵연료 공급 문제다. 이것도 빠졌다. 두 가지 쟁점 모두 긴밀히 협의하자는 식으로 두루뭉술하게 처리했다. 긴밀히 협의하자는 건 언제든 없던 일로 만들 수도 있다는 얘기다. 트럼프도 두 가지 쟁점을 해결할 수 없다. 미국 의회의 승인이 필요하기 때문이다. 트럼프 임기는 3년도 남지 않았다. 2026년 11월 중간선거에서 공화당이 지면 의회의 협조가 물 건너갈 수도 있다.

핵잠수함 도입은 몇 가지 효과가 있다. 우선 비주류 민주주의에 부합한다. 비주류는 다수를 의미한다. 이재명 정부의 비주류 민주주의는 다수제 민주주의와 같은 말이다. 핵잠수함은 찬성 여론이 매우 높다. 핵잠수함 도입은 핵무장을 하자는 보수의 주장과 달리 국민의 경계심이 덜하다. 비주류의 폭넓은 지지를 끌어

---

122) 「원자력 추진 잠수함 획득, 이렇게 서두를 일인가」, 〈조선일보〉 2025년 11월 17일.

낼 수 있다. 주류가 핵무장이라면 비주류는 핵잠수함으로 대응하는 셈이다. 핵잠수함 도입은 오래가는 이슈다. 실제 도입까지는 빨라야 10년이다. 핵잠수함 도입에 실패해도 미국과 트럼프의 책임이다. 이재명 임기 안에 건조를 시작하면 더욱 좋다. 차기 정부로 넘어가도 된다. 대선공약에도 넣고 그때 또 추진하면 된다. 두고두고 우려먹을 수 있다. 북핵에 대한 미온적인 대처 공세도 피해 갈 수 있다. 대한민국도 핵잠수함을 갖는다는데 무엇이 문제란 말인가.

통합 책무 저버린 대통령들

헌법재판소장 직무대행을 지낸 문형배는 흥미로운 사람이다. 외모부터 범상치 않다. 세상만사를 초월한 스님의 풍모가 느껴진다. 그는 헌재 소장 직무대행으로 윤석열 탄핵을 주도했다. 그가 탄핵 판결문을 읽던 모습이 아직도 생생하게 기억난다.

2025년 4월 4일이었다. 조금은 어눌한 말투로 천천히 판결문을 읽었다. 어떨 땐 더듬거린다는 느낌도 들었다. 판결은 아주 쉽게 써서 이해하는데 큰 도움이 됐다. 말은 너무 잘할 때보다 띄엄띄엄할 때 더 믿음이 가기도 한다.

문형배는 퇴임 후 여러 차례 언론 인터뷰에 나섰다. 그가 늘 강조한 것은 바로 관용과 자제다. 관용과 자제가 민주주의의 핵심이란 얘기다. 관용과 자제는 헌법 정신이라고도 했다. 레비츠키가 쓴 『어떻게 민주주의는 무너지는가』의 핵심도 관용과 자제다. 대한민국 민주주의가 후퇴하고 있는 건 관용과 자제가 사라졌기 때문이라고 한다. 관용과 자제를 법으로 만들 수는 없다. 대통령의 리더십에 따라 좌지우지된다. 여당의 태도에 따라 앞으로 나갈 수도 반대일 수도 있다.

　　국민 모두의 대통령으로서 자신을 지지하는 국민을 초월하여 사회공동체를 통합시켜야 할 책무를 위반하였습니다.[123]

　　문형배의 '윤석열 탄핵 판결문'은 이재명에게도 해당한다. 헌재가 바라본 대통령 책무는 사회공동체의 통합이다. 헌재는 탄핵 판결문에서 이를 정면으로 지적하고 있다. 대통령은 자신을 지지하는 국민을 초월해서 사회공동체를 통합해야 한다고 했다. 이것을 위반하면 헌법 위반이라는 주장이다.

　　윤석열은 이를 위반했다. 헌재의 지적은 지극히 상식에 기반해 있다. 대통령은 전체 국민의 대통령이다. 현실에선 이게 잘 안 된다. 진영의 대통령으로 눈에 띄게 편향된 건 문재인이다. 역대 평가에서 이명박보다 뒤진 건 이와 연관이 있다. 헌재 판결문으

---

123) 「윤석열 탄핵 판결문 전문」, 〈헌법재판소〉 2025년 4월 4일.

로 볼 때 이재명은 합격점일까? 대한민국에 내란 세력이 있다는
말은 설득력이 떨어진다. 6시간짜리 내란에 동조한 세력이 있다
는 주장은 억지에 가깝다. 특검 수사 발표에 따르면 윤석열과 몇
몇 측근에 주도된 '계엄 미수' 사건에 불과하다. 내란 청산이란 명
분으로 다수 국민을 배제하는 건 대통령의 사회공동체 통합 책무
를 위반하는 것으로 비칠 수도 있다.

02

신화 다시 쓰기,
서사의 왜곡

신화는 대체로 가짜뉴스 비빔밥이다. 신화(神話)는 이름부터 왜곡을 내포한다. 신화는 글자 그대로 풀이하면 신비스러운 얘기다. 인간의 얘기가 얼마나 신비스러울까. 그리고 놀라운 수준일까. 사람들의 일이란 대개 상식선에서 전개된다. 큰 인물은 죽으라고 노력했거나 억세게 운이 좋거나, 또는 두 가지가 얽히고설켜서 나온다. 여기서 한 발 앞으로 나가면 니체가 말한 초인이다. 선악과 도덕을 넘는 냉혹한 인간성이 필요하다. 신화는 종종 서사 다시 쓰기로 부풀려지곤 한다. 신화는 그래서 점점 강해진다.

프로이트 추종자들은 그의 신화를 위하여 불리한 글들을 수거해서 없애기까지 한다. 온갖 수단을 동원하여 정보공개를 막는다.

북한은 백두혈통을 강조하려고 김정일이 태어난 곳까지 조작한다. 러시아를 지우고 그 자리를 백두산이라고 우긴다. 좋게 말하면 역사 다시 쓰기지만 액면 그대로 말하면 서사의 조작이다. 역사의 왜곡이기도 하다. 이재명 신화도 그렇게 다시 쓰이고 있다.

"아버지, 저 사법고시에 합격했습니다."

이재명이 병상에 누운 아버지에게 그렇게 말했을 때, 아버지는 아무 말도 하지 못하고 눈시울을 적셨다. 그의 손을 잡은 아버지는 곧 눈물로 볼을 흠뻑 적셨다. [124]

방현석의 『이재명 평전』에 나오는 아버지가 사법고시 합격을 알았다는 얘기는 명백히 왜곡이다. 최종 합격 소식을 전했을 때 눈물이 눈시울을 적셨다며 이재명과 아버지가 화해했다고 봤다. 이것은 거짓말이다.

이재명과 서해성이 함께 쓴 『이재명의 굽은 팔』엔 임종 장면이 등장한다. 3차 합격 소식을 전했을 때 아버지는 의식을 잃은 상태였다. 아버지는 그 뒤 의식을 회복하지 못하고 세상을 뜬 것이다. 굳이 이런 얘기까지 미화할 필요가 있는지 이해하기 어렵다. 이재명의 성공엔 냉정한 아버지의 기여도 있었다. 그는 아버지가

---

124) 『이재명 평전』, 방현석 지음(아시아, 2025.6), 242쪽.

혹독하게 키우지 않았다면 성공하지 못했을 것이라고 몇 번이나 말하곤 했다.

아버지는 최종 합격 소식을 제대로 듣지 못하고 세상을 하직했다. (…) 이미 의식을 잃은 아버지에게 3차 합격을 했다고 거듭 말을 올렸지만 알아들었는지 알 길이 없다. 평생을 빈한하게 살면서 공부로 성공하지 못하면 도리어 그게 자식에게 상처가 될까 봐 말려야 했던, 초라했으나 깊은 애정을 드러내지 못하고 살았던 아버지였다. 끝내 아버지는 아무런 소박한 영광도 누려보지 못한 채 모든 삶을 쏟아서 겨우 비탈에 집 한 채 남겨두고 우리 식구 곁을 떠나갔다.[125]

이재명 아버지의 삶은 재평가할 부분도 있다. 그가 성남으로 이주하지 않았다면 역사는 달라졌을 수도 있다.

나도 이해가 안 되는 게 있다. 안동에서의 삶이 가난했어도 중학교 진학까지 막아야 했을까. 조금 무리를 했으면 그건 가능하지 않았을까. 상상해본다. 안동에서 그대로 생계를 이어갔다면, 중학교와 고등학교에 이재명 7남매를 보냈다면 어떻게 됐을까. 7남매의 혹독한 시련은 없었을 수도 있다. 안동 읍내나 대구로 이

---

125) 『이재명의 굽은 팔』, 이재명·서해성 지음(김영사, 2017.7), 99~100쪽.

주해서 평범한 삶을 이어갈 수도 있었다.

성남 이주는 결과적으로 신의 한 수가 된 셈이다. 이재명은 집 한 채라고 썼지만 지금 보면 꽤 큰 재산이다. 성남이란 위치를 보면 더 크게 보인다. 이재명의 성남 이주는 1976년이니 불과 50년 전이다. 세월이 오래 흘러 보이지만 그리 긴 시간은 아니다. 20~30대는 이재명 아버지처럼 죽기 전에 집을 마련할 수 있을까. 성남 같은 수도권에선 어림없는 얘기가 됐다. 성남은 원래 수정구와 중원구였다. 이재명은 중원구에 정착했다. 1990년 전후로 분당 신도시가 형성됐다. 2010년 전후론 판교 신도시가 만들어졌다. 수정구와 중원구는 호남 출신이 많아 민주당 강세 지역이다. 성남은 이재명 여정이 시작된 '정치적 고향'이다. 그는 아버지가 이주한 중원구의 비탈을 발판 삼아 성남시장과 경기도지사가 됐다. 민주당 대표를 거쳐 대통령까지 올라갔다. 그의 성공엔 아버지의 놀라운 포석이 있었던 셈이다.

다행히 수임료 수입이 짭짤한 민사 사건도 더러 들어왔다.

재미있게도 이재명과 재판정에서 맞붙었던 회사와 기업주들이 그에게 다른 사건을 의뢰하고 소개해 주었다. 비록 변호사 이재명 때문에 수모를 당하고, 패소했지만 이재명이 자기 변호사였으면 하는 생각이 들었다는 것이다. 그런 기업들이 노사문제가

아닌 민사 사건을 이재명에게 가지고 왔다. [126]

이재명은 인권변호사의 길을 걸었다. 그렇지 않은 근거도 많다. 조직폭력이나 교제폭력과 연관된 사건 수임으로 논란이 되기도 했다. 방현석조차 『이재명 평전』에서 민사 사건도 일부 수임했다고 밝혔다. 수임료가 상당한 사건도 맡았다는 뜻이다.

이재명의 씀씀이는 상당히 컸다. 이재명은 자서전에서 광주와 이천노동상담소 소장으로 일했다고 했다. 특히 이천엔 월 100만 원씩을 지원했다고 밝혔다. 성남시민모임도 주도적으로 이끌었는데 운영비와 실무자들의 4대 보험도 회비로 충당이 안 되면 그가 지원했다. 이재명은 변호사 사무실 부설로 성남노동상담소도 운영했다. 그의 대학 친구 이영진이 소장으로 일했다. 두 아이의 아빠이자 가장의 역할까지. 이재명은 꽤 많은 돈이 필요했을 터다. 마치 인권 또는 노동변호사 전문인 것처럼 말하는 것은 다소 과장이라고 볼 수 있다.

더 지독하고 기막힌 일이 이어졌다. 자신의 아내와 딸에 의해 정신병원에 강제 입원당한 셋째 형을 이재명이 강제 입원시켰다고 덮어씌운 것이었다. 시장의 권한을 남용해 멀쩡한 친형을 정

---

126) 『이재명 평전』, 방현석 지음(아시아, 2025.6), 266쪽.

신병원에 강제 입원시킨 파렴치범이라는 딱지를 이재명에게 붙이려는 모략은 집요했다.[127]

친형 강제 입원 논란도 사실과 다른 점이 있다. 이재명 측은 국립부곡병원 입원진단서를 공개했는데 시차를 쏙 빼놓은 것이다. 장영하의 『굿바이 이재명』과 이기인의 『성난 시민』은 친형 강제 입원 논란을 자세히 설명하고 있다. 방현석의 글은 일방적인 이재명 측 주장을 검증 없이 그대로 받아 썼다. 장영하에 따르면 '친형 강제 입원' 논란과 실제 '강제 입원'은 2년 6개월의 차이가 난다. 이기인도 '강제 입원' 논란은 2012년 때의 일이라고 자세하게 밝히고 있다.

결국 나는 사법고시에 합격하고 연수원 생활을 마친 후 변호사 사무실을 성남에 개업하고서야 내 인생의 반려자를 만납니다. 당시 유행하던 '007 미팅(소개시켜 주는 사람 없이 둘이 알아서 만나는 미팅)'으로 만났는데, 나는 사실 첫눈에 반했습니다. 처음 만난 자리임에도 나는 검정고시 출신이라는 사실과 살아온 이야기, 집안 형편도 모두 털어놓았습니다.[128]

---

127) 『이재명 평전』, 방현석 지음(아시아, 2025.6), 359쪽.
128) 『이재명의 나의 소년공 다이어리』, 이재명·조정미 지음(팬덤북스, 2021.7), 161쪽.

이재명은 1991년 3월에 김혜경과 결혼한다. 이재명은 '007 미팅'으로 김혜경을 만났다고 했다. '007 미팅'이 무엇인지 포털 사이트를 검색해 본 적이 있다. 아무리 찾아봐도 제대로 설명된 것을 발견하지 못했다. 그 당시나 지금이나 소개해 준 사람은 나오지 않고 이름이나 전화번호만 주고받아 만나는 게 태반이 아니던가. 이재명은 김혜경을 소개한 사람이 형수인 이재선의 부인 박인복임을 쏙 빼놓고 있다. 물론 아니라고는 하지 않았으므로 거짓말을 한 건 아니다.

결국, 걱정하던 일 벌어졌다.

셋째 형은 전문의의 우려대로 자살을 시도했다. 고의적인 교통사고로 중장해를 입은 것이다. 마침내는 그가 사람을 때리고 식구들마저 괴롭히자 뒤늦게 형수와 조카가 그를 정신보건법 제25조에 따라 국립부곡병원에 강제 입원시켰다. [129]

가족의 갈등을 다루는 건 유쾌한 일은 아니다. 간혹 천문학적인 유산상속이나 대기업 경영권을 놓고 다투는 건 그나마 낫다. 돈이라도 많으면 용서가 된다. 가난한 가족의 싸움은 누가 봐도 꼴사납다. 이재명도 여러 차례 형과 형수, 어머니, 여동생 얘기를

---

129) 『이재명 평전』, 방현석 지음(아시아, 2025.6), 358쪽.

하면서 눈물을 보이기도 했다. 이재명은 그런 가족사를 정쟁의 대상으로 삼는 정치 현실을 비판했다. 나는 그의 책을 읽으면서 이재선 얘기의 비중이 너무 커서 많이 놀랐다. 이재명이 쓰거나, 그를 다룬 책들은 모두 이재선 얘기를 자세하게 다뤘다. 방현석은 이재선이 자살을 시도했다고 썼다. 자살 얘기는 이재선 측과는 전혀 다르다. 방현석은 『이재명 평전』을 쓰기 위해서 많은 검증과 이재명 인터뷰를 활용했다고 밝혔다.

2013년 3월 16일 토요일 오후 3시 20분경이었다. 심신이 지칠 대로 지쳐 있던 이재선은 깜빡하는 사이 졸음운전으로 중앙선을 침범해 마주 오던 5톤 트럭과 충돌했다. 대형교통사고를 일으킨 것이다. (…) 이재선은 전치 12주 이상의 중상을 입었다. [130]

장영하가 본 이재선 교통사고는 방현석과 딴판이다. 장영하는 교통사고 전 정신과 의원의 '소견서'도 공개했다. 사고 3일 전이었는데 "스트레스를 심하게 받아 우울·불면 등의 증상으로, 조울증 등의 심각한 정신증적 소견은 보이지 않았음"이란 내용이다. 이재선이 국립부곡병원 입원은 2014년 11월경이다. 방현석이나 장영하 모두 부인과 딸에 의한 강제 입원이라고 했다. 강제 입원

---

130) 『굿바이, 이재명』, 장영하 지음(지우출판, 2021.12), 116쪽.

논란은 2012년 4~5월경이다. 시차는 2년 6개월이다. 입원 이후 이재선의 삶은 평탄지 못했다. 병원 치료를 계속 받았다. 이재선은 폐암 4기 진단을 받고 투병하다가 세상을 뜬다. 2017년 11월이었다. 국립부곡병원에 입원한 지 꼭 3년 만의 일이다. 7년간 이어진 두 형제간의 갈등도 이렇게 마침표를 찍었다.

2012년 이명박 정권은 나에 대한 40쪽 분량의 보고서를 작성했다. 청와대와 행안부, 한나라당 소속 김문수 지사의 경기도가 성남시에 대한 내사에 들어가 2개월에 걸쳐 조사한 결과다. 당시 청와대 내부에서는 나를 물러나게 해야 하며, 성남의 보수 시민단체를 움직여 주민소환 투표를 유도한다는 구체적인 방법론까지 거론됐다고 한다.

이른바 '이재명 제거 작전 보고서'이다.[131]

이명박 정권이 이재명 퇴출작전을 펼친 것은 사실일까? 나는 2009년 가을에서 2011년 가을까지 2년간 청와대에서 일했다. 정무수석실과 기획관리실의 행정관이었다. '이명박의 이재명 퇴출작전' 시기와 일부 겹친다. 당시 수사와 정보를 다루는 기관들은 대부분 동향 보고서를 만들었다. 윗선에 보고하기 위한 목적이

131) 『이재명 자서전 그 꿈이 있어 여기까지 왔다』, 이재명 지음(아시아, 2025.6), 180쪽.

다. 청와대에도 보고됐고 나도 그것들을 가끔 본 적이 있다. 내용은 시시콜콜했다. 당시 국정원은 세 개의 분야로 나뉘어져 있다. 국내와 북한, 그리고 해외를 담당하는 부서를 두고 있었다. 국내 분야는 전국 곳곳에 직원을 파견한다. 그들은 기초자치단체나 주요 공공기관, 기업의 정보를 모은다. 그들은 정보가치가 있다고 여기는 것들을 골라서 보고서로 만든다. 동향부터 비리는 물론 화젯거리와 인사까지 망라되어 있었다. 경찰이나 다른 기관의 보고서도 비슷한 내용을 담고 있다. 특정 기초단체장 죽이기로 보기는 어려웠다. 그들은 그저 그들의 할 일을 충실하게 했을 뿐이다.

이명박은 국내 정치에 관심이 별로 없었다. 2010년 6월 지방선거에서 패배한 이후엔 더욱 그랬다. 지방선거 전에도 청와대 안팎에서 '차기 주자 대책 논의' 요구가 많았다. 정무수석실에선 '관련 TF'를 만들기도 했는데 이명박은 그다지 반응하지 않았다. 이명박은 한강 다리를 건너 여의도 국회에 가는 것도 싫어했다. 그는 국회가 트집만 잡고 비효율적이란 생각이었다. 그의 관심은 국정 성과에 대한 집착이었다. 이명박의 국회 외면은 지방선거 이후엔 더욱 심했다. 선거 후엔 박근혜의 한나라당 장악력은 더 세졌다. 차기 주자 지지율도 1위를 이어갔다. 민주당에서도 지방선거의 선전으로 역동성을 키우던 시기였다. 이명박은 여의도와 심리적 거리가 점점 멀어져갔다. 이재명은 2010년 지방선거에서 처음으로 성남시장에 당선했다. 이명박 정권이 통째로 나서서 이재명 제거 작전을 펼쳤다는 것은 억지다. 김문수 경기도지사, 국정원과 경찰 등속이 통째로 이재명 퇴출작전에 나선다는 건 웃기다 못해 하품 나오는 소리다.

굿캅과 배드캅의 시효

〈굿캅 배드캅〉은 2006년 개봉된 캐나다 경찰의 얘기를 다룬 영화다. 좋은 경찰과 나쁜 경찰이 한 팀을 이뤄 수사한다는 내용이다. 〈투캅스〉 유형의 영화다. 이런 영화는 1990년대 홍콩, 대한민국 등에서 인기를 끌었다. 미국에서도 단골 메뉴로 등장하는 영화의 서사다. 〈투캅스〉의 결론은 늘 하나같다. 우여곡절을 거쳐 굿캅이 되는 것으로 결론이 난다.

당정 관계도 〈투캅스〉와 닮았다. 당정은 여당과 정부를 줄인 말이다. 정부는 넓은 의미의 정부다. 꼭대기엔 청와대가 있다. 고위 당정은 여당 대표, 총리, 대통령 비서실장의 만남을 뜻한다. 당정이나 고위 당정은 교묘하게 청와대의 존재를 숨긴다. 당정이나 고위 당정의 핵심은 청와대이다. 대통령의 의중이 무엇이냐가 늘 핵심 의제가 되곤 한다. 당정 관계는 평상시엔 평화롭다. 돌발변수가 발생하면 긴장이 높아질 수밖에 없다. 국정은 돌발변수의 연속이다. 중대한 문제가 생기면 책임론이 떠오른다. 책임의 맨 위엔 대통령과 여당 대표가 있다. 문제가 생길 때마다 대통령에게 책임을 묻는 건 곤란하다. 대통령은 바꿀 수가 없기 때문이다. 여당 대표는 언제든 교체할 수 있다. 대통령은 굿캅이고 여당 대표는 배드캅일 수밖에 없다. 다른 정부도 이 점에선 거의 같았다. 굿캅과 배드캅은 언제나 굿캅으로 결론이 정해져 있다. 임기 말이 아니면 그렇다는 얘기다.

2024년 민주당 공천은 충격적이었다. 당의 총선 후보 경선은 개딸 인증대회였다. 인증만 받으면 그걸로 후보가 됐다. 묻지도 따지지도 않았다. 주요 당직, 좌파 유튜브 출연, 이재명 부부의 측근 직책이 인증 통로로 활용됐다.

민주당 권리당원은 대략 125만 명 안팎이다. 권리당원은 매월 당비를 내는 사람이다. 국민의힘은 책임당원이라고 부른다. 전국의 국회의원 지역구는 254개다. 지역구당 권리당원이 5,000명인 셈이다. 영남처럼 민주당 세가 약한 곳은 적고 호남이나 수도권은 더 많은 구조다. 경선은 권리당원 50%와 국민 50%로 치러진다. 국민 50%는 여론조사로 대체하기도 하는데 민주당 지지층과 무당층이 대상이다. 국민 50%엔 권리당원 50%가 중복으로 포함된다. 권리당원은 여론조사에 적극 응답할 가능성이 크다. 권리당원은 후보를 사실상 결정한다. 그해 총선의 당내 경선에서 민주당 중진은 개딸 인증을 받은 신인들에게 추풍낙엽처럼 떨어졌다. 이재명은 이를 두고 공천 혁명이라고 이름을 붙였다.

굿캅과 배드캅도 시효는 있다. 2028년 총선이다. 그때도 개딸 인증이 통할까? 이재명이 재림예수라면 모를까, 2024년 총선 같은 충격적 현상은 일어나지 않을 것으로 본다. 이때부터 2030년 4월 22대 대선까지는 선거가 없다. 2028년 총선이 끝나면 선거에 출마하려는 민주당 정치인들은 대통령 눈치를 안 봐도 된다. 공천에 영향을 줄 수가 없기 때문이다.

권력이 자기 것으로 만든 소유를 더는 제어할 수 없을 만큼 강하지 않을 때 둘로 분열한다. 생식은 무력함의 결과이다.

수컷이 굶주림에서 암컷을 찾고 그들과 결합하여 사라지는 것에서, 생식은 굶주림의 결과이다. [132]

니체는 권력의 쇠퇴 현상을 재미있게 묘사했다. 권력이 소유에 대한 통제를 잃었을 때 둘로 분열한다는 통찰은 그의 짧은 연애와 관계가 있다. 니체는 러시아 태생의 여성인 루 살로메(1861~1937)를 열렬히 짝사랑했다. 니체는 그녀에게 청혼했지만 거절당하고 극심한 낙담에 빠진다. 니체가 쓴 여러 저작엔 살로메의

---

132) 『권력에의 의지』, 프리드리히 니체 지음. 이진우 옮김(휴머니스트, 2023.9), 541쪽.

영향이 녹아 있다.

니체는 생식을 소멸의 과정이자 결과로 봤다. 매우 부정적인 태도다. 니체가 실연당한 후 배신감이나 증오를 가졌던 것으로 보인다. 연어의 마지막 여행을 생각나게 한다. 연어는 죽기 전에 마지막 행위로 생식을 시도한다. 자기가 태어난 고향으로 돌아와 알을 낳고 죽는다. 자못 숭고한 행위다. 우린 연어의 마지막 여행을 응원한다. 시인 안도현의 어른을 위한 동화『연어』는 지금도 팔리는 밀리언셀러다. 가수 강산애의 〈거꾸로 강을 거슬러 오르는 저 힘찬 연어들처럼〉을 들으면 잠들어 있던 삶의 의지를 깨운다. 이재명의 권력도 자연의 이치를 벗어날 수 없다. 정치 일정과 함께 굿캅 베드캅의 시효는 다가올 수밖에 없다. 첫 시험대는 2028년 총선 무렵이다.

03

다수 대 소수,
지속가능성 위기

    사람의 인기는 생로병사와 같다. 생겨나서 크다가 병들어 시들어간다. 누구도 피해 갈 수 없는 이치다. 대통령의 인기도 독야청청할 수 없다. 대통령은 처음엔 인기를 끌었다가 말년엔 추락하곤 한다. 대통령마다 예외없이 이런 길을 따라 걸었다. 대통령 지지율엔 현재의 평가와 미래의 기대가 함께 담긴다. 임기 초 대통령 지지율이 높은 건 잘할 것이란 기대를 반영하고 있어서다. 기대는 임기가 지나갈수록은 줄어들기 마련이다. 임기 후반엔 오로지 국정 성과만으로 평가된다. 임기 중후반엔 온갖 부정적 얘기들이 터져 나온다. 권력의 힘이 셀 땐 사회 전반이 알아서 기는 분위기가 만들어진다. 권력의 힘이 빠지면 조그만 틈만 보여도 대통령 책임론이 불거질 수 있다.

예외도 있다. 문재인은 달랐다. 그는 70~80%를 오간 국정 지지율로 시작했다. 남북, 북미 대화가 여러 차례 열렸다. 금세라도 통일될 것 같은 희망이 감돌았다.

낮은 경호도 문재인 지지율을 끌어올렸다. 대통령 경호는 지나친 면이 있다. 대통령 일행의 차량이 도심을 통과할 땐 시민들의 불편은 아랑곳하지 않는다. 대통령이 참석하는 행사장 인근을 지나려면 고생이 이만저만 아니다. 고압적인 경호처의 검문도 기분 나쁜 건 이루 말할 수 없다. 문재인은 이런 경호 방식을 대폭 완화했다. 이런 두 가지가 문재인 지지율을 지탱했다. 남북, 북미 관계는 결국 '뻥'으로 밝혀졌다. 문재인 지지율은 2020년 4월 총선 이후엔 크게 빠졌다. 문재인은 그래도 임기 막판까지 50%에 육박했다. 그는 역대 대통령 평가에선 이명박보다 아래다. 대통령 때 잘한 게 별로 없다는 의미다. 문재인은 국정 성과는 없이 지지율만 지킨 셈이다. 그런 문재인은 지금 유튜버로 변신해 책을 판다. 문재인이 운영하는 서점은 그의 사저가 있는 경남 양산 평산마을에 있다.

지지율과 국정 성과는 따로따로다. 문재인과 이명박이 그를 입증한다. 문재인은 50% 안팎으로 임기를 마쳤다. 퇴임한 지 10

년도 지나지 않아 그에 대한 평가는 싸늘해졌다. 이명박은 싸늘한 채로 임기를 마쳤다. 그는 임기 후 박근혜와 함께 도매금으로 넘어가 구속됐다. 정치보복의 희생양이란 시각도 있다. 이명박은 퇴임한 지 10년을 훌쩍 넘겨 재평가받고 있다.

이재명 정치는 다수의 편에 서기로 요약할 수 있다. 이재명은 끊임없이 다수 대 소수를 구분한다. 그런 다음 다수의 편에 서기를 시도한다. 이재명의 국정도 그렇다. 다수와 소수를 구분하고 다수가 선호하는 것을 정부 정책의 기본 방향으로 채택한다. 이재명의 국정에서 다수와 소수는 충돌한다. 서로의 이해관계가 달라서다. 다수는 오늘에 집중하고 소수는 미래를 본다. 대한민국 지속가능성은 국가의 핵심 이익이다. 오늘의 대한민국은 내일도 존재해야 한다. 이재명의 국정은 오늘을 넘어 내일로 뻗어 가야 한다. 문재인의 평가는 이를 말해주는 지표다.

전직 대통령 평가(단위: %)[133]

구분	이승만	박정희	김영삼	김대중	노무현	이명박	문재인
긍정	30	62	41	60	68	35	33
부정	40	21	26	20	15	46	44

133) 「데일리 오피니언 제643호」, 한국갤럽(2025년 11월 28일).

이명박은 전직 대통령 평가에서 눈에 띈다. 그의 임기 말은 처참했다. 같은 당 소속인 박근혜가 대통령에 당선됐지만 사실상 정권교체란 조롱을 받았다. 실제 박근혜는 이명박 임기 내내 차별화를 시도했다. 이명박은 임기 중후반 친인척 비리로 몸살을 앓았다. 퇴임하기 직전 이명박 국정 지지율은 20%대 초중반에 그쳤다. 문재인의 절반 수준이다. 이명박은 박근혜 탄핵 이후 오랜 기간 수사와 재판으로 온갖 고초를 겪었다. 그가 전직 대통령 평가에서 문재인을 꺾은 건 놀라운 반전이다. 퇴임 후 시간이 흐르면서 재평가되고 있다. 이명박은 2008년 금융위기를 극복했다. 대한민국을 세계 속에 알리기 시작한 것은 그의 공이다. 이명박 땐 집값은 안정됐고 경제가 안정적으로 성장했다.

노무현이 68%로 1위에 오른 건 비극적인 결말과도 관련이 있다. 검찰의 수사 과정에서 억울하게 세상을 떠났다는 인식이 있다. 우리 정서에선 죽음은, 억울한 죽음은 숭고하다. 이것이 후한 평가로 나타난 것으로 보인다. 노무현을 빼면 누구도 박정희와 김대중을 넘어서고 있지 못하다.

586 패권과 정치 양극화

586이 정치에 나서기 시작한 것은 김대중 때다. 대표적인 인물이 국무총리 김민석이다. 이때만 해도 586 정치인은 드물었다. 586은 주로 정치와 선거 실무에서 활약했다. 김민석은 1996년 총선에 처음으로 당선된다. 김대중이 주도했던 새정치국민회의 공천을 받았다. 30대 초반에 국회의원이 된 것이다. 김민석은 2000년엔 재선에 성공한다.

김민석은 586의 대표 주자로 부상했다. 586이 정치 전면에 등장한 것은 노무현 때다. 안희정, 이광재가 상징적인 인물이다. 노무현 정부는 연합성격을 띠고 있다. 노무현을 필두로 호남, 수도권 2030, 부산 개혁 세력이 뒤섞여 있었다.

다만 586이 모든 권력을 완전히 장악했다고 보기는 다소 무리다. 어쨌든 586 패권 아래에서 정치 양극화는 점점 악화하고 있다. 원인과 처방을 놓고 의견이 분분하다. 승자독식 양당제와 제왕적 대통령제가 주범으로 꼽힌다. 해법으론 다당제와 권력구조 개편이 제시된다. 모범 답안으로 볼 수도 있다. 내가 보기엔 핵심을 벗어난 진단과 처방이다. 정치 양극화의 원인은 586 패권 때문이다.

탈진실은 필연적으로 탈민주주의(post-democracy)를 낳는다. 민주당 의원들이 대법원을 짓밟은 것이나, 윤석열 지지자들이 서부지법에 난입한 것이나, 본질은 동일하다. 그것들은 이미 시작된 탈민주주의의 시각적 증명이다.[134]

정치 양극화가 심화한 건 문재인 정부 출범 이후다. 촛불이 박근혜를 끌어내린 뒤 문재인은 손쉽게 대통령이 됐다. 대통령은 문재인이었지만 주요 실권은 586이 잡았다. 민정수석 조국이 대표적인 인물이다. 문재인과 586은 촛불을 등에 업고 적폐 청산에 나섰다. 국정이 뭔지도 잘 모르면서 칼날을 휘두르게 되었다.

진중권은 진실에서 벗어나면 민주주의에서도 벗어난다고 586을 비판했다. 586 패권은 반패권을 부른다. 586 패권은 승승장구한다. 이재명 정부 출범 이후 보수는 지리멸렬이다. 단기적으론 그렇게 보일 뿐이다. 어느 한쪽이 지나치게 강해지면 반대쪽에도 점점 세력이 많아지고 힘이 세진다. 이는 입증된 정치 역학이다. 586 패권이 위험한 것은 탈진실, 즉 가짜뉴스에서 많은 동력을 찾고 있기 때문이다.

---

134) 「'포스트 데모크라시'의 시대」, 〈중앙일보〉 2025년 10월 30일.

도덕 정치의 실종,
정의의 독점

사람들이 가장 좋아하는 말은 무엇인가. 아마도 그것은 '정의'이다. 다음으로 손꼽는다면 '도덕'이다. 마이클 샌델(1953~)의 『정의란 무엇인가』는 200만 부 이상 팔려나간 것으로 알려졌다. 많은 사람이 책을 사서 가지고 있는 건 읽던 그렇지 않던 정의에 대한 목마름 때문일 것으로 생각된다. 도덕적인 내용으로 가득 찬 『성경』도 밀리언셀러를 대표한다. 정의와 도덕에 대한 열망은 역설적이다. 우리 사회가 그만큼 정의롭지도, 도덕적이지도 않다는 뜻이다.

정의와 동떨어진 정당이 정의를 표방하기도 했다. 민정당이 그랬다. 민주정의당은 1981년 전두환 주도로 창당됐다. 줄여서

민정당이라고 했다. 정의를 걸었지만 성공하지 못한 정당도 있었다. 고 노회찬과 심상정이 주도했던 정의당은 한동안 진보 정당을 대표했다. 결국 간판을 내리고 그 자리를 진보당에 넘겨준 다음 밀려나고 말았다. 정의 또는 도덕, 그리고 효율성은 대한민국을 이끌어온 두 개의 수레바퀴였다. 보수는 효율성이 대표 상품이었고, 진보는 정의와 도덕이었다.

세계를 해석하는 것은 우리의 욕구이다. 우리의 충동과 그들의 찬성과 반대, 모든 충동은 일종의 지배욕이며, 모든 충동은 자신의 관점을 가지고 있다. 충동은 그 밖의 모든 충동이 이 관점을 규범으로 받아들이도록 강요하려 한다.[135]

정의는 해석과 실현의 문제이기도 하다. 누가 정의를 해석하는가이다. 누가 정의를 실현하는가이다. 해석과 실현에서 정의의 과잉은 늘 문제가 됐다. 파시스트나 제국주의자들은 늘 정의를 내세웠다. 정의를 빙자해 국가의 거대한 폭력을 정당화했다.

나는 북한대학원대학교의 총장을 지낸 최완규의 말을 수십 년째 기억한다. 그는 국가나 대통령이 정의를 실현하려고 하면 위험하다고 했다. 독재로 흐를 가능성이 있다고 봤다. 정치의 역할

---

[135] 『권력에의 의지』, 프리드리히 니체 지음, 이진우 옮김(휴머니스트, 2023.9), 417~418쪽

은 정의의 실현이 아니라 정의의 과잉을 방지하는 것이라고 했다. 정말 맞는 지적이다. 정의의 해석은 학계나 사회적 제도에 맡겨놓으면 된다. 정의의 실현은 국민 의식이나 사법부의 영역이다.

니체는 해석하는 자가 지배자라고 통찰했다. 해석은 무엇인가를 지배하여 주인이 되기 위한 수단이라는 점이다. 대부분의 정권은 이런 오류에 빠지곤 한다.

1992년 출범한 김영삼 정부는 '역사바로세우기'를 본격적으로 추진했다. 역사는 넘어지지도, 사라지지도 않는다. 그런 역사를 어떻게 바로 세우겠다는 건지 지금 생각하면 아찔하다. 문재인 정부의 적폐 청산과 이재명 정부의 내란 몰이도 '역사바로세우기'와 같은 성격이다. 적폐와 내란은 한편으론 역사다. 그걸 다시 해석한다는 게 청산이란 이름이다. 청산은 곧 정의인 셈이다. 이미 지나간 걸 어떻게 청산하고 해석하겠다는 건지 이해하기 어렵다.

나는 기득권의 표적이며 끝없이 감시받아 왔다.

왜 그러한가. 덤볐기 때문이다. 공익을 위해 덤볐다. 적폐와 손잡지 않았다. 그 과정에서 온갖 의혹이 더해졌고 '아니면 말고' 식의 언론보도로 수없이 고약한 이미지가 덧대졌다. 나는 내가 어항 속 금붕어임을 잘 알고 있다. 호시탐탐 나를 제거하려는 세력은 지금도 매 순간 나를 캐고 흔들어댄다. 이는 팩트다. 그러하

니 부패가 곧 내겐 죽음이다. [136)]

이재명은 과거를 끊임없이 재해석한다. 그의 생각은 명쾌하다. 두 가지로 요약할 수 있다. 기득권의 표적으로 끊임없이 감시받았다. 내겐 부패가 죽음이었으므로 깨끗하다. 여러 가지 부패 의혹을 관통하는 그의 일관된 입장이다.

그가 성남시장이 된 건 두 명의 성남시장과 싸워서 떴기 때문이다. 2002년을 전후로 민주당 소속이던 김병량의 특혜 분양 의혹을 쟁점화했다. 이후엔 한나라당 소속이던 이대엽의 비리 의혹을 파헤쳤다. 김병량과 이대엽을 무너뜨린 후 그는 성남시장에 당선된다. 모든 선출직은 도전자나 시민사회, 수사당국의 감시 대상이다. 선출직은 누구든 어항 속의 금붕어 신세가 되는 셈이다. 국민이 볼 때 당연하고 좋은 일이다. 기득권의 표적이란 견해도 다소 부풀린 면이 있다. 변호사, 시장, 도지사는 상층 기득권이라는 게 일반의 눈높이다. 그가 부패와 직접 연루됐다는 증거는 아직 없다. 대통령 당선 후 모든 수사와 재판은 중단됐다. 임기가 끝나기 전엔 새로 밝혀질 게 없을 가능성도 크다. 그가 쓴 글을 꼼꼼히 읽어봐도 자기관리에 나름대로 철저했다. 친인척 논란도 크지 않았다. 문제는 주변 인사들이다. 부정부패가 뒤따랐

---

136) 『이재명 자서전 그 꿈이 있어 여기까지 왔다』, 이재명 지음(아시아, 2025.6), 181쪽.

다. 적지 않은 사람이 유죄판결을 받았다. 이재명은 주변의 부패를 거의 알지 못했다.

부패즉사 청렴영생.
부패하면 즉시 죽고 청렴하면 영원히 산다.
청탁과 비리 신고가 들어오면 즉시 감찰팀을 투입해 사실관계를 확인하고, 결과에 따라 엄격하게 처리했다. 그리고 그는 강조했다.
청렴이 능력이다.[137]

이재명은 가시 돋친 말을 자연스럽게 구사한다. '부패즉사'란 말은 무서운 말이다. 부패하면 즉시 죽는다고 하니. 부패가 나쁜 건 맞지만 곧바로 죽어야 한다는 것과는 별개의 문제다. '청렴영생'이란 말에선 종교적 분위기가 물씬 풍긴다. 청렴하다고 해서 영원히 살 수는 없다. 이 말은 그가 성남시장이 된 후 시청 화장실에 붙여 놓은 말이다. 그가 이렇게 과격한 말을 쓰는 건 세 가지 의미가 있다.

하나는 부패와 청렴이란 해석을 자신이 하겠다는 의미이다. 해석의 독점은 곧 정의의 독점이다. 그가 성남시장이 된 2010년

---

137) 『이재명 평전』, 방현석 지음(아시아, 2025.6), 328~329쪽.

경엔 이땐 공무원 사회의 부패가 거의 사라졌다. 다른 하나는 공무원 사회를 척결해야 하는 기득권으로 바라보는 적대적 태도다. 소년공 생활과 시민 운동의 경험이 거의 전부였던 그에게 성남시는 개혁 대상이었다. 마지막으로 자신이 깨끗하다는 걸 보여주기 위한 수단이다.

20년이 넘도록 도배 한번 못한 집, 그리고 10년이 넘은 텔레비전과 가끔 고장까지 나는 24년 된 낡은 에어컨, 흐릿해져 가는 조명… 남편이 리얼리티 방송 출연을 제안했을 때 나는 펄쩍 뛰었다.[138)

그의 살림살이도 검소했던 것으로 보인다. 김혜경은 『밥을 지어요』에서 집안을 이렇게 그리고 있다. 안 봐도 알 수 있겠다. 꼭 필요한 가구와 낡은 조명에 칙칙한 실내가 떠오른다. 이 글은 주로 집밥 요리를 소개하는 내용이다. 군데군데 가족 얘기와 살림살이 이모저모를 담고 있다. 2018년 6월 경기도지사 선거를 앞두고 출간됐다. 선거에 대비한 책이라서 출판전문가의 도움을 받았을 것으로 보인다. 전문가의 개입이 있더라도 책이란 지은이의 환경과 본심이 묻어나기 마련이다. 검소한 생활 태도가 엿보이는

---

138) 『밥을 지어요』, 김혜경 지음(김영사, 2018.2), 42쪽.

대목이다. 집안은 손님으로 북적이지도 않았고 부부가 종종 집밥을 즐겼던 모양이다. 김혜경은 2016년 이재명의 광화문 단식 이후 몇 달 동안 도시락을 쌌다고 말하기도 했다.

해석의 독점, 민주주의 파괴

해석의 독점은 상상만으로도 끔찍하다. 해석은 헌법과 제도와 학문의 몫이다. 국민 정서와 관행의 몫이다. 어떤 사람이 해석을 독점하면 그것이 바로 독재다. 북한이 심각한 건 해석의 자유가 백두혈통에만 허용되기 때문이다. 중국과 러시아가 권위주의 사회로 퇴행한 건 시진핑과 푸틴이 해석을 독점하기 때문이다.

민주주의 국가에서 대통령이 해석을 독점하면 그 사회는 병들기 시작한다. 민주주의가 파괴되는 건 시간문제다. 나는 지난 2025년 6월 대선 때의 충격을 아직도 생생하게 기억한다. 이재명은 '깨끗한 법정'이라고 했다. 지금의 법정은 오염됐다는 것이다. 나는 그 말을 듣는 순간 귀를 의심했다. 법정이 깨끗한지, 오염됐는지를 판단하는 건 정치나 대통령의 몫은 아니다. 대통령이 된 후 벌어진 일은 그의 말이 기준이 되고 있다. 사법부 전체를 사실상 적으로 몰아붙이고 있다. 전례가 없는 대법관 증원을 추진하고 대법원장의 사퇴를 압박하며 내란전담재판부를 도입했다.

이재명 선거법 사건도 1심 선고에만 2년 2개월이 소요됐고, 2심은 4개월이 걸렸다. 선거법 선고에 적용되는 '633 원칙', 1심 6개월, 2, 3심 3개월 원칙이 제대로 지켜지지 않은 바람에 36일 만에 선고가 내려진 3심이 지나치게 빠르게 비쳤다. 대법원의 이례적인 신속한 판결이 사법부의 정치 개입이라는 의혹을 부른 것은 결국 지금까지 판결이 지연한 탓이다. 대법원의 신속 재판을 따라 서울고법도 양형 판단을 지체해서는 안 된다.[139]

경기도 평화부지사를 지낸 이화영은 손이 큰 사람이다. 형님 리더십의 소유자라는 얘기다. 성균관대 운동권 출신으로 선후배를 잘 챙기는 스타일이다. 이화영은 이해찬 보좌관으로 정치에 입문했다. 이때부터 이해찬계로 분류되기 시작했다. 대통령 당선 1년 후 노무현과 함께 2003년 열린우리당을 만들었다. 이듬해 4월 서울에서 국회의원에 당선됐다. 이화영은 북방전문가로 활동했다. 이화영은 북방사업에도 직접 나서기도 했다.

이화영은 2017년부터 쌍방울 사외이사로 영입됐다. 이화영은 1963년생으로 이재명과 나이가 같다. 이재명은 경기도지사 당선 후 이화영을 경기도 연정부지사로 임명한다. 임명 직후 평화부지사를 새로 신설하고 그 자리에 이화영을 앉힌다. 이화영은 이때

---

[139] 「이재명 선거법 유죄 취지 파기환송 후보 자격 논란 불가피」, 〈부산일보〉 2025년 5월 2일.

부터 경기도의 대북사업을 총괄한다. 이재명의 이화영 영입은 운동권 예우라는 일관성 위에 있다. 이해찬계는 민주당의 주류 중 하나이다. 이화영은 북방전문가로 꼭 필요한 인재였던 셈이다.

재판부는 이재명의 관여 여부는 직접 언급하지 않았다. 이재명은 몰랐다는 입장이다. 하지만 이재명은 2019년 네 차례에 걸쳐 북측에 자신의 방북을 요청하는 공문을 보냈다. 북측이 방북 대가를 요구하자 김성태가 돈을 대납했다는 것이 검찰 수사 결과다. 법원도 이를 인정했다. 이화영이 이런 일을 하는데 이재명이 아무것도 몰랐다는 것은 상식에 맞지 않는다. 이화영은 이재명에게 "대북 송금을 보고했다"고 진술했다가 번복하기도 했다.[140]

황정민 주연 〈공조〉엔 북한공작원들에게 명품 시계를 주는 장면이 나온다. 김정일 만날 때도 대가를 준다. 북한은 '입국세' 형식으로 돈을 받는다. 입국세는 모든 남측 인사에게 적용된다. 금강산 관광 때도 '한 사람당 얼마' 이런 방식으로 돈을 떼갔다. 심지어 예술단처럼 공연 목적으로 북한에 들어가도 돈을 준 것으로 알려졌다. 2000년 김대중과 김정일 정상회담에서도 이런 문제가 있었다. 노무현 때 '대북 송금 특검'은 정상회담 전에 북한에 송금

---

140) 「징역 7년 유죄확정 대북 송금, 이 대통령 입장 밝히길」, 〈조선일보〉 2025년 6월 6일.

한 돈이 대략 5억 달러나 된다는 사실을 밝혀내기도 했다.

그때는 현대그룹의 정몽헌이 거의 대부분 부담했다. 이화영이 이재명의 방북 비용으로 북한에 줬다는 300만 달러는 아마도 이런 차원이었을 가능성이 있다. 이재명은 몰랐다고 한다. 이화영은 손이 큰 사람이다. 자신에 주어진 권한을 200% 사용했을 수도 있다. 300만 달러는 40억 원을 웃돈다.

이재명은 2025년 10월 이해찬을 민주평통 수석부의장으로 임명한다. 의장은 대통령이므로 수석부의장은 민주평통의 최고위직이다. 장관급 예우를 받는다. 민주평통은 대표적인 관변단체다. 전국적인 조직망을 갖추고 있다. 회원들은 지역에서 말깨나 하는 동네 유지들로 구성되어 있다. 이해찬은 2026년 1월 베트남 출장을 갔다가, 그곳에서 세상을 떠났다.

돈 계산 빠른 선택적 만기친람

만기친람(萬機親覽)은 장점이자 단점이다. 대통령이 모든 국정을 샅샅이 꿰고 있음을 뜻한다. 유교의 5경(五經) 중 하나인 서경에서 유래된 고사성어다. 우(禹) 임금과 신하인 고요(皐陶)의 대화 중 오간 임금의 자세다. 만기친람은 이재명 리더십을 대표한다. 대통령은 물론 경기도지사, 성남시장 때도 이재명을 빛나게 했다. 대통령 취임 후 자주 오르내리는 언론의 가십이다. 기자회견 때마다 해박한 국정 이해력을 자랑한다. 국정 디테일 곳곳을 훤하게 꿰고 있다. 막힘없는 국정 난관 진단과 처방을 듣다 보면 나도 모르게 고개를 끄덕이곤 했다. 대한민국에 이런 대통령이 있었나 여겨질 정도다. 그런 이재명이 이화영의 대북 송금을 몰랐을까. 그런 이재명이 측근들의 대장동 부패 연관을 몰랐을까. 정말 궁금하다. 국민 일부가 이재명의 연관을 수긍하는 건 그의 만기친람 리더십 면에서 볼 때 합리적인 의심이다.

나는 돈 계산이 빠릅니다. 돈의 귀중함을 누구보다도 잘 알기 때문입니다.[141]

이재명은 돈 계산이 빠르다. 어릴 적 지독한 가난, 소년공 생활, 장학금으로 겨우 마친 대학 생활에서 그는 돈이 얼마나 귀중한지 뼈저리게 느꼈다. 그는 버스 대신 걸으면서 돈을 절약해야 했다. 돈을 버는 게 얼마나 어려운지도 잘 안다. 그는 인권변호사를 표방하면서도 다른 사건도 맡아 돈을 벌었다. 그는 대선 패배 직후에도 주식투자를 할 정도로 돈에 집착했다. 대통령 당선 후 장남 결혼식은 비공개라고 했지만 800명이 넘는 사람들이 다녀갔다고 언론이 보도했다. 국회의원들이 주고받는 경조사 비용

---

141) 『이재명의 나의 소년공 다이어리』, 이재명·조정미 지음(팬덤북스, 2021.7), 165쪽.

은 최소 30만 원이다. 결혼식장에 오지 않고 축하금만 보낸 사람까지 더하면 3~4억 원은 족히 채웠을 가능성도 있다. 그를 둘러싼 사건에서 측근들 일부가 부정부패 혐의로 유죄판결을 받았다. 대장동, 대북 송금, 백현동, 성남 FC, 경기도 법인카드 사건 모두 부정부패와 연관이 있다. 이재명 측은 직접적인 관련이 없거나 모른다고 한다. 돈 계산 빠른 그가 어떻게 하나같이 부정한 거래가 오간 것을 모를 수 있단 말인가.

유튜브 민주주의,
포스트 임기

이재명 권력의지의 끝은 어디일까? 그는 임기 5년 후 온전히 자연인으로 돌아갈 수 있을까. 정말이지 궁금하다. 나뿐 아니라 많은 이들이 궁금해할 사실이다. 보수는 물론이고 아마도 진보도 그럴 것이다. 사실 이 책을 쓴 목적은 이것을 탐구하기 위해서다. 나는 이 궁금증을 풀기 위해 긴 여정을 헤쳐왔다.

권력의지는 멈출 수 없는 에너지를 품고 있다. 물론 권력의지의 생명이 무한하다는 얘기는 아니다. 사람은 언젠가 죽는다. 이에 따라 사람의 권력의지도 끝이 있기 마련이다. 그러나 이재명의 권력의지는 특별할 수 있다. 그의 권력의지는 너무 강하다. 권력의지의 속성으로 볼 때 5년으로 멈추기 어렵다. 그에게는 사법

리스크도 남아있다. 그는 집권한 후 보수 정치인, 윤석열 주변, 검찰 세력을 철저히 단죄했다. 정권을 내어주는 순간 보복은 불가피하다. 이재명에게는 강력한 지지층이 존재한다.

치열한 노력 끝에 어느 정도 성공했다고 생각하면 다음 단계가 기다린다. 또 다른 욕망이 더 높은 성공을 부추기기 때문이다. 결국 성공으로 향하는 길은 언제나 산 너머 산이다. 엄밀히 말하면 욕망이 멈추지 않는 한 진정한 성공이란 없는 것과 같다. [142)]

이재명의 권력의지는 멈추지 않을 것이다. 그도 자신의 욕망엔 끝이란 없다고 토로했다. 포스트 이재명의 길은 대략 세 갈래이다. 첫째, 재집권을 추진하는 것이다. 아예 가능성이 없는 건 아니다. 이재명은 윤석열처럼 어처구니없이 비상계엄을 시도하지는 않을 테다. 그가 쓸 수 있는 카드는 2028년 총선이다. 4년 중임제로 바꾸는 개헌 국민투표를 총선과 함께 실시하고 대통령 중임에 나서는 방안이다. 지금의 헌법 부칙엔 개헌해도 현 대통령에겐 해당이 안 된다고 되어 있다. 헌법의 부칙 규정은 임기를 단축하는 등으로 편법을 모색할 수도 있다. 둘째, 2028년 총선에서 내각제 개헌을 하고 총리를 목표로 하는 방법이다. 총리는 대

---

142) 『이재명은 합니다』, 이재명 지음(위즈덤하우스, 2017.2), 82쪽.

통령이 아니므로 실현 가능성이 첫 번째보다 더 크다. 임기 초반 국정기획위원회에서 대통령 4년 중임제 개헌안을 제안했다. 내각제를 추진하게 되면 그쯤이야 쓰레기통에 던지면 그만이다.

내각제 개헌, 총리 도전?

셋째, 정권 재창출이다. 이재명은 임기 5년을 뒤로 퇴임하고 민주당 정권 연장을 추진하는 방안이다. 2028년 총선에서 개헌이 어렵다면 현실적인 방안이다. 이재명과 민주당의 집요한 주류 교체 시도는 이와 연관이 있다. 보수 정당의 집권 기반을 완전히 허물겠다는 생각이다. 세 번째 시나리오는 이재명과 민주당의 마지노선이다. 서로 말은 안 해도 이심전심 합의된 목표나 다름없다. 첫 번째와 두 번째 시나리오는 여건이 마련되어야 가능하다. 국민의 동의와 개헌이란 두 가지 전제조건이 필요하다. 지금은 세 가지 방안 모두를 테이블 위에 올려놓고 저울질을 시작하는 단계다.

여의도는 정치권을 뜻하는 말이다. 여기서 여의도는 국회 의사당이 있는 여의도 서쪽, 서여의도를 뜻한다. 금융권이 밀집해 있는 여의도 동쪽은 동여의도다. 우리가 보통 여의도라고 부르면 지역으로는 서여의도이고 직업군으로는 정치권이다. 여의도는 그동안 대한민국 정치의 중심으로 행세했다.

이제는 아니다. 정치 중심은 유튜브로 넘어갔다. 전당대회나 당내 경선은 이미 유튜브가 대세다. 민주당은 이재명이 당대표에 당선된 2022년 8월부터 유튜브 시대가 열렸다. 2024년 총선의 당내 경선도 유튜브가 좌지우지하고 있다.

국민의힘은 조금 늦었다. 2025년 전당대회를 기점으로 유튜브 시대가 열렸다. 당대표 장동혁이 당선된 전당대회다. 유튜브 선거운동을 100% 활용한 김민수는 최고위원 선거에서 2위로 당선됐다. 예상하지 못한 깜짝 당선이었다. 전통적 선거운동에 의존했던 전통의 강자인 김재원은 가까스로 당선권에 진입했다. 유튜브를 빼고 정치를 논하는 건 우물가서 숭늉 찾는 격이 됐다.

영향력 있는 유튜버들이 떠올랐다. 딴지일보 김어준 총수에게 전화를 걸었다.

"김 총수, 시민들에게 빨리 국회 앞으로 모여달라고 알려야 합니다. 지금 방송을 해야 합니다."

김 총수도 경황이 없어 보였다. '이동형TV'의 이동형 작가에게도 전화를 했다.

"이 작가, 긴급 방송을 해야 합니다."

나도 내 휴대폰으로 '이재명TV' 라이브 방송을 시작했다. 10시

48분경이었다. [143)

　　이재명은 첫 유튜브 대통령이다. 12·3 계엄 밤의 풍경이다. 이재명은 퇴근했다가 계엄 소식을 듣고 서울로 향한다. 운전대는 김혜경이 잡았다. 밤 10시 30분이 넘은 시간이라 운전기사를 부를 시간이 없어서다. 그는 자동차를 타자마자 김어준과 이동형에게 전화를 건다. 유튜브 방송을 부탁하기 위해서다. 이동형의 고향은 안동으로 이재명과 같다. 이동형 유튜브 구독자는 김어준 구독자(230만)만큼 압도적이지는 않다. 80만 명을 넘는 수준이고 이재명이 각별히 챙긴다. 다른 정치인 같았으면 신문·방송·인터넷 기자에게 전화를 걸었을 텐데 이재명은 유튜브부터 찾았다. 그도 김어준과 이동형과 통화한 다음 스마트폰으로 라이브 방송을 시작했다. 지금 대한민국은 유튜브 민주주의로 이행했다. 문제는 유튜브 민주주의가 종종 가짜뉴스로 움직여진다는 점이다. 가짜뉴스가 유튜브 민주주의의 동력인 셈이다. 586은 가짜뉴스에 대한 죄책감도 크지 않다. 가짜뉴스는 20대 전후부터 586의 세계관 형성에 깊이 관여했다.

143) 『결국 국민이 합니다』, 이재명 지음(오마이북, 2025.4), 19쪽.

가짜뉴스가 수익모델

586은 가짜뉴스에 익숙하다. 첫걸음은 대학교 입학하면서부터다. 우선 기득권 증오가 동원된다. 5·18에서 수천 명 또는 수만 명이 죽었다는 가짜뉴스를 믿게 한다. 5·18은 전두환·노태우를 필두로 한 군부 책임이다. 여기에 빨대를 꽂아 권력을 나눠 먹은 보수도 부역자다. 5·18의 증오는 보수, 나아가 기득권 전체로 확산한다. 증오가 머릿속을 채우면 다음은 쉽다. 5·18을 고리로 증오의 대상이 구체화된다. 안으론 보수 정치인, 여론주도층, 법원과 검찰의 고위층, 대기업과 부자들이 대부분 적이다. 보수 정당과 이를 옹호하는 사람들로 압축된다. 밖으론 반미국 정서다. 미국은 분단, 한국전쟁, 5·16과 5·18의 원인으로 지목된다. 안과 밖 중간엔 북한이 있다. 북한은 무조건 협력의 대상이다. 반북한도 증오의 대상에 추가된다. 이런 공식이 들어서면 가짜뉴스는 쉽게 '진실'이 되곤 한다. 조금은 문제가 있더라도 증오이 벽을 넘어서기 어렵다.

가짜뉴스는 새롭게 수익모델로 자리 잡았다. 유튜브가 활성화하면서 최적의 조합이 탄생한 것이다. 원래 유튜브는 쌍방향 소통 수단이었다. 대한민국에 들어온 유튜브는 쌍방향 대신 장벽을 세웠다. 자극적인 뉴스여야 조회와 후원금이 들어오는 'K-유튜브'가 만들어진 셈이다. 가짜뉴스가 수익모델이 되리라곤 아무도 상상하지 못 했던 일이다.

열린공감TV 5월 10일 대법원장 조희대, 전 총리 한덕수, 전 검찰총장 정상명, 김건희 여사 모친 측근 김충식 4인 회동설 최초 제기→(16일) 김어준 유튜브 방송→(16일) 민주당 국회의원 부승찬 대정부 질문 공식 제기→(9월 16일) 부승찬 4월 7일 만남 제보·총리 김민석 "사실이라면 충격"→(17일) 민주당 대표 정청래 "의혹이 사실이라면 내란 특검이 수사해야".[144]

김어준을 떠올리면 뉴스 공장이 생각난다. 뉴스와 공장을 합친 말이다. 뉴스 공장은 어울리는 건 아니지만 이상하게 자연스럽다. 뉴스를 공장에서 만든다니 색다른 발상이다. 뉴스는 만드는 것인가? 전달하는 것인가? 뉴스는 굳이 따지자면 언론이 독자에게 전달하는 것이다. 좌파 유튜브는 종종 뉴스 공장을 자처하기도 한다. 이들은 얘깃거리가 되는 소문을 뉴스로 만들어 보도한다. 글자 그대로 뉴스 공장이다.

윤석열과 한동훈의 청담동 술자리 의혹, 조희대 4인 회동설을 공장처럼 찍어냈다. 민주당 의원들은 유튜브 보도를 따다가 국회에서 공식 제기한다. 면책특권 뒤로 숨어 법적 책임을 피한다. 진

---

144) 「유튜버가 띄우면 의원이 받아⋯ 음모론 키우는 민주당」, 〈조선일보〉 2025년 9월 18일.

보 매체와 방송은 이를 크게 보도한다. 좌파 유튜브가 추가로 취재를 해서 뻥튀기를 시도한다. 민주당 지도부도 뛰어든다. 수백 개의 매체와 방송으로 확산한다. 좌파 유튜브가 상상력을 최대한 동원하여 자극적으로 보도하면 구독과 좋아요, 슈퍼챗이 쏟아진다. 가짜뉴스와 수익모델의 조합이 무한 반복된다.

반쪽 국민과의 동행

정치란 정치인들이 하는 것 같아도 사실은 다 국민이 하는 것입니다. 민주당이 주권자의 충직한 도구로 거듭나서 꺼지지 않는 '빛의 혁명'을 완수해 가겠습니다. 국민이 이 나라의 주인으로 책임지고 행동한 그 소중한 경험을 토대로, 국민이 행복한 나라를 만드는 우리 공복들의 사명을 새기면서 '민주적 공화국'의 문을 활짝 열어가겠습니다. [145)]

대통령이 국민을 유난히 강조하면, 대체로 뒤끝이 있다. 세계 어느 나라나, 역사적으로 보나 비슷하다. 벌써 200년 전 일이다. 보나파르트 나폴레옹은 종신 대통령이 되는데 국민투표를 세 번이나 시행했다. 찬성 여론은 압도적으로 높게 나왔다. 베네수엘

---

145) 『결국 국민이 합니다』, 이재명 지음(오마이북, 2025.4), 303~304쪽.

라를 망친 건 전 대통령 우고 차베스(1954~2013)다. 차베스는 국민의 압도적인 지지로 13년간이나 대통령으로 군림했다. 그는 기득권과 주류를 철저히 배제했다. 그의 통치 기간 석유매장량 1위를 자랑하는 베네수엘라는 끝없이 추락했다. 차베스는 지금 대통령 니콜라스 마두로(1962~)를 지명했다. 마두로는 차베스가 죽은 2013년부터 대통령이다. 베네수엘라는 세계 최빈국으로 추락했다. 전체 국민의 4분의 1이 난민이 되어 해외를 떠돌고 있다. 마두로는 2026년 1월 트럼프에 의해 축출됐다. 박정희와 전두환은 쿠데타 명분으로 국민 보호와 정국 안정을 내세웠다. 민주당 주도의 박근혜와 윤석열 탄핵도 이른바 '국민 명령'이란 이름으로 이루어졌다.

타르야 할로넨 대통령은 재임 기간 핀란드를 국가청렴도·국가경쟁력·환경지수·교육경쟁력 등 거의 모든 분야에서 세계 1위 국가로 끌어올렸다. 이 기간 핀란드의 국민소득은 3만 6천 달러에 달했다. 핀란드 국민 사이에서 그녀는 대통령이 아닌 '무민 파파', '국민 엄마'로 통했다.[146]

이재명은 대통령의 모델로 두 명을 꼽는다. 핀란드의 여성 대

---

146) 『이재명은 합니다』, 이재명 지음(위즈덤하우스, 2017.2), 191쪽.

통령 타르야 할로넨과 우루과이의 '세상에서 가장 가난한 대통령' 호세 무히카다. 이재명은 핀란드 대통령을 먼저 언급하면서 비중 있게 다룬다. 타르야 할로넨 대통령은 2000년부터 2012년까지 12년간 집권한다. 핀란드 대통령은 임기 6년이다. 한 번 더 할 수 있다. 그녀는 두 번의 임기를 채우고도 물러날 때 지지율이 무려 80%에 육박했다. 우루과이의 대통령 임기는 5년으로 대한민국과 같다. 연임은 불가능한데 건너뛰면 다시 도전할 수 있다. 호세 무히카는 퇴임할 때 달랑 중고차 한 대였다. 대통령 재출마 권유를 거절하고 본래 직업이었던 농민으로 돌아갔다. 권력의지의 강도나 재산으로 볼 때 이재명과 비교하기는 어려울 것 같다. 법제처장 조원철은 이재명 연임제 적용 여부가 국민의 결단 문제라고 말해 논란이 일기도 했다. 조원철의 말은 국민이 원한다면 이재명의 연임도 가능하다는 얘기다. 조원철은 이재명의 대장동 변호사였다. 2025년 법제처 국정감사 답변에서다.

나에게는 노선이 있다. 바로 인간의 노선이다. 인간보다 더 살아있는 노선은 없다. 그 노선의 이름이 김대중이고 노무현이다. 인간 이재명이 그 노선에 서 있음을 나는 부인하고 싶지 않다. 내가 그 유산을 기꺼이 잇고자 하는 까닭이다.[147]

---

147) 『이재명의 굽은 팔』, 이재명·서해성 지음(김영사, 2017.7), 226쪽.

김대중과 노무현은 이재명의 정치 이유다. 닮고 싶은 모델이다. 이재명은 사법연수원 때 '노동변호사'로 활동하고 있는 노무현의 특강을 듣기도 했다. 그는 나중에 노무현의 '변호사는 굶지는 않는다'란 말에 힘을 얻어 변호사 사무실을 열었다고 회상했다. 이재명은 김대중과 노무현의 인간적인 면을 높이 사며 자신도 '인간의 노선'을 잇겠다고 다짐한다. 배제냐 아니냐, 그것이 문제다. 김대중은 수십 년간 탄압을 견뎌냈다. 일본에서 납치되어 사형선고를 받기도 했다. 김대중은 대통령이 되면서 포용을 국정 기조로 삼았다. 복수 대신 용서와 화해의 손을 내밀었다. 노무현의 리더십은 수평적이고 네트워크 지향적이다. 다만 노무현이 김대중처럼 배제 대신 포용 또는 통합을 실천했는지는 잘 모르겠다. 이재명의 정치에는 배제가 스며 있다. 대통령이 아니라면 상관없다. 이재명의 '인간의 노선'이 김대중처럼 배제가 없는 것인지는 회의적이다.

586, 차기 주자 찾기

이재명과 586 동행의 유효기간은 언제일까. 세상의 모든 동행은 천년만년 지속될 수는 없다. 어떤 동행도 세월의 무게를 피해 갈 수 없는 게 세상 이치다. 이재명과 586의 동행도 유효기간은 있다. 586이 이낙연 대신 이재명의 손을 잡은 건 '보수 거부'라는 목표 때문이다. 보수 거부는 반 국민의힘이다. 이들은 힘을 합쳐서 보수와 싸워 이겼다. 이재명 정부가 탄생한 이유다. 비전과 철학이 비슷하다고 해도 이해관계마저 똑같지는 않다.

이재명의 목표는 성공한 대통령이다. 다음 대선도 이겨서 민주당 정권을 다시 세우는 일이다. 대통령 임기 이후에도 영향력을 유지하는 일이다. 임기 이후 중단된 5개 재판의 재개를 차단해야 한다. 감옥에 가지 않기 위해서다. 586의 목표는 다음 대선의 승리다. 임기 초반 김민석, 정청래, 조국이 3자 구도를 형성하고 있다. 아직은 누가 유력할지 점치기 어렵다. 임기 초반이고 굵직한 선거가 임기 중간에 남아있다.

2028년 4월 총선은 이재명 정부의 중간 평가가 걸려 있다. 선거 결과에 따라 2030년 대선의 향배도 달라질 수 있다. 다음 대선도 승산이 있다면 이재명과 586의 동행은 계속될 수 있다. 반대라면 586은 이재명을 냉정하게 손절할 수도 있다. 권력보다 유일하게 앞서는 게 있다면 그것은 정치적 생존이다. 살아남아야 권력도 쥘 수 있기 때문이다.

김민석은 현재로선 586의 대표다. 82학번인 그는 학생운동의 대표였다. 1996년 총선에서 당선한 그는 2000년에도 승리한다. 민주당의 유력한 차기 정치인의 길을 예약한 거나 마찬가지였다. 정치 여정이 꼬인 건 2002년 6월 서울시장 선거 출마다. 국회의

원을 사퇴하고 지방선거에 출마했으나 이명박에게 진다. 그땐 민주당 후보들 모두 줄줄이 낙선했다. 김민석은 운이 나빴을 뿐이다. 김대중 정부 심판이 선거 민심이어서다. 지방선거 패배 후 민주당 대선후보였던 노무현의 교체론이 거세게 일었다.

선거에서 진 다음 김민석은 정몽준 쪽으로 줄을 선다. 단일화 경선은 노무현의 승리로 돌아간다. 정몽준은 대선 투표 하루 전 단일화 폐기 선언을 한다. 민주당 주류에서 멀어지게 된 결정적인 사건이었다. 김민석의 정치적 방황은 15년이나 지속됐다. 586도 그를 사실상 손절했다. 그는 2017년 문재인 대선후보 캠프에 합류하면서 간신히 복권의 계기를 마련한다. 김민석은 2020년 총선 승리로 긴 방황을 끝낸다.

그는 이재명 정부 초대 총리로 2000년대 초반 정치적 입지를 되찾았다. 포스트 이재명으론 1순위다. 확정적이란 건 세상에 없다. 다음 대선에서 김민석의 경쟁력이 입증되지 않으면 586의 차기 주자 찾기는 계속될 것으로 볼 수 있다.

2순위론 정청래를 들 수 있다. 개혁 이미지에선 김민석, 조국과 경쟁 구도를 형성하고 있다. 투박해 보인다는 건 단점이다. 조국은 586의 본류는 아니다. 보수 후보와 견줘 압도적 경쟁력을 입증한다면 가능성은 있다. 대표는 여럿일 수 없다. 셋 중에선 김민석이 다소 앞서 있다. 경기도지사 김동연도 본류로 인정받기 쉽지 않다. 민주당 정체성 입증이란 큰 산을 넘어야 한다.

586 패권은 2030년 다음 대선에서도 유지될 수 있을까. 2030년엔 586은 더 이상 없다. 그땐 686이다. 부와 사회적 지위를 움켜진 686은 새로운 포위 구도와 맞서야 한다. 위로는 70대의 압박에서 버텨야 한다. 아래로는 20~40대의 연합 공세를 이겨내야 한다. 지금의 10대 중후반이 가세한 20대는 보수 성향이 짙어지게 된다. 30대 중후반으로 물갈이가 된 40대는 진보 우세가 한풀 꺾일 것이다. 50대와 60대의 진보성향만은 지금처럼 거의 유지될 수 있다. 686 패권은 지속 가능하지 않다고 생각한다. 이재명과 586이 제대로 국정을 운영한다면 달라질 가능성은 있다. 국정 기조를 현재가 아닌 미래로 옮긴다면 686에게 새로운 기회가 열릴 수 있다. 지금 하는 것으로 보아선 기대하기 어렵다.

에필로그

다시 대한민국을
생각하며

　　　　　　　　　　　드디어 왔다. 이제 하고
싶은 얘기를 마음대로 할 시간이다. 이 책이 독자들에게 얼마나
전달될 수 있을지 알 수 없다. 또 이 책을 본다고 해서 '에필로그'
까지 읽어낼 사람은, 아마도 많지 않을 듯싶다.

　나는 이 글을 쓰며 생각한 것들을 막 쏟아낼 작정이다. 방현석
은 『이재명 평전』에서 '이것이 이재명이다'라고 말했다. 인간 이재
명의 모든 것, 그리고 이재명 자체라는 얘기다.

　나는 그에 빗대서 '다시 대한민국이다'라고 패러디한다. 이 책
을 쓴 이유다. 대한민국이란 존재와 정체성은 모든 대통령에 앞
선다. 대한민국은 이재명보다 먼저다. 두 가지 관점에서 이 글을

310 진짜 이재명 가짜 이재명

썼다.

비판적 평전, 니체 관점이 그것이다. 대통령 이재명의 긍정적 면을 충분히 보려고 애썼다. 이재명을 지지하는 사람들에겐 부족하게 생각될 수도 있다. 비판적 평전 관점은 다소 보수적으로 비칠 수도 있기 때문이다. 보수적 관점이기 때문에 편향이 끼어들 수도 있다. 그러나 이런 점은 어쩔 수 없다.

나는 대학교에 막 들어가서 '해전사'를 읽고 '정서적 충격'을 받았다. 정서적 충격은 '그동안 내가 알고 있던 대한민국 현대사'와 정반대의 내용이었기 때문이다. 한반도 분단과 광주 5·18의 미국 책임이란 내용은 피를 끓게 했다. 북한과 김일성에 대한 미화도 신선한 내용이었다. 러시아, 중국, 쿠바 혁명사를 읽으며 역사의 진보인 줄 착각하기도 했다.

2005년에 나온 『쾌도난마 한국경제』는 또 다른 충격을 줬다. 그토록 한국경제를 명쾌하게 설명할 수 있다니 놀라웠다. 박정희는 5·16 쿠데타와 유신체제를 남겼다. 그리고 세계 제조 5대 강국인 대한민국의 기반도 닦았다.

나는 북한학으로 박사과정을 수료했다. 논문은 마치지 못했다. 공인 전문가는 아닌 셈이다. 공부를 하면서 북한 체제가 거대한 허구로 이루어졌음을 알게 됐다. 586이 대학 때 배운 것은 가짜뉴스에서 온 것들이 많다. 아직도 그것을 믿고 있다면 그런

586은 공부를 안 한 것이거나 애써 외면하는 것이다.

내가 케케묵은 얘기를 하는 것은 다른 데 그 목적이 있다. 대한민국은 정치세력이나 이념과 별개로 존재한다는 점을 상기하기 위해서다. 대한민국은 보수, 진보를 초월한 또는 포괄하는 존재이다. 대한민국은 독자적인 정체성으로 이루어져 있고, 또 미래로 이어져 있다. 이재명은 대통령이고 민주당은 집권당이다. 대한민국은 이재명과 민주당의 이해관계보다 앞선 존재이고 차원이 다른 정체성에 기반한다. 대통령과 집권당은 대한민국과 대한민국의 정체성을 수호할 책무가 있다. 이를 어기면 그게 바로 헌법 위반이고 내란이다. 이를 판단하는 것은 어려운 일이 아니다. 헷갈릴 때마다 헌법을 꼼꼼히 읽어보면 된다. 그리고 그대로 하면 된다.

나는 정말 이 글을 쓰기 위해 있는 힘을 다 짜냈다. 우선 이재명이 직접 쓴 글이나 다른 사람이 이재명을 다룬 책을 대부분 읽었다. 또 이재명을 비판적으로 다룬 글들도 함께 읽었다. 그밖에 참고용 도서들, 즉 니체, 프로이트, 나폴레옹도 챙겨봤다. 인용할 필요가 있거나 꼭 기억할 만한 내용은 노트북에 요약해서 메모했다. 이 과정에서 '아이디어 파일'을 따로 만들어 그때그때 생각나는 좋은 생각들을 정리했다. 머릿속에 『진짜 이재명 가짜 이재명』

을 늘 넣어두고 있자니 문뜩문뜩 '바로 이것이다'란 조각들이 떠올랐다. 이것들을 모아서 목차를 만들었다. 프롤로그와 네 개의 장이다. 한 개의 장마다 다섯 개의 작은 주제로 나뉘었다. 본격적으로 글을 쓸 때는 요약해서 정리해 놓은 것들이 꽤 많았다. 도대체 어느 책에서 따온 것인지 헷갈리기도 했다.

일체의 저서 중에서, 나는 다만 피로 쓴 것만을 사랑한다. 피로써 써라! 그러면 그대는 깨달을 것이다. 피, 그것은 정신이기 때문이다.

남의 피를 이해하기란 그리 쉬운 일이 아니다. 나는 독서하는 데 있어 게으른 자를 증오한다. [148)

니체는 미친 듯 글을 썼다. 그의 모든 행동과 생각은 글쓰기로 귀결됐다. 짧은 연애를 빼곤 그는 미칠 때까지 글을 썼다. 미친 다음 유명해졌기에 니체의 정신이 온전할 땐 그의 책은 팔리지 않았다. 끼니와 생계를 간신히 이어가며 오로지 글만 쓸 수밖에 없었다. 그의 글은 방황하지 않고 바로 정곡을 찌른다. 영혼으로 씻긴 그의 글은 청아하다. 한 줄에 녹아 있는 성찰은 깊다.

나는 글을 쓸 때마다 가슴에 담아 놓은 니체의 얘기를 들춰보

---

148) 『차라투스트라는 이렇게 말했다』, 프리드리히 니체 지음, 강두식 옮김(누멘, 2018.3), 89쪽.

곤 한다. 나의 글쓰기는 니체를 생각하면 늘 부끄럽다. 니체처럼 온전히 몰입할 수 없다. 때론 게으르고, 때론 억지로 쓴다. 글은 일상의 번뇌와 섞이곤 한다. 이번엔 달랐다. 정말 열심히 쓸려고 노력했다. 내가 할 수 있는 최대치였다. 간혹 길을 잃고 헤매기도 했고, 포기할까 수도 없이 망설였다. 결국 나는 끝까지 썼다. 그래서 지금 마지막으로 에필로그를 정리하고 있다. 이 책이 조금이라도 좋은 평가를 받는다면 니체 덕도 본 것이다.

나는 이 글을 마치면서 문득 이재명의 형수 박인복과 그의 딸 생각이 난다. 대통령 당선 후 신변은 괜찮은지, 혹시 이재명과 화해는 했는지, 아직 국내에 살고 있는지 여러 가지 궁금증이 몰려왔다. 그들은 이재명 가족사이긴 해도 이미 사적인 관계가 아니다. 대통령이나 그를 둘러싼 가족은 최고의 공적인 관계로 바뀔 수밖에 없기 때문이다.

박인복은 이재명을 비판하는 책에 머리말까지 썼다. 원한에 사무치지 않고는 할 수 없는 일이다. 박인복은 이재명에게 김혜경을 소개해 준 사람이다. 그리고 김혜경은 이제는 영부인이 되어 있다. 나는 그들이 어떻게 살고 있는지 알아봐야 한다는 강박에 시달리기도 했다. 박인복과 그의 딸을 생각하면 아득해졌다. 그러나 나는 이내 마음을 잡았다. 아득해지는 마음 그대로 남겨두기로 했다. 그 두 사람은 사람들의 관심조차 고통일 수 있어서다.

이재명은 김대중과 노무현을 잇겠다고 했다. 그들은 인간의 노선을 추구했기 때문이다. 이재명도 인간의 노선을 걷겠다는 것으로 보인다. 김대중과 노무현은 배제를 배제했다. 김대중은 출발부터 통합을 실천했다. 노무현도 배제를 배제하려고 노력했다. 이재명은 배제를 바닥에 깔고 있다. 그가 얘기하는 인간의 노선은 배제를 전제로 한다. 누군가를 배제한다면 그것은 인간의 노선으론 충분하지 않다. 이재명은 윤석열처럼 계엄과 같은 어처구니없는 일을 벌이지는 않을 것이다. 2028년 총선에서 민주당이 크게 패배하지 않는 한 탄핵도 없을 가능성이 높다. 그의 임기는 아직 많이 남아 있다. 이재명이 성공한 대통령이 되는 게 대한민국에 좋은 일이다. 성공한 대통령이 되면 인간의 노선도 성공하게 되는 셈이다. 배제를 배제한 인간의 노선이었으면 좋겠다는 생각이다.

참고 자료

프롤로그

- 『우상의 추락』, 미셸 옹프레 지음, 전혜영 옮김(글항아리, 2013.9)

- 『니체 극장』, 고명섭 지음(김영사, 2012.6)

- 『선악의 저편』, 프리드리히 니체 지음, 박찬국 옮김(아카넷, 2021.2)

Chapter 1 무수저 신화와 권력의지

- 『결국 국민이 합니다』, 이재명 지음(오마이북, 2025.4)

- 『권력에의 의지』, 프리드리히 니체 지음, 이진우 옮김(휴머니스트, 2023.9)

- 『기시 노부스케와 박정희』, 강상중·현무암 지음, 이목 옮김(책과 함께, 2012.9)

- 『니체 극장』, 고명섭 지음(김영사, 2012.6)

- 「데일리 오피니언 제117호·제309호·제496호·제580호」, 한국갤럽.

- 『박정희 평전』, 전인권 지음(이학사, 2006.8)

- 『성난 시민』, 이기인·정인성 지음(도서출판답, 2024.1)

- 『우상의 추락』, 미셸 옹프레 지음, 전혜영 옮김(글항아리, 2013.9)

- 「외국 모욕죄·대북 전단죄…입법 균형 의심스럽다」, 〈한국경제〉 2025년 11월 8일.

- 『이재명의 굽은 팔』, 이재명·서해성 지음(김영사, 2017.2)

- 『이재명의 나의 소년공 다이어리』, 이재명·조정미 지음(팬덤북스, 2021.7)

- 『이재명 자서전 그 꿈이 있어 여기까지 왔다』, 이재명 지음(아시아, 2025.6)

- 『이재명 평전』, 방현석 지음(아시아, 2025.6)

- 『쾌도난마 한국경제』, 장하준·정승일 지음, 이종태 엮음(부키, 2005.7)

- 『2021·2022 이재명론』, 김윤태·장동훈 외 14명 지음(간디서원, 2021.7)

Chapter 2 미시 파시즘과 최후의 승리

- 『굿바이, 이재명』, 장영하 지음(지우출판, 2021.12)
- 『니체 극장』, 고명섭 지음(김영사, 2012.6)
- 「대통령실·검찰 0원, 국회 194억… 巨野의 '예산 망나니짓'」, 〈문화일보〉 2024년 12월 2일.
- 『맞짱』, 김경율·서민 지음(천년의상상, 2022.11)
- 「민주당이 만들려는 세상」, 〈경향신문〉, 2025년 11월 30일.
- 『밥을 지어요』, 김혜경 지음(김영사, 2018.2)
- 『성난 시민』, 이기인·정인성 지음(도서출판 답, 2024.1)
- 『오직 민주주의, 꼬리를 잡아 몸통을 흔든다』, 이재명 지음(리북, 2014.2)
- 『우리 안의 파시즘 2.0』, 김내훈 외 지음(휴머니스트출판그룹, 2022.2)
- 「윤석열 탄핵 판결문 전문」, 〈헌법재판소〉 2025년 4월 4일.
- 『이재명의 굽은 팔』, 이재명·서해성 지음(김영사, 2017.2)
- 『이재명은 합니다』, 이재명 지음(위즈덤하우스, 2017.2)
- 『이재명 평전』, 방현석 지음(아시아, 2025.6)
- 『이재명 자서전 그 꿈이 있어 여기까지 왔다』, 이재명 지음(아시아, 2025.6)
- 『제21대 대선 투표율 분석』, 중앙선거관리위원회(2025년 12월 8일)
- 『천개의 고원』, 진 들뢰르·펠릭스 기다리 지음, 김새인 옮김(새물결출판사, 2003.5)
- 「텅 빈 병상, 연간 500억 적자 '성남시의료원'…해법은?」, 〈이데일리〉 2025년 3월 24일.
- 『한번도 경험해보지 못한 나라』, 강양구·권경애·김경율·서민·진중권 지음(천년의상상, 2020.8)

Chapter 3 대통령 또는 혁명가, 홍 대리 리더십

- 『결국 국민이 합니다』, 이재명 지음(오마이북, 2025.4)

- 『권력에의 의지』, 프리드리히 니체 지음, 이진우 옮김(휴머니스트, 2023.9)

- 『대통령의 자격』, 윤여준 지음(메디치미디어, 2011.12)

- 「데일리 오피니언 제641호」, 한국갤럽.

- 「데일리 오피니언 제505호·제527호·제572호·제650호」, 한국갤럽.

- 「데일리 오피니언 제639호」, 한국갤럽.

- 「송미령 장관은 왜 살려줬나」, 〈경향신문〉 2025년 11월 19일.

- 「영국 대처 '소유자 사회' 닮은 증시 부양책」, 〈조선일보〉 2025년 7월 31일.

- 『오직 민주주의, 꼬리를 잡아 몸통을 흔든다』, 이재명 지음(리북, 2014.2)

- 「이공계 인력의 해외유출 결정요인과 정책적 대응 방향」, 〈한국은행〉 2025년 11월 3일.

- 『이재명은 합니다』, 이재명 지음(위즈덤하우스, 2017.2)

- 『이재명의 굽은 팔』, 이재명·서해성 지음(김영사, 2017.2)

- 『이재명의 나의 소년공 다이어리』, 이재명·조정미 지음(팬덤북스, 2021.7)

- 「이재명 '서울시장 출마' 구청장 공개 칭찬, 부적절하다」, 〈한국일보〉 2025년 12월 9일.

- 『이재명 자서전 그 꿈이 있어 여기까지 왔다』, 이재명 지음(아시아, 2025.6)

- 『이재명 평전』, 방현석 지음(아시아, 2025.6)

- 『주주 자본주의의 배신』, 린 스타우트 지음, 우희진 옮기(북돋음coop, 2021.4)

- 『차라투스트라는 이렇게 말했다』, 프리드리히 니체 지음, 강두식 옮김(누멘, 2018.3)

- 『쾌도난마 한국경제』, 장하준·정승일 지음, 이종태 엮음(부키, 2005.7)

- 『한국을 뒤흔든 11일간』, 조갑제 지음(조갑제닷컴, 2019.10)

- 『한번도 경험해보지 못한 나라』, 강양구·권경애·김경율·서민·진중권 지음
  (천년의상상, 2020.8)

- 「희생자 추모 넘어 여순반란 正當化는 정부 정통성 좀定」, 〈문화일보〉 2025년 10월 20일.
- 『2021·2022 이재명론』, 김윤태·장동훈 외 14명 지음(간디서원, 2021)
- 「30대 '쉬었음' 최대…경제 허리 무너져도 정년연장인가」, 〈이데일리〉 2025.11.14.

Chapter 4 포스트 권력의지, 그리고 남은 질문들

- 『결국 국민이 합니다』, 이재명 지음(오마이북, 2025.4)
- 『굿바이, 이재명』, 장영하 지음(지우출판, 2021.12)
- 『권력에의 의지』, 프리드리히 니체 지음. 이진우 옮김(휴머니스트, 2023.9)
- 「대통령이 초보적 北 실상도 모르며 대북정책 결정한다니」, 〈조선일보〉 2025.12.25.
- 「대법원장 답변 강요한 국회, 헌법 원칙 훼손이다」, 〈중앙일보〉 2025년 10월 14일.
- 「데일리 오피니언 제643호」, 한국갤럽.
- 『밥을 지어요』, 김혜경 지음(김영사, 2018.2)
- 『어떻게 민주주의는 무너지는가』, 스티븐 레비츠키·대니얼 지블랫 지음, 박세연 옮김 (어크로스, 2018.10)
- 「원자력 추진 잠수함 획득, 이렇게 서두를 일인가」, 〈조선일보〉 2025년 11월 17일.
- 「유튜버가 띄우면 의원이 받아… 음모론 키우는 민주당」, 〈조선일보〉 2025년 9월 18일.
- 「윤석열 탄핵 판결문 전문」, 〈헌법재판소〉 2025년 4월 4일.
- 이재명, 「강원도 타운홀 미팅」, 2025년 9월 12일.
- 『이재명의 굽은 팔』, 이재명·서해성 지음(김영사, 2017.2)
- 『이재명의 나의 소년공 다이어리』, 이재명·조정미 지음(팬덤북스, 2021.7)
- 이재명, 「취임 100일 기자회견」, 2025년 9월 11일.
- 「이재명 선거법 유죄 취지 파기환송 후보 자격 논란 불가피」, 부산일보 2025년 5월 2일.
- 『이재명은 합니다』, 이재명 지음(위즈덤하우스, 2017.2)
- 『이재명 자서전 그 꿈이 있어 여기까지 왔다』, 이재명 지음(아시아, 2025.6)

- 『이재명 평전』, 방현석 지음(아시아, 2025.6)
- 「정동영의 맥락 없는 '두 국가론' 강변…방치인가, 혼선인가」, 〈동아일보〉 2025년 10월 15일.
- 「징역 7년 유죄확정 대북 송금, 이 대통령 입장 밝히길」, 조선일보 2025년 6월 6일.
- 『한번도 경험해보지 못한 나라』, 강양구 · 권경애 · 김경율 · 서민 · 진중권 지음(천년의상 상, 2020.8)
- 「통상안보 새 장 연 韓美…향후 5년 한국號 명운 가른다」, 〈한국경제〉 2025년 11월 15일.
- 「'포스트 데모크라시'의 시대」, 〈중앙일보〉 2025년 10월 30일.

에필로그

- 『차라투스트라는 이렇게 말했다』, 프리드리히 니체 지음, 강두식 옮김(누멘, 2018.3)